3시간 동안 이야기꽃을 피울 수 있는 경험

쉐도우 스피킹 훈련

일본어 즉문즉답

오쿠무라 유지 | 쿠라모토 타에코 | 임단비 | 한미애 **지음**

Rospberry 라즈베리

쉐도우 스피킹 훈련

일본어
즉문즉답

초판 인쇄 2015년 1월 28일

2쇄 발행 2017년 3월 10일

지은이 오쿠무라 유지 | 쿠라모토 타에코 | 임단비 | 한미애

펴낸이 임형경

펴낸곳 라즈베리

마케팅 김민석

책임디자인 렐리시

디자인 김은미

편집 장원희 | 김범철

강의편집 김충일 (okusan88@naver.com)

출판등록 2014년 11월 11일 제210-92-25559호

주소 (우 01364) 서울 도봉구 해등로 286-5, 101-905

구입문의 02-955-2165

팩스 0504-088-9913 | 0504-722-9913

홈페이지 www.raspberrybooks.co.kr

블로그 http://blog.naver.com/e_raspberry

카페 http://cafe.naver.com/raspberrybooks

ISBN 979-11-954376-0-3 13730

쉐도우 스피킹 훈련 '일본어 즉문즉답'은?

일본어 초중급 학습자의 스스로 말하기 훈련을 체계적으로 도와주는 회화 책입니다. 쉐도우 스피킹 훈련을 통해 혼자서도 쉽게 일본어 회화를 완성할 수 있도록 구성했습니다. 지금 시작하는 일본어 즉문즉답! 열 원어민쌤 결코 안 부럽습니다.

쉐도우 스피킹 훈련용 Q&A 260개의 질문 1300여 개의 대답	**1.** 260개의 질문 중 순서에 상관없이 질문 선택 **2.** 원어민 발음을 따라 쉐도잉 훈련 **3.** 주어진 패턴에 각자의 상황을 대입하면서 나만의 답변 작성 *쉐도우 스피킹 훈련이란? 생생한 오디오를 들으며 원어민의 목소리와 톤까지 그림차럼 그대로 따라 하는 훈련을 말해요.
흘려듣기 집중듣기용 mp3 파일 즉문즉답을 리얼 스토리로 엮어 눈도장, 귀도장(!)	**1.** 매일매일 스토리로 흘려듣기 집중듣기 **2.** mp3 파일을 휴대전화에 넣어 자기 전 5분 흘려듣기 **3.** mp3 파일을 휴대전화에 넣어 공부 시작 전 5분 집중듣기 *흘려듣기 집중듣기란? 흘려듣기는 교재를 보지 않고 소리만 듣는 것. 집중듣기는 교재를 짚어 가며 듣는 것을 말해요.
오!한쌤 깨알 재미 일본어 팟빵 & 유튜브 강의 일본어 기초 문법을 콕 집어 강의하며 자연스런 회화로 완성해 주는 토크 방식의 무료 강의	**1.** 오!한쌤 깨알 재미 일본어 강의 노트 다운 **2.** 팟빵(팟캐스트), 유튜브 중 편한 채널 선택 **3.** 입과 귀가 열리는 쉐도우 스피킹 훈련 *오!한쌤 강의란? 오쿠무라 유지 쌤과 한미애 쌤의 명강의에 오! 감탄이 절로 나오는 260강을 말해요.
네이버 카페 일본인 빨간펜 서비스 나만의 답변을 작성하여 Scene별로 카페에 올리면 원어민쌤 무료 체크 서비스 와우!	**1.** 라즈베리 네이버 카페에 접속하여 친구 신청 **2.** 책과 강의로 완성한 나만의 답변 파일을 올림(Scene별로!) **3.** 수정된 파일을 받아서 자신의 목소리로 녹음 **4.** 일본 친구에게 녹음을 부탁하여 나만의 스토리 완성

쉐도우 스피킹 훈련을 하면서 차근차근 이 책의 즉문즉답을 완성해 보세요.
일본 친구와의 3시간 수다! 열띤 토론! 라즈베리가 기대합니다.
それではみなさん、一緒に頑張りましょう！

1. Scene   Scene#1~20 총 20개의 상황을 나만의 상황으로 이미지화

말을 잘하기 위해서는 이미지 훈련이 필요합니다

순간적인 질문에 망설임 없이 답하기 위해서는, 배우가 연기 연습을 하듯 연출된 상황 속에서 미리 준비한 나만의 답변으로 훈련하기를 권합니다. 면접 앞두고 모범 답안을 준비해서 시뮬레이션 해 보는 것처럼요. 그 훈련법은 여기에 상세하게 일러두었습니다. 즉문즉답의 달인, 준비되셨나요?

일본어로 대화를 하게 될 언젠가의 순간을 연출했습니다

일본인과 만나 대화를 나누게 될 상황을 가정하여 20개의 장면으로 구성했습니다. 이제 기초 회화 책은 잠시 덮어 놓고 언제 어디서든 즉문즉답의 다양한 표현으로 중무장하세요.

쉐도우 스피킹 훈련용 mp3 파일을 잘 활용하세요

단순히 순서대로만 읽어 주는 녹음 방식의 틀을 벗었습니다. 변화를 준 즉문즉답식 녹음입니다.
일본 친구의 질문에 망설임 없이 답변하는 연습을 충분히 할 수 있도록 구성했습니다. 훨씬 다양한 패턴의 즉문즉답식 녹음을 기대하세요. 같은 질문을 되풀이하는 지루한 방식이 아닙니다. 기껏 공부했는데 동문서답하면 얼마나 억울할까요. 모쪼록 다양한 질문 방법에도 익숙해지시길!
미처 못다 소개한 질문은 카페나 홈페이지에 올리겠습니다!

언젠가는 꼭 써 먹을 법한 질문과 답변만으로 구성했습니다

먼저 무료 강의 녹음의 도움을 받아 질문과 답변 방식을 이해하고, 주어진 모범 답변의 패턴에 따라 나만의 답변을 작성합니다.

일본어 회화 실력 향상은 물론 일본 친구까지 일석이조!

짜여진 교재 내용에 따라 즉문즉답을 시작하더라도 3시간이나 훌쩍 넘게 대화를 나누다 보면 이미 여러 상황들을 깊이 있게 이해할 수 있을 것입니다. 거기서 뜻밖의 주제로 이야기꽃을 피울 수도 일상의 시시콜콜함을 늘어 놓을 수도 있습니다. 일본어로 말이죠.

다양한 패턴의 답변은 일본어 회화 시 유용한 자산이 되어 줄 것입니다

난이도에 따라 문형 연습을 할 수 있도록 답변을 레벨별로 정리했습니다. 일본 회사의 면접이나 말하기 시험의 경우, 뒤에 나오는 문형으로 준비한다면 고득점도 바라볼 수 있겠죠. 이 책의 다양한 답변 패턴들을 토대로 여러분의 일본어 회화 실력이 훌쩍 자라기를 기대합니다.

생생한 일본어 회화 표현을 위해 한자와 히라가나를 혼용한 경우도 있습니다

方(ほう)、頃(ころ)、時(とき) 등의 경우 어느 한쪽으로 통일하지 않고 한자와 히라가나를 상황에 맞게 혼용하여 더욱 생생한 회화 표현을 더했습니다.

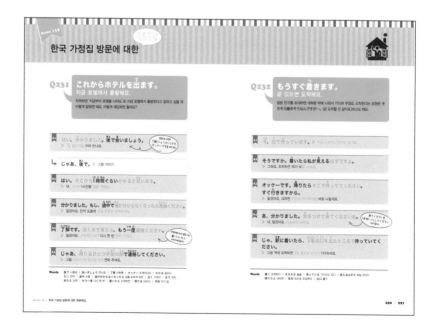

앞에서 차근차근 준비한 Q&A를 연결하여 나만의 대화 완성

하루 5분 투자로 귀가 트입니다

일본어 즉문즉답 공부 전후로 Real life conversation으로 집중듣기와 흘려듣기를 해 보세요.
이제껏 따로따로 학습한 내용을 상황 연출로 덩어리째 흡수할 수 있도록 도와주는 과정입니다.
실전처럼 익힌다면 자연스러운 즉문즉답이 얼마든지 가능하답니다.
쉐도우 스피킹 연습과 더불어 추천하는 학습법입니다.

나만의 대화를 완성해 보세요

나만의 이야기를 담아 답변을 써 보세요.
질문과 답변을 하나하나 연결하다 보면 어느새 훌륭한 스크립트가 완성될 거예요.
완성된 스크립트는 가까운 일본 친구에게 수정을 부탁하세요. 혹 나만의 답변 패턴을 못 찾거나 수정
을 도와줄 일본 친구가 마땅치 않다면 라즈베리 카페나 블로그 문을 두드리세요.
라즈베리는 자꾸 질문하고 자꾸 귀찮게 하는 분들을 사랑합니다^^

하나의 질문이 시작되기 전, 민우 미키의 대화로 쉐도잉 훈련부터 시작해 보세요.
쉐도우 스피킹 훈련을 반복할수록 더욱 자연스럽게 일본어를 표현할 수 있습니다.

끝으로 나만의 답변을 작성하고 녹음한 뒤 만족스러울 때까지 수정을 거쳐 완성해 보세요.
완성한 답변 내용과 발음은 잊지 않으셨죠? 가까운 일본 친구나 여기 라즈베리 카페가 항상 기다리고
있으니 귀찮게 해 주세요^^

Content

첫만남에 대한

Q1 初めまして。鈴木美紀と申します。
はじ　　　　　　　　　　すずき み き　　　もう
처음 뵙겠습니다. 스즈키 미키라고 합니다.

모르는 사람과 처음 만나서 정중하게 인사하는 표현이에요. 初めまして 뒤에 자신의 이름을 소개하면 돼요. 누군가에게 소개받은 경우라면 初めまして。라고만 해도 괜찮아요.

A1 初めまして。キム・ミヌです。 > 처음 뵙겠습니다. 김민우예요.

A2 どうも初めまして。キム・ミヌと言います。
い
> 아, 처음 뵙겠습니다. 김민우라고 말합니다.

A3 初めまして。キム・ミヌと申します。よろしくお願いします。
ねが
> 처음 뵙겠습니다. 김민우라고 합니다. 잘 부탁드려요.

↳ どうも。こちらこそよろしくお願いします。
> 고마워요. 저야말로 잘 부탁드려요.

A4 お会いできてうれしいです。 > 만나 뵙게 되어 반가워요.
あ

A5 お目にかかれてうれしいです。 > 뵙게 되어 반가워요.
め

뵙게 되어 영광이라고
말하고 싶을 때는
お目にかかれて光栄
(こうえい)です。
라고 합니다.

Words 初め 처음 | ～と申します ～라고 합니다 | どうも 정말, 참으로, 고맙다 | こちらこそ 이쪽이야말로
よろしく 잘 | お願いします 부탁합니다 | お会いできて 만날 수 있어서 | うれしい 기쁘다
お目にかかれて 뵙게 되어 | 光栄です 영광입니다

Q2

どんな漢字を書きますか？
어떤 한자를 쓰세요?

일본인에게 이름을 말할 때는 같은 한자 문화권이라 한자로 소개하면 훨씬 기억하기도
쉽고 편해요. 거꾸로 일본인의 생소한 이름을 소개받고 난감하다면 漢字와 読み方까
지, 좀 써 주시겠어요?(좀 써 주시겠어요?) 하고 과감히 부탁하세요.

A1
この漢字です。 > 이 한자예요.

A2
こうやって書きます。 > 이렇게 써요.

A3
日本にないかも知れませんけど… このように書きます。
> 일본에는 없을지 모르겠지만… 이렇게 써요. ⟵ ～けど(～지만)는
けれども의 줄임말이에요.

～かも知れません   ～かも知れません은 '～일지도 모르겠어요'라는 뜻으로 존댓말을, ～かも知れない는
반말을 나타내요.
日本人(にほんじん)かも知れません。 일본인일지도 모르겠어요.
日本語(にほんご)がわからないかも知れません。 일본어를 모를지도 모르겠어요.

A4
民友は、国民の民に、友達の友です。
> 민우는 국민의 민(民)에, 친구의 우(友)예요.

Words   どんな 어떤 | 漢字 한자 | 書く 쓰다 | こうやって 이렇게 | ない 없다 | 知る 알다
知れません 모릅니다 | このように 이렇게 | 日本人 일본인 | 日本語 일본어 | わかる 알다
わからない 모르다 | 国民 국민 | 友達 친구

何て呼んだらいいですか？
뭐라고 불러야 할까요？

호칭이 고민될 때 묻는 표현이에요. 何て 대신 どうやって를 써서 どうやって呼んだらいいですか？(어떻게 불러야 할까요?), 정중하게는 何(なん)とお呼(よ)びしたらよろしいですか？(뭐라고 불러야 좋을까요?)라고 해요. 何て는 何と의 회화체입니다. 친구끼리는 どう呼んだらいい？(어떻게 부르면 좋아?)를 써요.

A1 ミヌと呼んでください。 > 민우라고 불러 주세요.

A2 名前で呼んでいいです。 > 이름으로 부르면 돼요.

A3 あ、ミヌでいいです。 > 아, 민우라고 하면 돼요.

> いい에는 '좋다, 괜찮다'라는 의미가 있어요.

↳ じゃあ、ミヌさんで。 > 그럼, 민우 씨라고.

A4 あ、友達からはミヌと呼ばれています。
> 아, 친구들은 민우라고 불러요.

A5 ミヌでいいです。それと、僕のほうが年下なので、
僕に丁寧語使わなくていいですよ。
> 민우라고 하세요. 그리고 제가 더 어리니까 제게 말 놓으셔도 괜찮아요.

A6 僕たち同い年なんだし、「ミヌ」でいいよ。
> 우리 나이도 같은데 '민우야'라고 하지 그래.

> 반말로 해도 괜찮다고 말하고 싶을 때는 ため口(ぐち)でいいよ。라고 하면 됩니다.

Words　何て 뭐라고 ｜ 呼ぶ 부르다 ｜ ~たら(だら) ~하면 ｜ いい 좋다 ｜ どうやって 어떻게
お呼びする '부르다'의 겸양어 ｜ よろしい 'よい(좋다)'의 정중어 ｜ 呼ばれる 불리다 ｜ 年下 연하, 손아래
丁寧語 정중어(です·ます체) ｜ 使う 쓰다, 사용하다 ｜ 使わない 쓰지 않다 ｜ 同い年 같은 나이, 또래
ため口 반말

Q4 お仕事は何ですか？
하시는 일이 뭐예요?

직역하면 '일은 뭐예요?'로 どんなお仕事しているんですか？도 같은 표현이에요. 줄여서 お仕事は…?(일은…?)로 물을 수도 있죠. 仕事 앞의 お는 お国(くに), お名前(なまえ)와 같이 듣는 사람이나 제삼자에 관한 말 앞에 붙어 정중한 마음을 표현해요. 단, 자신에 관한 말을 할 때는 붙이지 않도록 주의하세요^^

A1 会社員です。 > 회사원이에요.

会社員 大学生(だいがくせい) 대학생 ┃ 公務員(こうむいん) 공무원 ┃ 医者(いしゃ) 의사
教師(きょうし) 교사 ┃ 弁護士(べんごし) 변호사 ┃ 主婦(しゅふ) 주부

A2 私、普通のOLです。 > 저는 평범한 직장 여성이에요.

A3 教師をしています。 > 교사로 일하고 있어요.

教師をしています 직역하면 '교사를 하고 있어요'로 현재를 나타내요. 教師をします라고 하면, 교사를 하겠다는 미래의 상태를 나타내게 됩니다.
愛(あい)しています 사랑해요, 사랑하고 있어요 (현재) ┃ 愛します 사랑할 거예요 (미래)
食(た)べています 먹어요, 먹고 있어요 (현재) ┃ 食べます 먹을 거예요 (미래)

A4 免税店で働いています。 > 면세점에서 일하고 있어요.

A5 今年大学を卒業して現在就活中です。
> 올해 대학을 졸업하고 현재 구직활동 중이에요.

就活中은 就職活動中(しゅうしょくかつどうちゅう)의 줄임말이에요.

Words 仕事 일 ┃ 何ですか? 뭐예요? ┃ ～している ～하고 있다 ┃ 普通 보통 ┃ OL 여사원 (Office Lady)
愛する 사랑하다 ┃ 食べる 먹다 ┃ 免税店 면세점 ┃ 働く 일하다 ┃ 今年 올해 ┃ 大学 대학
卒業する 졸업하다 ┃ 現在 현재

Q5 <ruby>電話番号<rt>でん わ ばんごう</rt></ruby>は<ruby>何番<rt>なんばん</rt></ruby>ですか？
전화번호는 몇 번이에요?

간접적으로 물어볼 때는 あのう、電話番号は何番ですか？(저어… 전화번호는 몇 번이에요?), 電話番号を<ruby>教<rt>おし</rt></ruby>えてもらえますか？(전화번호를 알려 주실 수 있으세요?), あのう、<ruby>連絡先<rt>れんらくさき</rt></ruby>は？(저어… 연락처는요?)라고 해요.

A1 010－1234－5678です。 > 010-1234-5678이에요.

0~9 ゼロ、いち、に、さん、よん、ご、ろく、なな、はち、きゅう
ーは の라고 읽어요.
7은 전화상에서 いち와 혼동되기 쉬우므로 しち라고 읽지 말고 なな라고 읽으세요.

記号 샤프(#)는 シャープ、별표(*)는 米印(こめじるし)라고 읽어요.

↳ 010－1234－5678ですね。 > 010-1234-5678이군요.

A2 <ruby>私<rt>わたし</rt></ruby>の<ruby>携帯番号<rt>けいたいばんごう</rt></ruby>は010－1234－5678です。
> 제 휴대전화 번호는 010-1234-5678이에요.

携帯 携帯는 携帯電話(けいたいでんわ)의 줄임말이에요. 가타카나를 써서 ケータイ라고도 하며,
스마트폰은 スマートフォン＝スマホ라고 하죠.

A3 010－1234－5678です。<ruby>今<rt>いま</rt></ruby>かけてみてください。
> 010-1234-5678이에요. 지금 걸어 보세요.

A4 電話番号を<ruby>言<rt>い</rt></ruby>ってもらったら、こちらからかけます。
> 전화번호를 말해 주면 이쪽에서 걸게요.

Words 電話番号 전화번호 | 何番 몇 번 | あのう 저기, 저어 | 教える 가르치다, 알려 주다
~てもらえますか？ ~해 주실 수 있으세요? | 連絡先 연락처 | 今 지금 | かける 걸다
~てみてください ~해 보세요 | 言う 말하다 | ~てもらったら ~해 주면 | こちら 이쪽 | から 에서

Scene 1 | 첫만남에 대한 즉문즉답

Q6

メールアドレスを教えてください。
메일 주소 좀 알려 주세요.

정중하게는 メールアドレスを教えてもらえますか？(메일 주소 알려 주실 수 있으세요?), よければ、メールアドレスを教えてください。(괜찮다면 메일 주소 좀 알려 주세요.)와 같이 써요. 페이스북이나 트위터, 라인 주소를 물어보고 싶을 때는 フェイスブックやツィッターはしていますか？(페이스북이나 트위터 해요?)라고 합니다.

A1 私のメールアドレスは**e_raspberry@naver.com**です。
> 제 메일 주소는 e_raspberry@naver.com이에요.

メール用語 アンダーバー, アンダースコア 언더바(_) | ハイフン 하이픈(-) | アットマーク 골뱅이(@)
ドット 점(.) | コム 컴(com)

 今度メールしますね。 > 나중에 메일 보낼게요.

A2 覚えやすいですよ。仲良しのローマ字書きで**nakayosi**に、
ヤフージャパンです。
> 기억하기 쉬워요. 나카요시의 로마자를 써서 nakayosi에, 야후재팬이에요.

A3 メールアドレスはこちらです。**メール送ったら電話してください。**
> 메일 주소는 이거예요. 메일 보내면 전화해 주세요.

전화 한 통 부탁해요라고 말하고 싶을 때는 電話一本(いっぽん)ください。라고 합니다.

A4 メールの確認はあまりしないので、**ラインのほうに**
送ってください。
> 메일 확인을 잘 안 하니까, 라인 쪽으로 보내 주세요.

Words　メールアドレス 메일 주소 | よろしければ 괜찮다면 | ～していますか？ ～하고 있어요? | 今度 이번, 금번
覚えやすい 기억하기 쉽다 | 仲良し 사이 좋음 | ローマ字書き 로마자 표기 | ヤフージャパン 야후재팬
送る 보내다 | 送ったら 보내면 | 電話する 전화하다 | 確認 확인 | あまり 별로, 그다지

Q7 おいくつですか？
나이가 어떻게 되세요?

나이를 묻는 질문은 다양해서 어린 친구나 또래에게는 おいくつ？ 何歳(なんさい)？ 로, 보통은 何歳ですか？ おいくつですか？ おいつくなんですか？로, 예의를 차려야 할 때는 お年(とし)を聞(き)いてもいいですか？라고 해요. 몇 년생이라는 표현을 써서 何年生(なんねんう)まれですか？(몇 년생이에요?)라고도 물어볼 수 있어요.

A1 ２３歳です。 > 23살이에요.

23です。라고 歳를 빼고 나이만 말해도 돼요.

A2 満で２５歳です。 > 만으로 25살이에요.

満で 일본은 우리나라와는 달리 태어나서 1년이 지나야 1살이 되는 満 나이를 써요. 満를 日本の年で(일본 나이로)로 바꿔 말해도 돼요. 만약 '한국 나이'라고 말하고 싶을 때는 数(かぞ)えで 또는 数(かぞ)え年(どし)라고 합니다. 몇 살을 나타내는 '살'은 歳 또는 약자를 써서 才로 쓰죠.

A3 今年、２０歳になりました。
> 올해로 20살이 됐어요.

↳ あ、私も２０歳なんです。同い年ですね。
> 저도 20살이에요. 동갑이네요.

A4 後２ヶ月で３８歳になります。 > 2개월 후면 38살이 돼요.

↳ 私より、お兄さんですね。 > 저보다 오빠시네요.

언니나 누나일 경우에는 私より お姉(ねえ)さんですね。 라고 해요.

A5 １９９０年生まれです。 > 1990년생이에요.

Words いくつ 몇 살, 몇 개 | 何歳 몇 살 | 〜なんですか？ 〜인 건가요? | お年 나이 | 聞く 묻다
歳＝才 살 | 今年 올해 | 20歳 20살 | 〜になる 〜가 되다 | 同い年 동갑 | 後 후, 뒤
お姉さん 언니, 누나 | お兄さん 오빠, 형

Q8 # お<ruby>誕生日<rt>たんじょう び</rt></ruby>はいつですか？
생일이 언제예요?

일본에서는 양력 생일을 찾고, 陰暦(いんれき)를 旧暦(きゅうれき)라고 해요. 나이도 満 나이로 헤아리니까 해가 바뀌면 무조건 +1살인 우리나라와 달리 자신의 생일이 지나야 +1살이에요. 그러다 보니 같은 나이인데도 나이 계산 방식에 따라 우리와 무려 2살이나 차이가 나기도 해요.

A1 <ruby>私<rt>わたし</rt></ruby>の<ruby>誕生日<rt>たんじょう び</rt></ruby>は<ruby>4月28日<rt>し がつにじゅうはちにち</rt></ruby>です。 > 제 생일은 4월 28일이에요.

1〜10	いち、に、さん、し、ご、ろく、しち・なな、はち、きゅう、じゅう
10, 20, 30…	じゅう、にじゅう、さんじゅう…
1〜12月	いちがつ、にがつ、さんがつ、しがつ、ごがつ、ろくがつ、しちがつ、はちがつ、くがつ、じゅうがつ、じゅういちがつ、じゅうにがつ
1〜10日	ついたち、ふつか、みっか、よっか、いつか、むいか、なのか、ようか、ここのか、とおか
20〜31日	20日(はつか)、14日(じゅうよっか)、24日(にじゅうよっか) 17日(じゅうしちにち)、27日(にじゅうしちにち) 19日(じゅうくにち)、29日(にじゅうくにち)

1~10日까지, 20日,
14日, 24日, 19日, 29日만
주의해서 읽고 나머지는
숫자 그대로 읽으면 돼요.

A2 <ruby>10月31日<rt>じゅうがつさんじゅういちにち</rt></ruby><ruby>生<rt>う</rt></ruby>まれです。
> 10월 31일생이에요.

A3 <ruby>私<rt>わたし</rt></ruby>はクリスマスの<ruby>日<rt>ひ</rt></ruby>に生まれました。
> 저는 크리스마스에 태어났어요.

A4 <ruby>陰暦<rt>いんれき</rt></ruby>の<ruby>9月2日<rt>く がつ ふつか</rt></ruby>です。<ruby>陰暦<rt>いんれき</rt></ruby>は<ruby>日本<rt>に ほん</rt></ruby>でいう<ruby>旧暦<rt>きゅうれき</rt></ruby>のことです。
> 음력 9월 2일이에요. 음력은 일본에서 말하는 구력이에요.

Words　誕生日 생일 | いつ 언제 | 生まれる 태어나다 | 陰暦 음력 | 旧暦 구력

Q9 # 今、どこに住んでいますか？
지금 어디에 살아요?

다른 말로는 お住(す)まいはどこですか？(사는 곳이 어디예요?), お住まいはどちら
ですか？(사는 곳이 어디세요?), お住まいは？(사는 곳은요?)라고 해요. 어디에 살고
있는지 외국에서 질문을 받은 것이라면 ソウルです。(서울이에요.)로 일본인이 알 만
한 큰 지명을 말해 주는 것이 좋겠죠.

A1 **チョンノ**です。 > 종로예요.

A2 **チョンノ**に住んでいます。 > 종로에 살고 있어요.

チョンノ この近(ちか)く 이 근처 ㅣ 学校(がっこう)の寮(りょう) 학교 기숙사

A3 **チョンノ**です。ソウルの**中心街(ちゅうしんがい)**です。
> 종로예요. 서울의 중심지예요.

中心街 下(した)のほう 아래쪽 ㅣ 真(ま)ん中(なか) 정중앙 ㅣ はずれ 외곽 ㅣ 北(きた)のほう 북쪽
東(ひがし)のほう 동쪽 ㅣ 南(みなみ)のほう 남쪽 ㅣ 西(にし)のほう 서쪽

A4 私が住んでいるところは**市内(しない)**から**1時間(いちじかん)くらいの**ところです。
> 제가 살고 있는 곳은 시내에서 1시간 정도 떨어진 곳이에요.

↳ あ、ちょっと**遠(とお)い**ですね。 > 아, 좀 멀군요.

Words　今 지금 ㅣ どこ 어디 ㅣ に 에 ㅣ 住む 살다 ㅣ お住まい 사는 곳 ㅣ ソウル 서울 ㅣ 近く 근처
学校 학교 ㅣ 寮 기숙사 ㅣ ところ 곳 ㅣ 市内 시내 ㅣ くらい 쯤, 정도 ㅣ ちょっと 좀 ㅣ 遠い 멀다

Q10 出身はどちらですか？

しゅっしん

고향이 어디세요?

직역하면 '출신이 어디예요?'로 고향을 묻는 질문이에요. どちらは どこ로 바꿀 수 있는데 どちら가 더 정중한 느낌이에요. 出身はどちらなんですか？ 出身は？ ご出身は？라고도 해요. 예전에 지방을 国(くに)라고 부른 데서 お国はどちらですか？(지방 어디세요?)라고도 하죠.

A1 **ソウル**です。 > 서울이에요.

A2 **韓国の首都ソウル**です。 > 한국의 수도 서울이에요.

かんこく　しゅと

> 일본에서 질문을 받는 것이라면 韓国から来(き)ました。(한국에서 왔어요.)라고 말할 수 있어요.

A3 **プサン**というところです。**韓国の南のほう**です。

みなみ

> 부산이라는 곳이에요. 한국의 남쪽이에요.

A4 **スンチャン**です。**コチュジャン**で有名なところです。

ゆうめい

> 순창이요. 고추장으로 유명한 곳이에요.

> 고추장은 唐辛子味噌(とうがらしみそ) 또는 韓国味噌(かんこくみそ)라고 해요.

コチュジャン 梨(なし) 배 ｜ 干(ほ)し柿(がき) 곶감 ｜ にんにく 마늘 ｜ 緑茶(りょくちゃ) 녹차

A5 **ソクチョ**です。**ソラクサン**があるところです。

> 속초요. 설악산이 있는 곳이에요.

↳ **あ、知ってます。** > 아, 알아요.

し

Words 出身 출신, 고향 ｜ どちら 어느 쪽 ｜ 首都 수도 ｜ ～から来ました ～에서 왔어요
～というところです ～라는 곳이에요 ｜ 南 남쪽 ｜ 唐辛子 고추 ｜ 味噌 된장
有名だ 유명하다 ｜ 知る 알다

Real Life conversation

"첫만남"에 대한 즉문즉답
실전회화트레이닝

민우(26살)와 미키(20살)의 첫만남

ミキ	初めまして。 鈴木ミキと言います。	처음 뵙겠습니다. 스즈키 미키라고 해요.
ミヌ	どうも、初めまして。イ・ミヌです。 お会いできてうれしいです。	아, 처음 뵙겠습니다. 이민우예요. 만나서 반가워요.
ミキ	こちらこそ、よろしくお願いします。 あのう、なんて呼んだらいいですか？	저도 반가워요. 잘 부탁해요. 저기, 뭐라고 부르면 좋을까요?
ミヌ	ミヌでいいですよ。	민우라고 하세요.

ミキ	ミヌさんはどんなお仕事をしてるんですか？	민우 씨는 어떤 일을 하세요?
ミヌ	会社員です。貿易の仕事をしています。	회사원이에요. 무역 회사를 다니고 있어요.
ミキ	お仕事、大変ですか？	일이 힘들죠?
ミヌ	そうですね。 大変ですけど、でも面白いですよ。	글쎄요. 힘은 들어도 재밌어요.
ミキ	そうなんですか。私はまだ学生なんです。	그렇군요. 저는 아직 학생이에요.
ミヌ	大学はどうですか？	대학은 어때요?

ミキ	楽しいです。勉強は…。	즐겁죠, 공부는….
ミヌ	ハハハ。社会に出たら大変なので、学生時代に思う存分楽しんでください。	하하하. 사회 나오면 힘드니까 학창 시절을 맘껏 즐기세요.
ミキ	ありがとうございます。	고마워요.

ミヌ	ミキさんは何歳なんですか？	미키 씨는 몇 살이죠?
ミキ	20歳です。	20살이에요.
ミヌ	お誕生日は？	생일은요?
ミキ	9月2日です。	9월 2일이에요.

ミキ	ミヌさんはソウルのどこに住んでいるんですか？	민우 씨는 서울 어디 살아요?
ミヌ	カンボクといって、ソウルの上の方です。	강북이라는 곳인데요, 서울 위쪽에 있어요.
ミキ	ああ。そうなんですか。これから、どうぞよろしくお願いします。	아, 그래요. 앞으로 잘 부탁해요.
ミヌ	こちらこそ、よろしく。	저야말로 잘 부탁해요.

Words 会社員(かいしゃいん) 회사원 ｜ 貿易(ぼうえき) 무역 ｜ 大変(たいへん)だ 힘들다
面白(おもしろ)い 재미있다 ｜ 楽(たの)しい 즐겁다 ｜ 社会(しゃかい)に出(で)る 사회에 나오다
思(おも)う存分(ぞんぶん) 마음껏, 실컷

Scene #2

기본적 개인정보에 대한

Q11 私は<ruby>A型<rt>がた</rt></ruby>なんですけど、ミヌさんは？
저는 A형인데, 민우 씨는요?

> 자연스럽게 대화를 풀어갈 때 무난하게 할 수 있는 질문이 바로 혈액형이죠. 혈액형은 何型(なにがた)ですか？(무슨 형이에요?), 血液型(けつえきがた)は何(なにがた)ですか？(혈액형은 무슨 형이에요?), 血液型は？로 물어볼 수 있어요. なんですけど의 なん은 회화체로 강조를 나타내요.

A1 AB<ruby>型<rt>がた</rt></ruby>です。 > AB형이에요.

A2 <ruby>個性派<rt>こせいは</rt></ruby>のB型です。 > 개성파인 B형이에요.

個性派のB型 几帳面(きちょうめん)なA型 꼼꼼한 A형 ｜ おおらかなO型 느긋한 O형
天才肌(てんさいはだ)のAB型 천재적인 AB형

A3 <ruby>何型<rt>なにがた</rt></ruby>に<ruby>見<rt>み</rt></ruby>えますか。 > 무슨 형 같아 보여요?

> か는 문장 끝에서 의문을 나타내요. か 뒤에는 마침표를 찍는 것이 원칙이지만, 물음표와 혼용해서 쓰기도 돼요.

A4 よくO<ruby>型<rt>がた</rt></ruby>みたいだと<ruby>言<rt>い</rt></ruby>われますが、<ruby>実<rt>じつ</rt></ruby>はA型なんです。
> 자주 O형 같다고들 하는데 실은 A형이에요.

よく～だと言われる よく～みたいだと言われますが、実は～なんです(자주 ～같다고들 하는데, 실은 ～이에요)는 간접적으로 표현하는 방법이에요. 혈액형을 말할 때는 물론 성격을 말할 때도 자주 써요.

↳ え、A型に見えないけど…。 > 어, A형으로 안 보이는데요….

Words ～けど ～인데 ｜ ～さん ～씨 ｜ 血液型 혈액형 ｜ 何型 무슨 형 ｜ 個性派 개성파 ｜ 几帳面だ 꼼꼼하다
おおらかだ 느긋하다 ｜ 天才肌だ 천재적이다 ｜ 見える 보이다 ｜ よく 잘, 자주 ｜ ～みたいだ ～같다
～と言われる ～라고 말하다 ｜ 実は 실은

Q12 **占いは信じますか？**

점을 믿어요?

점을 믿는 편이에요?라고 질문할 때는 占いは信じるほうですか？라고 해요. 친한 사이라면 占いは信じるほうです？처럼 끝에 있는 か를 빼고 말해도 되는데, 이 말은 남자가 쓰면 이상하니 주의해야 해요. 참고로 점을 보는 사람은 占い師(し), 점을 보다는 占いをする라고 해요.

A1 **いいことだけ信じます。** > 좋은 것만 믿어요.

だけ　だけ(만) 뒤에는 긍정, しか(밖에) 뒤에는 부정이 따라와요.
위 문장을 しか로 바꾸면 いいことしか信じません。(좋은 것밖에 안 믿어요.)가 되는 거예요.
野菜(やさい)だけ食(た)べます。야채만 먹어요. ┃ 野菜しか食べません。야채밖에 안 먹어요.
漫画(まんが)だけ読(よ)みます。만화만 읽어요. ┃ 漫画しか読みません。만화밖에 안 읽어요.

A2 **まるっきり信じていません。** > 하나도 안 믿어요.

> まるっきり는 주로 뒤에 부정어를 동반하여 '전혀, 전연, 아주'라는 뜻으로 まったく나 ぜんぜん으로 바꿔 말할 수 있어요.

A3 **私は占いなんかは信じません。** > 저는 점 같은 것은 안 믿어요.

A4 **何か悩み事があると、つい占いに頼ってしまいます。**

> 뭔가 고민이 있으면 그만 점에 의지하게 되고 말아요.

つい～てしまう　つい～てしまう는 '그만 ~하고 만다'라는 뜻으로 의지와 상관없이 그렇게 하게 된다는 의미로 써요.
食(た)べる 먹다　つい食べてしまう 그만 먹고 만다　つい食べてしまいます 그만 먹고 말아요
飲(の)む 마시다　つい飲んでしまう 그만 마시고 만다　つい飲んでしまいます 그만 마시고 말아요

Words　占い 점 ┃ 信じる 믿다 ┃ まるっきり＝まったく＝ぜんぜん 전혀 ┃ なんか 등, 따위 ┃ 何か 뭔가
悩み事 고민 ┃ ～と ～면 ┃ ～に頼る ～에 의지다 ┃ ～てしまう ～해 버리다

Q13 干支は何ですか?
띠가 뭐예요?

何年(なにどし)ですか?(무슨 띠예요?)라고 물어볼 수도 있어요. 일본에는 年女(としおんな), 즉 태어난 해가 그 해의 간지(干支)에 해당하는 여자를 가리키는 말이 있어요. 반대는 年男(としおとこ)라고 하죠. 年女, 年男는 그 해 나쁜 일이 생길 수 있으니 조심해야 한다는 의미를 포함해요. 이 말은 厄年(やくどし)라고 운수가 사나운 해라는 뜻에서 왔어요.

A1 ねずみ年です。 > 쥐띠예요.

干支 ねずみ 쥐 | うし 소 | とら 호랑이 | うさぎ 토끼 | たつ 용 | へび 뱀 | うま 말
　　　ひつじ 양 | さる 원숭이 | にわとり 닭 | いぬ 개 | いのしし 멧돼지

↳ えっ、偶然ですね。私もです。 > 앗, 우연이네요. 저도요.

A2 ぶたです。あっ、日本ではいのししですよね。
> 돼지예요. 아, 일본에서는 멧돼지지요?

A3 うさぎです。母もうさぎで、ふた回り違うんです。
> 토끼예요. 엄마도 토끼띠로 두 바퀴 띠 동갑이에요.

> 한 바퀴 도는 것은 ひと回り예요.

A4 馬です。私、今年、年女なんです。 > 말이에요. 올해 띠가 제 띠예요.

Words　干支=何年 띠 | 偶然 우연 | ふた回り 두 번 둟, 두 바퀴 회전 | 違う 다르다 | 今年 올해

何座ですか？
별자리가 뭐예요?

별자리는 星座(せいざ)라고 하고, 별자리로 보는 점은 星座占(せいざうらな)い, 궁합은 相性(あいしょう)라고 해요.

A1 **かに座**です。> 물고기자리예요.

星座   おひつじ座 양자리 | おうし座 황소자리 | ふたご座 쌍둥이자리 | かに座 게자리
　　　しし座 사자자리 | おとめ座 처녀자리 | てんびん座 천칭자리 | さそり座 전갈자리
　　　いて座 사수자리 | やぎ座 염소자리 | みずがめ座 물병자리 | うお座 물고기자리

A2 **僕、うお座**なんですが、**ミキさんは？**
> 저는 물고기자리인데, 미키 씨는요?

↳　**私はひつじ座です。**> 저는 양자리예요.

A3 **平和主義のてんびん座**です。> 평화주의인 천칭자리예요.

A4 えっ、何座かわかりません。3月は何座でしたっけ？
3月7日に生まれました。
> 앗, 무슨 자리인지 잘 몰라요. 3월이 무슨 자리였더라? 3월 7일에 태어났어요.

~でしたっけ   기억하지 못하는 것을 물어볼 때 쓰는 말로, '~이었죠?, ~이었더라?'로 해석해요.
　　　　　　　だれ 누구 だれでしたっけ？ 누구였더라? | いつ 언제 いつでしたっけ？ 언제였죠?
　　　　　　　どこ 어디 どこでしたっけ？ 어디였죠?

Words   平和主義 평화주의 | ~か ~인지 | わかる 알다 | わかりません 모릅니다
　　　　　　~に生まれる ~에 태어나다 | ~に生まれました ~에 태어났습니다

Q15 じぶん ちょうしょ
自分の長所はどんなところだと
思いますか？
자신의 장점은 어디라고 생각해요?

장점을 조심스럽게 묻는 방법으로 ところ를 どこ로 바꿔서 自分の長所はどこだ
と思いますか？自分の長所は何だと思いますか？(자신의 장점은 뭐라고 생각해
요?)라고 물어볼 수 있어요. 면접 자리에서는 長所は何ですか？(장점은 뭐예요?)라
고 하겠죠. 일본에서는 長点, 短点이라고 하지 않고 長所(ちょうしょ), 短所(たんし
ょ)라고 해요.

A1 **まじめな**ところです。 > 성실한 점이에요.

A2 **ポジティブな**面です。 > 긍정적인 면이에요.

A3 どんなことがあってもあきらめない点です。
> 어떤 일이 있어도 포기하지 않는 점이에요.

A4 みんなからは**親切だ**と言われます。
> 사람들에게 친절하다는 소리를 들어요.

～と言われます 본인 입으로 말하기 껄끄러운 내용을 '～라는 소리를 들어요'라고 간접적으로 말하는 표현이에요.
天才(てんさい) 천재 天才だと言われます。천재라는 소리를 들어요.
やさしい 자상하다, 상냥하다 やさしいと言われます。자상하다는 소리를 들어요.

↳ ああ、ほんと、そんな感じですね。
> 아하, 정말 그렇게 보이네요.

Words 自分 자신 | 長所 장점 | どんな 어떤 | ところ 곳, 면 | ～と思う ～라고 생각하다
まじめだ 성실하다 | ポジティブだ 긍정적이다 | 面 면 | どんなことがあっても 어떤 일이 있어도
みんな 모두 | ～から ～부터 | 親切だ 친절하다 | 感じ 느낌

Q16 じゃあ、短所（たんしょ）は？

그럼, 단점은요?

自分の短所はどんなところだと思いますか？を省略して じゃあ、短所は？と言っても なっても 돼요. 단점이 없는 완벽한 사람은 없을 거예요. 꾸밈없이 자신의 단점을 솔직하게 말하고 개선하려고 노력 중이라는 말을 덧붙여 준다면 더욱 인간적으로 들리겠죠.

A1 優柔不断（ゆうじゅうふだん）なところです。 > 우유부단한 면입니다.

A2 おっちょこちょいなところがあります。
> 덜렁대는 면이 있어요.

↳ 意外（いがい）ですね。落（お）ち着（つ）いて見（み）えるのに…。
> 의외네요. 차분해 보이는데….

A3 飽（あ）きっぽいのが私（わたし）の短所（たんしょ）です。
> 싫증을 잘 내는 것이 제 단점입니다.

A4 みんなにおとなしすぎると言（い）われます。
> 모두에게 너무 소극적이다라는 소리를 들어요.

～すぎる 수준이나 정도를 넘어서고 있다는 의미로, '지나치게 ～하다, 너무 ～하다'라고 해석해요.
おとなしい 온순하다, 얌전하다 　おとなしすぎる 너무 얌전하다
細（こま）かい 까다롭다, 세세하다 　細かすぎる 너무 까다롭다

A5 優柔不断（ゆうじゅうふだん）なところですが、今（いま）、直（なお）そうと努力（どりょく）しています。
> 우유부단한 점인데 지금 고치려고 노력하고 있어요.

Words　じゃあ 그럼 | 短所 단점 | 優柔不断だ 우유부단하다 | おっちょこちょいだ 덜렁대다 | 意外 의외
落ち着く 안정되다, 차분하다 | 見える 보이다 | ～のに ～는데 | 飽きっぽい 싫증을 잘 내다
おとなしい 온순하다, 얌전하다 | 直す 고치다 | 努力する 노력하다

Q17 何か<ruby>特技<rt>とくぎ</rt></ruby>ってあるんですか？
특기 같은 거 있어요?

직역하면 '뭐 특기라는 거 있어요?'로, ~っては ~というのは(~라는 것은), ~は (~은)의 회화체 표현이에요. あるんですか는 あるのですか와 같은 표현으로 ん 역시 강조를 나타내는 の의 회화체 표현이에요. 特技は何ですか？(특기는 뭐예요?), あなたの特技は？(당신의 특기는?), あなたの特技って何ですか？(당신의 특기는 뭐예요?)와 같이 물어볼 수 있어요.

A1 ピアノです。 > 피아노예요.

A2 ピアノを<ruby>弾く<rt>ひ</rt></ruby> <u>こと</u>です。 > 피아노를 치는 것이에요.

ことです 명사로 말할 때는 です, 동사로 말할 때는 ことです가 돼요.
ギターです。기타예요. ｜ ギターを弾くことです。기타를 치는 것이에요.
絵(え)です。그림이에요. ｜ 絵を描(か)くことです。그림을 그리는 것이에요.

 あっ、ピアノ弾けるんですね。
> 앗, 피아노 칠 줄 아시네요.

A3 <ruby>日本語<rt>にほんご</rt></ruby>が<ruby>話せ<rt>はな</rt></ruby>ます。 > 일본어를 말할 수 있어요.

~が話せます ~が話せます는 話す의 가능 표현으로 ~를 話すことができます와 같은 말이에요.

A4 <ruby>特<rt>とく</rt></ruby>にないんですが、<ruby>日本語<rt>にほんご</rt></ruby>には<ruby>自信<rt>じしん</rt></ruby>があります。
> 특별히 없지만, 일본어에는 자신이 있어요.

Words 何か 뭔가 ｜ 特技 특기 ｜ ある 있다 ｜ 弾く 치다 ｜ こと 것 ｜ 絵 그림 ｜ 弾ける 칠 수 있다
話す 말하다 ｜ 話せる 말할 수 있다 ｜ 特に 특별히 ｜ ない 없다 ｜ ~には ~에는 ｜ 自信 자신

Q18 チャームポイントは何(なん)だと
思(おも)いますか？

매력 포인트가 어디라고 생각해요?

매력 포인트라는 영어 チャームポイント를 쓴 질문으로, 직역하면 '매력 포인트는 무엇이라고 생각해요?'가 됩니다. チャームポイント는 一番(いちばん)自信(じしん)があるところ(가장 자신이 있는 곳)를 말해요. 그렇다면 당신의 チャームポイント는?(당신의 매력 포인트는?)

A1 腹筋(ふっきん)です。 > 복근이에요.

腹筋 長(ながい)い黒髪(くろがみ) 긴 검은 머리 | 目(め) 눈 | 笑顔(えがお) 웃는 얼굴
高(たかい)い鼻(はな) 높은 코 | 口元(くちもと) 입가 | 八重歯(やえば) 덧니
長(ながい)い指(ゆび) 긴 손가락 | ちからこぶ 알통 | うなじ 뒷목

일본에서는 うなじ를 美로 인식해요.
실제로 芸者(げいしゃ)의
着物(きもの)를 들 수 있어요.
게이샤의 기모노는 일부러 うなじ가
잘 보이게 디자인되어 있답니다.

↳ **ホント！ 板(いた)チョコみたいですね。**
> 진짜네요! 왕자가 새겨졌네요.

板チョコ 직역하면 '판초코 같네요.'로, 일본에서는 王(おう)의 자(じ)에 割れた腹筋(왕자가 새겨진 복근)을 네모난 초콜릿 표시줄에 빗대어 표현하기도 해요. 복근에 따라 エイトパック(에잇팩), シックスパック(식스팩)란 말도 써요.

A2 目(め)が大(おお)きいところです。 > 눈이 큰 거예요.

A3 笑(わら)うとできるエクボです。 > 웃으면 생기는 보조개예요.

A4 みんなから笑顔(えがお)が魅力的(みりょくてき)だとよく言(い)われます。
> 사람들한테 웃는 얼굴이 매력적이라는 소리를 자주 들어요.

Words 一番 가장 | 自信がある 자신이 있다 | ところ 것 | 芸者 기생 | 着物 기모노 (일본의 전통 옷)
板チョコ 얇은 판으로 자르는 선만 표시된 초콜릿 | ～みたいだ ～같다 | 王の字 왕자
割れる 갈라지다, 금이 가다 | 目が大きい 눈이 크다 | 笑う 웃다 | できる 생기다 | エクボ 보조개
魅力的だ 매력적이다 | ～とよく言われます ～라는 소리를 자주 듣다

目はいいほうですか？

눈은 좋은 편인가요?

시력이 좋은지 물어볼 때 視力(しりょく)はいいほうですか？라고도 할 수 있어요.
안경을 쓰다라는 말은 めがねをする, めがねをかける라고 해요. 콘택트렌즈를 끼다
는 コンタクトレンズをする, 줄여서 コンタクトをする라고 합니다.

A1 ええ、目は いいほうです。 両方2.0です。

> 네, 눈은 좋은 편이에요. 양쪽 다 2.0이에요.

視力　시력을 읽을 때 점(.)은 てん, 0은 れい 또는 ゼロ라고 읽어요. 왼쪽과 오른쪽의 시력을 나눠서 말할 때는
右(みぎ)が1.5(いってんご)で、左(ひだり)は1.0(いってんゼロ)です。
(오른쪽이 1.5이고, 왼쪽은 1.0이에요.)와 같이 말해요.

↳ めっちゃいいですね。 > 진짜 좋네요.

A2 いいえ、目は あまりよくありません。 > 아뇨, 눈이 별로 안 좋아요.

目が悪い　いいえ、目は 悪(わる)いほうです。아뇨, 눈이 나쁜 편이에요.

A3 目が悪いので いつもはコンタクトをしています。

> 눈이 나빠서 평소에는 콘택트렌즈를 끼고 있어요.

A4 近視で、遠くはよく見えません。 > 근시라서 먼 곳은 잘 안 보여요.

近視　근시는 近視. 심한 근시는 ド近眼(きんがん)이라고 해요.
ド는 접두사로 ドケチ(심한 구두쇠), ドチビ(심하게 키가 작은 사람)와 같이 명사 앞에 붙어 정도가 강함을
나타내요.

Words　目 눈 | いい 좋다 | 〜ほう 〜편 | めっちゃ 정말, 진짜 | あまり 별로 | よい 좋다
よくない 좋지 않다 | よくありません 좋지 않습니다 | 悪い 나쁘다 | 〜ので 〜때문에 | いつも 항상
コンタクト(レンズ)をする 콘택트렌즈를 끼다 | 近視 근시 | 遠く 멀리 | よく 잘 | 見える 보이다
見えません 보이지 않습니다

Real Life conversation

Scene #2 "기본적 개인정보"에 대한 즉문즉답
실전회화트레이닝

민우와 미키의 서로 알아가기

ミキ	私、A型なんですけど…、ミヌさんは？	저는 A형인데. 민우 씨는요?
ミヌ	僕はB型です。	저는 B형이에요.
ミキ	そんな感じですね。 ミヌさん、血液型占いとか信じます？	그렇게 보이네요. 민우 씨, 혈액형 점 같은 거 믿어요?
ミヌ	さぁ、どうでしょう？ 参考にはしますけど。	글쎄요. 참고는 하는데요.

ミキ	今年、ねずみ年でしょ？ 私、年女なんですよ。 ミヌさんは何年ですか？	올해 쥐띠 해죠? 저, 쥐띠인데요. 민우 씨는 무슨 띠예요?
ミヌ	僕はひつじ年です。	저는 양띠예요.
ミキ	じゃ、何座ですか？	그럼. 별자리는 뭐예요?
ミヌ	うお座です。ミキさんは？	물고기자리예요. 미키 씨는요?
ミキ	私はおとめ座です。	저는 처녀자리예요.
ミヌ	女の子は占いとか好きですよね。	여자들은 점 같은 걸 좋아하는 편이죠.

Words 感(かん)じ 느낌 | さぁ 글쎄 | どうでしょう？ 어떨까요? | 参考(さんこう) 참고

ミキ	ミヌさんは自分の長所ってなんだと思いますか？	민우 씨는 본인의 장점이 뭐라고 생각해요?
ミヌ	長所ですか？ いつもポジティブなところですかね。	장점 말인가요？ 항상 긍정적인 점이랄까요.
ミキ	そうですね。 ミヌさんはいつも前向きで明るいから。 じゃ、短所だと思ってることってあるんですか？	그렇네요. 민우 씨는 항상 적극적이고 밝으니까요. 그럼, 단점이라고 생각하는 거 있어요？
ミヌ	ちょっと、優柔不断なところです。	좀 우유부단한 점이요.
ミキ	ふ～～ん、でもやさしいところが魅力です。 目もやさしそうだし。 ところで、ミヌさんって、目がいいほうですか？	음…, 그래도 자상한 면이 매력이에요. 눈도 선해 보이고요. 그런데 민우 씨는 눈이 좋은 편인가요？
ミヌ	いいえ、普段はコンタクトしてるんですよ。	아뇨, 평소엔 콘택트렌즈를 끼고 있어요.
ミキ	全然知りませんでした。	전혀 몰랐네요.

ミキ	ミヌさんってスポーツ得意ですよね。	민우 씨는 운동 자신 있잖아요.
ミヌ	はい。スポーツは好きですから…。 でも、僕の一番の特技はピアノなんですよ。	네. 운동을 좋아하니까…. 그렇지만 저의 주특기는 피아노랍니다.
ミキ	えっー。すごい。何でもできるんですね。 そう言えば、ミヌさん、スラッとした長い指してますね。	어머, 대단해요. 뭐든지 잘하는군요. 그러고 보니 민우 씨, 손가락이 늘씬하고 길쭉하네요.
ミヌ	でしょう？！ 僕はこの長い指が自慢なんです。	그렇죠?! 저는 이 긴 손가락이 자랑스러워요.
ミキ	今度ピアノ聞かせてくださいね。	다음에 피아노 연주 들려주셔야 해요.

Words ポジティブ 포지티브 | 前向(まえむ)きだ 긍정적이다 | 明(あか)るい 밝다 | ～から ～때문에
やさしい 상냥하다, 자상하다 | 普段(ふだん) 보통 | 全然(ぜんぜん) 전혀 | 得意(とくい)だ 자신 있다
特技(とくぎ) 특기 | 自慢(じまん) 자랑 | 聞(き)かせてください 들려주세요

시간에 대한

Q20 今日（きょう）、何日（なんにち）でしたっけ？
오늘 며칠이었더라…?

~でしたっけ？(~이었더라?)라고 기억을 더듬으며 묻는 질문이에요. 보통 今日は何日ですか？(오늘은 며칠이에요?)로 질문하고, 오늘은 몇 월 며칠이에요?라고 물을 때는 今日、何月何日(なんがつなんにち)ですか？라고 합니다.

A1 10日（とおか）ですよ。 > 10일이에요.

1~10日 ついたち、ふつか、みっか、よっか、いつか、むいか、なのか、ようか、ここのか、とおか
주의 14日(じゅうよっか)、17日(じゅうしちにち)、19日(じゅうくにち)、20日(はつか)、24日(にじゅうよっか)、27日(にじゅうしちにち)、29日(にじゅうくにち)

A2 今日？ 7日（なのか）じゃないですか？ > 오늘이요? 7일 아닌가요?

A3 5月8日（ごがつようか）です。韓国（かんこく）では父母（ふぼ）の日（ひ）です。
> 5월 8일이에요. 한국에서는 어버이날이에요.

何月何日 질문에 대한 CN답으로 일본은 아버지 날이 6월 셋째 주 일요일, 어머니 날이 5월 둘째 주 일요일입니다.

↳ へぇ～、日本（にほん）では父（ちち）の日（ひ）と母（はは）の日（ひ）は別々（べつべつ）ですよ。
> 아, 일본에서는 아버지, 어머니의 날이 따로따로 있어요.

A4 さぁ、何日でしたっけ？ 14日（じゅうよっか）じゃないですか？
> 글쎄, 며칠이었죠? 14일 아닌가요?

Words 今日 오늘 | 何日 며칠 | ～でしたっけ ～이었죠, ～이었더라 | 父母の日 어버이날, 부모의 날
父の日 아버지의 날 | 母の日 어머니의 날 | 別々 따로따로

Q21 何曜日ですか？
なんようび

무슨 요일이죠?

갑자기 요일이 생각나지 않을 때는 何曜日ですか？(무슨 요일이죠?), 何曜日だっ
け？(무슨 요일이더라?)라고 물어보면 됩니다. 어제가 무슨 요일이었는지 물어볼 때
는 昨日(きのう)、何曜日でしたか？(어제가 무슨 요일이었죠?), 昨日、何曜日で
したっけ？(어제 무슨 요일이었더라?)라고 하죠.

A1 月曜日です。 > 월요일이에요.
げつようび

曜日 月曜日(げつようび) 월요일 ┃ 火曜日(かようび) 화요일 ┃ 水曜日(すいようび) 수요일
木曜日(もくようび) 목요일 ┃ 金曜日(きんようび) 금요일 ┃ 土曜日(どようび) 토요일
日曜日(にちようび) 일요일

月火水木金土日(げつ、かー、すい、もく、きん、どー、にち) 월화수목금토일
月水金(げっ、すい、きん) 월수금 ┃ 火木土(かー、もく、どー) 화목토 ┃ 土日(どにち) 토일

A2 金曜日じゃなかったっけ？ > 금요일 아니야?

A3 昨日火曜日だったじゃないですか？
きのう

> 어제 화요일 아니었나요?

A4 さぁ、何曜日だっけ？ケータイ見てみますね。
み

あっ、水曜日ですね。

> 글쎄. 무슨 요일이더라? 휴대전화 확인해 볼게요. 앗, 수요일이네요.

↳ あ～、ありがとうございます。 > 아, 고마워요.

Words 何曜日 무슨 요일 ┃ 昨日 어제 ┃ ～だったじゃないですか？ ～이었지 않아요? ┃ さぁ 글쎄
ケータイ 휴대전화 ┃ 見てみる 봐 보다, 확인해 보다

Q22

すみません、今何時ですか？
저기요, 지금 몇 시예요?

부드럽게 물어볼 때는 今、何時かわかりますか？(지금 몇 시인지 아세요?)로 말해요. すみません은 회화에서는 すいません으로 말하기도 하고, 사람을 부를 때와 사과할 때 써요. 비즈니스에서는 사과할 때 申(もう)し訳(わけ)ございません이라고 하죠.

A1 **4時30分**です。 > 4시 30분이에요.

30分은 半(はん)이라고 해요.

時 いちじ、にじ、さんじ、よじ、ごじ、ろくじ、しちじ、はちじ、くじ、じゅうじ、じゅういちじ、じゅうにじ

分 分은 앞에 숫자 '2, 5, 7, 9'가 오면 ふん, '1, 3, 4, 6, 8, 10'이 오면 ぷん이라고 읽어요
ぷん 앞의 '1, 6, 8, 10'은 각각 いっ、ろっ、はっ、じゅっ(じっ)이라고 읽어요.
いっぷん、にふん、さんぷん、よんぷん、ごふん、ろっぷん、ななふん…

A2 **7時5分**前です。 > 7시 5분 전이에요.

A3 **12時10分**過ぎです。 > 12시 10분 지났어요.

A4 今ちょうど**9時**です。 > 지금 정각 9시네요.

A5 たぶん、**8時**ごろだと思いますけど。 > 아마 8시쯤 됐을걸요.

↳ ありがとうございます。 > 고마워요.

Words 今 지금 | 何時 몇 시 | ～か ～인지 | わかる 알다 | 申し訳ございません 대단히 죄송합니다
半 반 | 前 전 | 過ぎ 지남 | ちょうど 정각 | たぶん 아마 | ～だと思います ～라고 생각합니다
～けど ～이지만

Q23 **毎日何時ごろ起きるんですか？**
まいにちなんじ　　　　　　お
매일 몇 시쯤 일어나요?

아침에 쩌렁쩌렁 울리는 자명종은 目覚(めざ)まし時計(どけい)라고 하고, 目覚まし
時計をセットする(자명종을 맞추다), 目覚まし時計が鳴(な)る(자명종이 울리다)와
같이 씁니다. 늦잠을 자다란 표현은 朝寝(あさね)する, 朝寝坊(あさねぼう)をする
를 써요.

A1 **6時ごろ**です。 > 6시 정도예요.
　　ろくじ

A2 **毎朝、7時**ごろ**起きる**んです。 > 매일 아침 7시경에 일어나요.
　　まいあさ　しちじ　　　　お

毎朝 우리말로는 '매일 아침에'와 같이 조사 '에'를 넣어도 상관없지만 일본어로는 시간을 나타내는 명사,
예를 들어 朝(あさ), 昼(ひる), 夜(よる) 같은 말에는 に를 넣지 않고 반점(、)으로 대신해요.

A3 **平日は6時に起きます**が、**休日は朝寝**します。
　　へいじつ　　　　　お　　　　　きゅうじつ　あさね
> 평일에는 6시에 일어나지만, 휴일에는 늦잠을 자요.

A4 **特に決まっていません。日によって違います。**
　　とく　き　　　　　　　　　　ひ　　　　　ちが
> 특별히 정해져 있지 않아요. 그날그날 달라요.

〜によって違います 명사 뒤에서 '〜에 따라 달라요'라는 뜻으로 써요.
　　　　　　　　　　国(くに)によって違います。 나라에 따라 달라요.
　　　　　　　　　　人(ひと)によって違います。 사람에 따라 달라요.

A5 **遅いほうです。夜更かしをするので朝がいつも大変です。**
　　おそ　　　　　　よふ　　　　　　　　　あさ　　　　　たいへん
> 늦은 편이에요. 밤에 늦게 자니까 아침이 항상 힘들어요.

夜更かし 밤 늦게까지 깨어 있는 것은 夜更かしする, 잠을 자지 않고 밤을 새우는 것은 徹夜(てつや)する,
夜明かしをする라고 해요.

Words 毎日 매일 | 頃 쯤, 경 | 起きる 일어나다 | 鳴る 울리다 | 毎朝 매일 아침 | 平日 평일 | 休日 휴일
特に 특별히 | 決まる 정해지다 | 日 날, 날짜 | 〜によって 〜에 의해 | 違う 다르다 | 遅い 늦다
朝 아침 | いつも 항상 | 大変だ 힘들다, 큰일이다 | 徹夜 철야

Q24 朝ご飯は何時ごろ食べるんですか?
あ　　はん　なん　じ　　　　　　　　　　　た

아침은 몇 시쯤 먹어요?

아침은 朝, 아침 해는 朝日(あさひ), 아침밥은 朝ご飯, 아침에 제일 먼저는 朝イチ
라고 합니다. 朝一番(あさいちばん)을 줄인 말이에요. 朝イチに電話(でんわ)する
ね。(아침 일찍 전화할게.)와 같이 써요.

A1 7時ごろです。> 7시쯤이에요.
　　　しち じ

A2 朝は忙しいので、食べる時間がありません。
　　　あさ いそが　　　　　　た　　　じ かん
> 아침에는 바빠서 먹을 시간이 없어요.

A3 朝は忙しいので、毎日朝ご飯は抜きです。
　　　　　　　　　　　　　　　　　ぬ
> 아침에는 바빠서 매일 아침밥은 걸러요.

> 抜き는 '빼기, 제외함'이란
> 뜻으로 식사를 거를 때에도
> 抜き를 써요.

↳ **朝はしっかり食べたほうがいいですよ。**
> 아침은 든든히 먹는 것이 좋아요.

~ほうがいいです 충고나 제안을 할 때는 ~ほうがいいです(~하는 편이 좋아요),
　　　　　　　　　~しないほうがいいです(~하지 않는 편이 좋아요)로 표현해요.
　　　　　　　　　勉強(べんきょう)したほうがいいです. 공부하는 편이 좋아요.
　　　　　　　　　朝早く起きたほうがいいです. 아침 일찍 일어나는 편이 좋아요.
　　　　　　　　　お酒(さけ)は飲(の)まないほうがいいです. 술은 마시지 않는 편이 좋아요.
　　　　　　　　　遅刻(ちこく)しないほうがいいです. 지각하지 않는 편이 좋아요.

Words 朝ご飯 아침밥 | 食べる 먹다 | 一番 가장, 제일 | 忙しい 바쁘다 | 勉強する 공부하다 | お酒 술
飲む 마시다 | 遅刻する 지각하다

Q25 いつも<ruby>何時<rt>なんじ</rt></ruby>ごろ<ruby>家<rt>いえ</rt></ruby>を<ruby>出<rt>で</rt></ruby>るんですか？

평소 몇 시쯤 집을 나서나요?

家(집)라는 한자는 いえ, うち로 읽어요. 하지만 うち라는 말이 더 범위가 넓은 말이라 いえ는 うち로 바꿔 읽을 수 있지만, 반대는 불가능할 때가 있어요. 예를 들면 나의 집은 わたしの家(いえ・うち)라고 둘 다 가능하지만, 우리 회사는 うちの会社(かいしゃ)라고만 하죠. 아, 하나만 더요. 아따맘마로 알려진 あたしんち(=わたしの家(うち)=あたしん家(ち) 우리 집처럼 ち로도 읽히네요.

A1 <ruby>毎朝<rt>まいあさ</rt></ruby><ruby>7時<rt>しちじ</rt></ruby>に<ruby>家<rt>いえ</rt></ruby>を<ruby>出<rt>で</rt></ruby>ます。 ＞ 매일 아침 7시에 집을 나서요.

A2 7<ruby>時<rt>じ</rt></ruby>には<ruby>家<rt>いえ</rt></ruby>を<ruby>出<rt>で</rt></ruby>るようにしています。
＞ 7시에는 집을 나서려고 해요.

～ようにしています　～ようにしています(～하려고 하고 있어요)는 되도록이면 그렇게 하려고 한다는 자신의 의지를 나타내요.

A3 <ruby>会社<rt>かいしゃ</rt></ruby>が<ruby>遠<rt>とお</rt></ruby>いので6<ruby>時<rt>ろくじ</rt></ruby>には<ruby>家<rt>いえ</rt></ruby>を<ruby>出<rt>で</rt></ruby>なければなりません。
＞ 회사가 멀어서 6시에는 집을 나서야만 해요.

～なければなりません　의무를 나타내는 표현으로 '～하지 않으면 안 돼요, ～해야만 해요'라는 뜻이에요.
<ruby>早<rt>はや</rt></ruby>く<ruby>寝<rt>ね</rt></ruby>なければなりません。 일찍 자야만 해요.
いっぱい<ruby>読<rt>よ</rt></ruby>まなければなりません。 많이 읽어야만 해요.

↳ <ruby>毎日<rt>まいにち</rt></ruby><ruby>大変<rt>たいへん</rt></ruby>ですね。 ＞ 매일 힘들겠어요.

A4 <ruby>特<rt>とく</rt></ruby>に<ruby>決<rt>き</rt></ruby>まっていません。 ＞ 특별히 정해져 있지 않아요.

Words　いつも 항상 | 家を出る 집을 나서다 | 毎朝 매일 아침 | 会社 회사 | 遠い 멀다 | 早く 일찍
寝る 자다 | いっぱい 많이 | 読む 읽다 | 毎日 매일 | 大変だ 힘들다 | 特に 특별히
決まっていない 정해져 있지 않다

Q26 家から職場(学校)までどのくらい
かかるんですか？

집에서 직장(학교)까지 얼마나 걸리나요?

'~부터 ~까지'는 ~から~まで로 표현하고 '시간이 걸리다'라는 표현은 時間がか
かる라고 해요. どのくらい의 くらい는 원래 명사 뒤에서는 ぐらい로 쓰였으나 최
근에는 거의 구분 없이 써요.

A1 1時間ぐらいかかります。 > 1시간 정도 걸려요.

A2 歩いて大体10分ぐらいです。 > 걸어서 대충 10분 정도예요.

歩いて バスで 버스로 ｜ 地下鉄(ちかてつ)で 지하철로 ｜ 自転車(じてんしゃ)で 자전거로

A3 すぐそこです。5分で行けます。
> 이 근처예요. 5분이면 갈 수 있어요.

A4 近いですよ。10分しかかかりません。
> 가까워요. 10분밖에 안 걸려요.

 近くていいですね。 > 가까워서 좋네요.

A5 職場が遠くて2時間かかってしまいます。
> 직장이 멀어서 2시간 걸려요.

Words　職場 직장 ｜ 学校 학교 ｜ どのくらい 얼마나 ｜ かかる 걸리다 ｜ 歩く 걷다 ｜ 大体 대개, 대충
すぐそこ 바로 근처 ｜ 行く 가다 ｜ 行ける 갈 수 있다 ｜ 近い 가깝다 ｜ ~しか ~밖에 ｜ 遠い 멀다
~てしまいます ~해 버립니다

仕事(学校)は何時からですか？
일(학교)은 몇 시부터 시작해요?

직역하면 '일(학교)은 몇 시부터예요?'로, 仕事は何時から始(はじ)まりますか?라
고 해도 돼요. 일을 몇 시부터 몇 시까지 하는지 물을 때는 仕事は何時から何時ま
でですか?라고 하죠. 참고로 제시간에 도착하다는 間(ま)に合(あ)う, 빠듯하게 도
착하다는 ぎりぎりに到着(とうちゃく)する라고 해요.

A1 9時からです。 > 9시부터예요.

A2 仕事は9時から6時までです。 > 일은 9시부터 6시까지예요.

A3 8時半までに行けばいいです。 > 8시 반까지만 가면 돼요.

までに 조사 '까지'는 まで와 までに가 있는데 그 쓰임이 조금 달라요.
まで는 그 시간까지 계속하는 느낌을 주고, までに는 마감 시간을 의미하죠.

~ばいいです ~ばいいです는 '~면 돼요, ~면 괜찮아요'라는 뜻으로 써요.
行(い)く 가다　　行けばいいです。가면 돼요.
する 하다　　　すればいいです。하면 돼요.
着(つ)く 도착하다　着けばいいです。도착하면 돼요.

A4 9時からですが、30分前には着くようにしています。
> 9시부터인데, 30분 전에는 도착하려고 하고 있어요.

↳ 私の会社も9時からなんですが、私はいつも時間ぎりぎり
なんですよ。
> 저희 회사도 9시부터인데, 저는 항상 빠듯하게 가요.

Words 仕事 일 | 半 반 | 着く 도착하다 | ぎりぎり 빠듯빠듯함

Q28 仕事(学校)は何時ごろ終わるんですか？
일(학교)은 몇 시 정도에 끝나요?

> 일본의 회사는 보통 9시에 시작해서 5시쯤이면 일을 끝냅니다. 그 사이 3시에는 3時のおやつ라고 해서 휴식 시간을 갖죠. 仕事が終わるのは何時ですか？(일이 끝나는 것은 몇 시예요?)라고도 해요.

A1 6時に終わります。 > 6시에 끝나요.

A2 遅くても6時には終わります。 > 늦어도 6시에는 끝나요.

A3 最近は暇だから定時退社しています。
> 요즘에는 한가해서 정시에 퇴근해요.

退社 퇴근을 의미하는 일본어로는 退勤(たいきん), 退社(たいしゃ)가 있어요.
우리말처럼 退社에 회사를 그만둔다는 의미가 있긴 하지만 주로 퇴근이란 말로 써요.
회사를 그만둔다는 말은 보통 退職(たいしょく)する, 会社を辞(や)める라고 합니다.
출근은 出勤(しゅっきん), 出社(しゅっしゃ)가 되겠죠?

A4 シフト制ですから、その日によって違います。
> 시프트제라서 그날에 따라 달라요.

シフト制 シフト制는 파트타임과는 달리 근무 시간은 정해져 있지만, 날짜마다 출근 시간이 다르거나
근무 일수나 요일까지도 다른 경우가 있는 제도를 말해요.

A5 会社は7時までですが、いつも残業で9時ごろまで残っています。
> 회사는 7시까지지만, 항상 잔업으로 9시경까지 남아 있어요.

Words 終る 끝나다 | 遅い 늦다 | 最近 요즘 | 暇だ 한가하다 | ～だから ～해서 | 定時 정시
退社する 퇴근하다 | シフト制 시프트제, 교대제 | その日 그날 | ～によって ～에 따라
違う 다르다 | 残業 잔업 | 残る 남다

Q29 いつも帰(かえ)りは何時(なんじ)ごろになるんですか?

평소 귀가하면 몇 시쯤 되나요?

いつも何時ごろ帰るんですか?(평소 몇 시에 돌아오나요?), いつも何時ごろ家(いえ)に帰るんですか?(평소 몇 시에 집에 돌아오나요?)도 있어요. 帰り(귀가)는 帰りが遅い(귀가가 늦다), 帰りを待(ま)つ(귀가를 기다리다)와 같이 쓰고, 집에 돌아오면 ただいま, 집에 돌아오는 사람을 맞이할 때는 お帰(かえ)りなさい라고 인사하죠.

A1 8時(はちじ)ごろ帰(かえ)ります。 > 8시경에 돌아와요.

A2 家(いえ)に着(つ)いたら大体(だいたい)8時ごろです。 > 집에 도착하면 대개 8시경이에요.

A3 最近(さいきん)、仕事(しごと)が忙(いそが)しくて、いつも12時(じゅうにじ)過(す)ぎです。
> 요즘 일이 바빠서 항상 12시 넘어요.

↳ えっ、遅(おそ)いんですね。体(からだ)、大丈夫(だいじょうぶ)ですか?
> 이런, 늦네요. 몸 괜찮아요?

A4 毎日残業(まいにちざんぎょう)で家(いえ)には10時(じゅうじ)過(す)ぎにしか帰(かえ)ってきません。
> 매일 잔업이라 집에는 10시 지나서야 돌아와요.

10時過ぎにしか帰ってきません ~しか~ません(~밖에 ~해요)을 쓴 표현으로 직역하면 '10시가 지나서 밖에 안 돌아와요'예요. 10시 지나서야 돌아온다는 말이죠. 이 대답은 帰ってきません(돌아오지 않아요)을 썼으므로 주부 입장에서 남편에 대해 말하거나, 말하는 사람이 집에 있을 때 쓸 수 있는 표현이에요. 밖에서 말한다면 帰りません이 되겠죠. 만약 남편이 10시가 지나서야 돌아온다고 말하고 싶을 때는 앞에 主人(しゅじん)는를 붙여서 말하면 됩니다.

Words 帰り 귀가 | ~になる ~가 되다 | 家に帰る 집에 돌아가다(오다) | 遅い 늦다 | 待つ 기다리다
ただいま 다녀왔습니다 | お帰りなさい 어서 오세요 | 家に着く 집에 도착하다 | 大体 대개 | 体 몸
大丈夫だ 괜찮다 | 残業 잔업 | ~しか ~밖에 | 主人 남편

Q30 いつも何時ごろ寝るんですか？
평소 몇 시쯤 자나요？

밤에 몇 시에 자요?라는 표현은 夜(よる)、何時に寝ますか？ 夜、何時ごろ寝るんですか？라고 합니다. 꿈은 夢(ゆめ)라고 하고, 꿈을 꾸다는 단어 見(み)る를 써서 夢を見る라고 해요. 희망이나 이상을 뜻하는 꿈을 표현할 때는 夢を叶(かな)えるために(꿈을 이루기 위해서는), 夢が叶う(꿈이 이루어지다)와 같이 나타내요.

A1 毎日１２時ごろ寝ます。 > 매일 12시경에 자요.

寝る　寝(ね)る 자다 | 寝付(ねつ)く 잠들다 | 眠(ねむ)る 잠자다 | 布団(ふとん)に入(はい)る 이불에 들어가다
横(よこ)になる 눕다 | ぐうぐう寝る 쿨쿨 자다 | すやすや寝る 새근새근 자다
ぐっすり寝る 푹 자다 | バタンキュー 피곤해서 곯아 떨어지는 것

A2 １１時には寝るようにしています。 > 11시에는 자려고 해요.

↳ 私も早く布団には入るんですけど、なかなか寝付けないんです。
> 저도 빨리 이불 속에 들어가긴 하는데, 좀처럼 잠들 수가 없어요.

A3 仕事が忙しくて、床につくのは１２時過ぎです。
> 일이 바빠서 잠자리에 드는 것은 12시 넘어서예요.

A4 夜型なので夜遅くまで起きています。
> 야행성이라 밤 늦게까지 깨어 있어요.

아침형이라서는 朝型(あさがた)なので 라고 해요.

Words　～を叶える ～을 이루다 | ～ために ～위해서 | ～が叶う ～이 이루어지다 | なかなか 좀처럼
夜型 야행성 | 夜型なので 야행성이라서 | 夜 밤 | 遅くまで 늦게까지

Real Life conversation

"시간"에 대한 즉문즉답
실전회화트레이닝

민우와 미키의 시간 이야기

ミキ	すみません。今日何日でしたっけ？	실례합니다. 오늘이 며칠이죠?
ミヌ	5月10日です。	5월 10일이에요.
ミキ	あ、ありがとうございます。	아, 고마워요.

ミキ	何曜日でしたっけ？	무슨 요일이죠?
ミヌ	月曜日です。	월요일이에요.
ミキ	あ、どうも。	고마워요.

ミキ	もうひとつ聞いていいですか？ 今何時かわかりますか？	하나 더 물어봐도 될까요？ 지금 몇 시인지 알아요？
ミヌ	10時30分ですよ。	10시 30분이에요.
ミキ	はい、わかりました。ありがとうございます。	네, 알겠어요. 고마워요.

| ミヌ | さっきから、何をしてるんですか？
時計持ってないんですか？ | 아까부터 뭘 하고 있어요？
시계 없어요？ |
| ミキ | はい、忘れてきました。
何度もすみませんでした。
ちょっと11時までに出さなきゃならない書
類があって…。 | 네, 잊어버리고 놓고 왔어요.
몇 번씩이나 미안했어요.
11시까지 내야 할 서류가 좀 있어서요…. |

ミヌ	そうでしたか。間に合いましたか？	그랬군요. 제시간에 냈어요?
ミキ	はい。おかげさまで助かりました。	네, 덕분에 살았어요.

ミキ	ところで、ミヌさんはいつも何時ごろ起きるんですか？	그건 그렇고, 민우 씨는 평소에 몇 시 정도에 일어나세요?
ミヌ	そうですね、朝6時ごろです。	네, 아침 6시 정도예요.
ミキ	早いですね。	빠르네요.

ミキ	朝ごはんはどうしてるんですか？	아침밥은 어떻게 하세요?
ミヌ	朝早いし、時間がないので、食べずに会社に行きます。	아침 일찍 가야 하고, 시간도 없으니까 안 먹고 회사를 가죠.
ミキ	そうなんですか。でも、何か少しでも食べたほうがいいんじゃないですか？	그렇군요. 하지만 뭔가 조금이라도 먹는 편이 좋지 않을까요?
ミヌ	それはそうなんですけどね…、食べるより少しでも寝ていたくて…。	그건 그렇지만 먹는 것보단 조금이라도 더 자고 싶어서요.

ミキ	朝は何時ごろ家を出るんですか？	아침에는 몇 시 정도에 집을 나서나요?
ミヌ	6時半には出ます。	6시 반에는 나와요.
ミキ	ああ、朝込みますからね。職場までどのくらいかかるんですか？	그러겠어요. 아침에 붐비니까요. 직장까지 얼마나 걸려요?
ミヌ	職場が遠くて、1時間半はかかるので大変です。	직장이 멀어 1시간 반 넘게 걸리니까 힘들어요.
ミキ	それは毎日大変ですね。	그건 매일 힘들겠어요.

Words　さっき＝先(さき) 아까 (先를 강조한 표현) ｜ 時計(とけい) 시계 ｜ 持(も)ってない＝持っていない 가지고 있지 않다
忘(わす)れてくる 놓고 오다 ｜ 何度(なんど) 몇 번 ｜ ちょっと 좀 ｜ 出(だ)す 내다
～なきゃならない ～야만 하다 ｜ 書類(しょるい) 서류 ｜ 間(ま)に合(あ)う 제시간에 대다
おかげさまで 덕분에 ｜ 助(たす)かる 살아나다 ｜ 込(こ)む 붐비다, 혼잡하다

ミキ	じゃ、仕事は何時から始まるんですか?	그럼 일은 몇 시부터 시작해요?
ミヌ	8時半からですが、少し余裕をもって着くように早めに家を出るんです。	8시 반부터지만 조금 여유 있게 도착하려고 일찍 집에서 나서요.
ミキ	真面目なんですね。	성실하네요.

ミキ	仕事が終わるのは何時ごろなんですか?	일이 끝나는 게 몇 시쯤인가요?
ミヌ	一応6時半までなんですけど、まだ新米だから定時に帰れたことがありません。	일단 6시 반까지인데 아직 신입이라 정시에 퇴근할 수는 없어요.
ミキ	ほんとに大変なんですね。	정말 힘들겠어요.

ミキ	じゃ、仕事が終わって家に着くのは何時ごろなんですか?	그럼 일이 끝나고 집에 도착하면 몇 시 정도 예요?
ミヌ	8時ごろですかね。忙しい時は11時を回ることもあるんですよ。	8시 정도일걸요. 바쁠 때는 11시가 넘을 때도 있어요.
ミキ	体、大丈夫なんですか?	몸은 괜찮아요?

ミキ	夜は何時ごろ休むんですか?	밤에는 몇 시 정도에 잠들어요?
ミヌ	いつもは12時ぐらいです。でも、残業があった日は家に帰ったらバタンキューです。	평소엔 12시쯤이오. 그렇지만 야근한 날에는 집에 돌아가자마자 곯아 떨어지죠.
ミキ	そりゃそうですよね。体、気をつけてください。	그렇겠네요. 건강 조심하세요.

Words 始(はじ)まる 시작하다 | 余裕(よゆう) 여유 | 余裕をもって 여유를 가지고 | 着(つ)く 도착하다
早(はや)めに 일찍 | 真面目(まじめ)だ 성실하다 | 一応(いちおう) 우선, 일단 | 新米(しんまい) 신입 사원
回(まわ)る 돌다, (시간이) 좀 지나다 | 休(やす)む 쉬다, 자다 | バタンキュー 곯아 떨어지는 것
そりゃ = それは 그건

날씨와 계절에 대한

Q31
今日の天気はどうですか？
오늘 날씨는 어때요?

일반적으로 날씨를 물어볼 때 이렇게 말하죠. 바깥 날씨를 묻고 싶으면 外(そと)の
天気はどうですか？(바깥 날씨는 어때요?), 반말로는 外、晴(は)れてる？(밖에 맑
아?), 外、雨(あめ)降(ふ)ってない？(밖에 비 와?), 外、寒(さむ)い？(밖에 추워?)라
고 합니다.

A1
晴れです。 > 맑아요.

晴れ 暖(あたた)かい 따뜻하다 | 暑(あつ)い 덥다 | ちょっと暑い 조금 덥다 | 蒸(む)し暑い 푹푹 찌게 덥다
寒(さむ)い 춥다 | 涼(すず)しい 시원하다 | 雨(あめ) 비 | 雪(ゆき) 눈 | 曇(くも)り 흐림

> 雨です。(비 와요.)를
> 지역가려면 비에요. 로 우리말로는 어색하지만
> 날씨를 말할 때 명사 뒤에 바로 です를
> 붙여서 말하기도 돼요. 흐리다면
> 曇りです。(흐림이에요.)라고요.

A2
雨が降りそうです。 > 비가 내릴 것 같아요.

A3
今日は朝からいい天気です。 > 오늘은 아침부터 좋은 날씨예요.

A4
昨日とは、打って変わっていい天気ですね。
> 어제와는 완전히 다른 좋은 날씨네요.

A5
雲行きが怪しいので、午後から雨が降るかもしれませんね。
> 구름 모양이 이상한 거 보니 오후부터는 비가 내릴지도 몰라요.

Words 天気 날씨 | 外 밖 | 晴れる 맑다 | 雨が降る 비가 내리다 | いい 좋다 | 昨日 어제
〜とは 〜와는 | 打って変わって 완전히, 딴판으로 | 雲行き 구름이 움직이는 모양
怪しい 수상하다, 의심쩍다 | 〜かもしれません 〜지도 모릅니다

Q32 **天気はどうでしたか？**
てん き
날씨는 어땠어요?

여행을 다녀온 사람에게 날씨를 묻는다면 이렇게 과거로 물어야겠죠. 가까운 사이
라면 か를 빼고 天気はどうでした？라고 해도 괜찮아요. 반말로는 天気どうだっ
た？(날씨 어땠어?)라고 하죠.

A1 **晴れ**でした。 > 맑았어요.
は

A2 **とても暑かった**んです。 > 너무 더웠어요.
あつ

暑かったんです ～んです로 감정을 강조하면서 말할 수 있어요. 우리말도 그냥 더웠어요라고 할 때와 더웠어요
라고 강세를 주면 강조가 되잖아요. 그런 느낌이에요.
いい=よい 좋다　よかったんです 좋았어요
悪(わる)い 나쁘다　悪かったんです 나빴어요

A3 **あまりよくなかった**んです。 > 별로 좋지 않았어요.

같은 말로 あまりよくあり
ませんでした。가 있어요.

A4 **三日間、ずっと雨**だったんです。 > 3일간 계속 비가 내렸어요.
みっか かん　　　　あめ

↳ **あらら、せっかくの旅行**だったのに、それは**残念**でしたね。
りょこう　　　　　　　　　　　　　ざんねん
> 어머머, 모처럼의 여행이었을 텐데 그것 참 안됐네요.

あらら あらら는 '이런, 어머나'의 뜻으로, 의외의 말을 듣고 놀랐을 때 하는 말이에요.

A5 **午前中は天気がよかった**んですが、**午後から急に崩れ**ました。
ご ぜんちゅう　　　　　　　　　　　　　　　　ご ご　　　きゅう　くず
> 오전에는 날씨가 좋았지만 오후부터 갑자기 나빠졌어요.

Words 晴れ 맑음 | とても 매우, 몹시 | あまり 별로 | よくない 좋지 않다 | よくなかった 좋지 않았다
よくなかったです 좋지 않았습니다 | ずっと 계속 | あらら 어머머 | せっかくの 모처럼의
残念だ 유감이다 | 午前 오전 | 午後 오후 | 急に 갑자기 | 崩れる 날씨가 나빠지다, 궂어지다

Q33 明日の天気はどうですか？
내일 날씨는 어떨까요?

내일의 날씨를 말할 때는 ～と思います(～거예요)라고 자신의 생각을 말하거나, ～そうです(～라고 말합니다)라고 들은 내용을 전달할 수 있어요. 明日는 あした, あす로 읽고, 일기예보는 日気予報라고 하지 않고 天気予報(てんきよほう)라고 해요.

A1 明日も晴れると思います。 ＞ 내일도 맑을 것 같은데요.

A2 明日は雨が降るそうですよ。 ＞ 내일은 비가 온다고 해요.

～そうです 누구한테 들은 말을 전할 때 쓸 수 있는 표현이에요.
雨 비　雨が降る 비가 온다　雨だそうです。비라고 해요.　雨が降るそうです。비가 온다고 해요.
雪 눈　雪が降る 눈이 온다　雪だそうです。눈이라고 해요.　雪が降るそうです。눈이 온다고 해요.

↳ えっ、うそ！ 明日遠足なのに…。 ＞ 어, 진짜! 내일 소풍인데….

うそ うそ, うっそー는 원래 거짓말이란 뜻이지만, 상대의 말에 놀랐을 때 ホント？(정말? 진짜?)라는 의미로도 써요.

A3 天気予報で明日も晴れると言ってました。
＞ 일기예보에서 내일도 맑을 것이라고 말했어요.

～と言って(い)ました ～と言っていました는 내용을 전달하는 표현으로 '～라고 말했어요'라는 뜻이에요.
雨だと言っていました。비라고 말했어요.
暑いと言っていました。덥다고 말했어요.

A4 さあ、どうでしょう？ 晴れたらいいんですけど…。
＞ 글쎄요, 어떨까요? 맑으면 좋을 텐데요….

Words 明日 내일 ｜ 晴れる 맑다 ｜ 雨が降る 비가 내리다 ｜ 遠足 소풍 ｜ さあ 글쎄
どうでしょう 어떨까요

Q34 そちらの気温はどうですか？
그쪽 기온은 어때요?

여행을 가기 전 미리 여행지의 기온을 알아보고 싶을 때 쓸 수 있는 표현이에요. 거기라는 뜻의 そちら(そっち)로 물어보면 여기라는 뜻의 こちら(こっち)로 받으면 됩니다.

A1 こっちは寒いですよ。 > 여기는 추워요.

↳ じゃあ、厚い服が要りますね。 > 그럼, 두꺼운 옷이 필요하겠네요.

A2 ３３度まで上がるそうですよ。 > 33도까지 올라간다고 해요.

上がる 기온이 올라갈 때는 気温が上(あ)がる, 기온이 내려갈 때는 気温が下(さ)がる를 써요

A3 今日から気温がぐっと下がるらしいです。
> 오늘부터 기온이 뚝 떨어진다고 해요.

そうです/らしいです 날씨를 말할 때 쓰는 そうです와 らしいです는 뉴스나 어디서 들은 정보를 그대로 전달하는 것으로, そうです가 확실한 사실을 말하는 것이라면 らしいです는 불확실한 사실을 말할 때 써요. 쉽게 말하자면 아침에 본인이 직접 일기예보를 듣고 왔다면 そうです를, 누군가에게 들은 말이라 정확하지 않다면 らしいです를 쓰는 거죠.

A4 昨日は暑かったんですが、今日から涼しくなると言っていました。
> 어제는 더웠지만 오늘부터 서늘해질 것이라고 말했어요.

涼しくなる 〜くなる(〜하게 되다)는 끝이 い로 끝나는 い형용사의 변화를 나타내는 말이에요.
涼しい 서늘하다　涼しくなる 서늘해지다 ｜ 暑い 덥다　　暑くなる 더워지다
寒い 춥다　　　寒くなる 추워지다 ｜ いい, よい 좋다　よくなる 좋아지다

Words そちら 그쪽 ｜ そっち 그쪽 (そちら의 회화체) ｜ 気温 기온 ｜ こちら 이쪽
こっち 이쪽 (こちら의 회화체) ｜ 厚い服 두꺼운 옷 ｜ 要る 필요하다 ｜ ぐっと 한층, 훨씬

Q35 一番好きな季節はいつですか?
가장 좋아하는 계절은 언제예요?

어떤 계절을 가장 좋아하냐고 물을 때는 どんな季節が一番好きですか?라고 해요. 계절은 季節, 사계절은 四季(しき), 봄여름가을겨울은 春夏秋冬(しゅんかしゅうとう), 사계절이 뚜렷하다는 四季がはっきりしている라고 합니다. 그 밖에도 환절기란 뜻의 季節(きせつ)の変(か)わり目(め), 옷 정리라는 衣替(ころもが)え도 잘 쓰는 말이에요.

A1 春です。桜が咲くから。 > 봄이요. 벚꽃이 피니까.

〜です。〜から 〜요, 〜니까를 써서 이유를 설명하는 표현이에요.
정중하게 말할 때는 〜です。〜からです라고 표현해요.
夏(なつ)です。海(うみ)で泳(およ)げるから。 여름이요. 바다에서 수영할 수 있으니까.
秋(あき)です。紅葉(もみじ)がきれいだから。 가을이요. 단풍이 예쁘니까.
冬(ふゆ)です。雪(ゆき)が好(す)きだから。 겨울이요. 눈을 좋아해서.

A2 どの季節も好きですが、あえて一つ選ぶなら夏ですかね。
> 다 좋아하지만, 굳이 하나만 고른다면 여름일까요.

ですかね 불확실한 생각을 다른 사람에게 말할 때는 ですかね, 불확실한 생각을 혼잣말처럼 할 때는 かな를 써요. かね 앞에 です가 붙었고 남에게 말할 때 쓰는 말이므로 かな보다는 정중하겠죠?
そうかな。그럴까. | 学生(がくせい)かな。학생일까.
ですかね。일까요. | そうですかね。그럴까요. | そうしますかね。그렇게 할까요.

A3 もちろん秋です。食べ物がおいしいからです。
> 물론 가을이에요. 먹을거리가 맛있으니까요.

A4 私の一番好きな季節は冬です。クリスマスやお正月などいろいろな行事があるからです。
> 제가 가장 좋아하는 계절은 겨울이에요. 크리스마스나 설날 같은 다양한 행사가 있으니까요.

Words 一番 가장 | 好きだ 좋아하다 | 季節 계절 | いつ 언제, 어느 때 | はっきりしている 뚜렷하다, 또렷하다
変わり目 바뀔 때 | 泳げる 수영할 수 있다 | きれいだ 예쁘다 | あえて 굳이 | 選ぶ 선택하다
もちろん 물론 | 食べ物 먹을거리, 음식 | お正月 설날 | いろいろだ 여러 가지다 | 行事 행사

じゃあ、一番嫌（いちばんきら）いな季節（きせつ）は？
그럼, 가장 싫어하는 계절은요?

봄에는 花粉症（かふんしょう）なんで(꽃가루 알레르기가 있어서), 초여름에는 梅雨（つゆ）でじめじめしてるから(장마로 축축하니까), 한여름에는 蒸し暑くて(무더워서), 가을에는 天高（てんたか）く馬肥（うまこ）ゆる季節（きせつ）なので太るから(천고마비의 계절이라 살쪄서), 겨울에는 寒いから(추워서)… 그래서 사계절 다 싫어하세요??

A1 夏（なつ）が一番嫌いです。 > 여름을 가장 싫어해요.

A2 春（はる）です。体（からだ）がだるくて、眠（ねむ）たくなるから。
> 봄이에요. 몸이 나른하고 졸려서.

A3 私（わたし）は汗（あせ）っかきなので、夏はどうも苦手（にがて）です。
> 저는 땀을 많이 흘려서 여름은 좀 그래요.

どうも苦手ですた
직역하면 '비교적 싫어요, 별로예요'
라는 의미로 정말 싫지는 않지만 꼭
별로라는 말이네요.

↳ ですよね？ > 그죠?

そうですよね？(그렇지요?)
에서 そう가 빠진 거네요.

A4 私は寒（さむ）がり屋（や）なので、寒（さむ）い冬（ふゆ）は好（す）きじゃありません。
> 저는 추위를 잘 타서 추운 겨울은 좋아하지 않아요.

寒がり屋 ～がり屋가 붙어 그런 경향이 있는 사람을 나타내요.
寒い 춥다 寒がり屋 추위를 잘 타는 사람
暑い 덥다 暑がり屋 더위를 잘 타는 사람
恥(は)ずかしい 부끄럽다 恥ずかしがり屋 부끄러움을 잘 타는 사람
寂(さび)しい 쓸쓸하다 寂しがり屋 외로움을 잘 타는 사람

Words 嫌いだ 싫어하다 | 花粉症 꽃가루 알레르기 | 梅雨 장마 | じめじめ 습기가 많은 모양
じめじめする 축축하다 | 蒸し暑い 무덥다 | 天高く馬肥ゆる季節 천고마비의 계절 | 太る 살찌다
体がだるい 나른하다 | 眠い 졸리다 | 眠たくなる 졸리게 되다 | 汗っかき 땀을 흘리기 쉬운 체질

Q37 **何月(なんがつ)が一番(いちばん)好(す)きですか？**
몇 월을 가장 좋아해요?

일본에서는 1월에는 お正月(しょうがつ)와 成人式(せいじんしき), 2월에는 バレンタインディー, 4월에는 벚꽃구경을 하는 花見(はなみ), 4월 말~5월 초에는 일주일 정도의 황금연휴 기간인 ゴールデンウィーク, 8월에는 여기저기서 祭(まつり)가 열리고, 12월에는 クリスマス와 忘年会(ぼうねんかい) 등으로 1년 내내 쉬는 날과 놀 거리가 있습니다.

A1 **10月(じゅうがつ)が一番好きです。** > 10월을 가장 좋아해요.

A2 **1月です。全(すべ)てが新(あたら)しく始(はじ)まる月(つき)だから。**
> 1월이요. 모든 것을 새롭게 시작하는 달이니까요.

A3 **私(わたし)が生(う)まれたのが5月(ごがつ)なので、5月が一番好きです。**
> 제가 태어난 게 5월이라서 5월을 가장 좋아해요.

↳ **私もです。ゴールデンウィークがあるしね。**
> 저도요. 골든위크가 있으니까요.

ゴールデンウィーク 골든위크(Golden Week, GW)는 천왕의 생일, 헌법기념일 등을 기념하여 일주일 정도 쉬는 날을 말해요. 일본의 쉬는 날을 좀 살펴 보면, 먼저 振替休日制度(ふりかえきゅうじつせいど)라고 해서 일요일과 국가공휴일이 겹치면 그 다음날 월요일을 휴일로 하죠. 또 ハッピーマンデー制度라고 해서 아예 국가공휴일을 월요일로 지정해서 토일월을 쉬게 하기도 해요. 예를 들면 성인의 날은 1月第2月曜日(いちがつ だいに げつようび)인데, 이 말은 1월 두 번째 월요일에 쉰다는 말이에요. 참고로 일본은 스승의 날이 따로 없고, 부처님 오신 날, 크리스마스도 쉬지 않아요. 어버이날도 母(はは)の日(ひ)는 5월, 父(ちち)の日는 6월로 따로따로 지내요.

Words 何月 몇 월 | お正月 설날 | 成人式 성인식 | バレンタインディー 밸런타인데이 | 祭 축제
クリスマス 크리스마스 | 忘年会 망년회 | 全て 전부, 모두 | 新しい 새롭다 | 始まる 시작하다 | 月 달
生まれる 태어나다 | 振替休日制度 대체휴일제도 | ハッピーマンデー制度 해피먼데이 (happy+Monday)제도
第~ 제~ | 母の日 어머니의 날 | 父の日 아버지의 날

Q38 春と聞いて何を思い出しますか？
봄 하면 생각나는 게 뭐예요?

직역하면 '봄이라고 들으면 무엇이 생각나요?'로 경험 중에서 묻는 질문이므로 思(おも)い出す를 썼어요. 만약 연상 게임처럼 머릿속에 떠오르는 것을 묻는 질문이라면 思(おも)い浮(う)かぶ를 쓰면 돼요. 앞부분의 ～と聞いて는 言(い)う의 가정형을 써서 ～と言えば、～と言ったら라고 바꿔 말해도 됩니다. 짧게 줄여 春と聞いて思い出すのは？(봄 하면 생각나는 것은?)라고 말할 수도 있어요.

A1 春と言えば、**花見**です。 > 봄 하면 벚꽃구경이요.

花見　卒業式(そつぎょうしき) 졸업식 ｜ 入学式(にゅうがくしき) 입학식
新(あたら)しい出発(しゅっぱつ) 새로운 출발

A2 春と聞いて思い出すのは**桜**ですね。
> 봄 하면 생각나는 것은 벚꽃이에요.

桜　れんぎょう 개나리 ｜ 木蓮(もくれん) 목련 ｜ つつじ 진달래 ｜ さつき 철쭉 ｜ タンポポ 민들레

↳ **やっぱり桜が一番ですね。** > 역시 벚꽃이 제일이죠.

A3 春と言ったら、まず**れんぎょうの花**が思い浮かびます。
> 봄 하면 먼저 개나리꽃이 떠올라요.

A4 春と言えば出会いと別れの季節だと思います。
卒業式、入学式がありますし。
> 봄 하면 만남과 헤어짐의 계절이라고 생각해요.
졸업식, 입학식이 있고요.

だと ではないか (~이 아닐까)로 바꿀 수도 있어요.

Words　聞く 듣다 ｜ 何 무엇 ｜ 思い出す 생각나다, 회상하다 ｜ 思い浮かぶ 떠올리다 ｜ 言う 말하다
言えば 말하면 ｜ 言ったら 말하면 ｜ やっぱり 역시 ｜ 一番 제일, 가장 ｜ まず 먼저 ｜ 出会い 만남
別れ 헤어짐 ｜ ある 있다

Q39 夏と聞いて何を思い出しますか？
여름 하면 생각나는 게 뭐예요?

여름 하면 역시 海죠. 바다에 갈 때는 水着(みずぎ), 浮(う)き輪(わ)가 필요하겠죠. 강렬한 태양으로부터 피부를 보호하기 위해서는 日傘(ひがさ)나 日焼(ひや)け止(ど)め도 필요해요. 아, 蚊(か)에 물렸을 때는 かゆみ止(ど)め를 발라야죠.

A1 花火ですね。 > 불꽃놀이요.

花火　生(なま)ビール 생맥주 ｜ スイカ 수박 ｜ 海(うみ) 바다 ｜ 夏休(なつやす)み 여름방학
キャンプ 캠프 ｜ 流(なが)し素麺(そうめん) 긴 대나무에 물을 담아 흘려 먹는 메밀국수
風鈴(ふうりん) 풍경 ｜ 浴衣(ゆかた) 유카타 ｜ せみの声(こえ) 매미 소리

A2 夏はやっぱりよく冷えたビールですよ。
> 여름은 역시 시원한 맥주예요.

冷えたビール　冷えたビール를 직역하면 冷える가 '차가워지다'이므로 '차가워진 맥주'예요.
날씨에서 쓰는 涼(すず)しい(시원하다)란 단어를 써서 涼しいビール라고 하지 않기로 해요.

↳ ビールを飲みながら、花火を見るのが最高ですよね。
> 맥주를 마시면서 불꽃놀이를 보는 것이 최고로 좋죠.

A3 夏と言えば、海水浴です。プサンの海は最高ですよ。
> 여름 하면 해수욕이에요. 부산 바다는 최고예요.

A4 夏ですか？ 夏と言ったら、スイカでしょう？！
> 여름이요? 여름 하면 수박이죠?!

Words　水着 수영복 ｜ 浮き輪 튜브 ｜ 日傘 양산 ｜ 日焼け止め 선크림 ｜ 蚊 모기 ｜ かゆい 가렵다
かゆみ止め 가려움 멈추는 약 ｜ 冷える 차가워지다 ｜ 飲む 마시다 ｜ 見る 보다 ｜ 海水浴 해수욕
最高 최고

Q40 **秋と聞いて何を思い出しますか？**
あき　き　　　なに　　おも　　だ

가을 하면 생각나는 게 뭐예요?

가을 하면 역시 단풍이죠. 단풍은 紅葉(홍엽)이라는 한자를 쓰고 もみじ, こうよう
라고 읽어요. 일본에서는 여기저기서 祭(まつり)가 많이 열려요. 祭의 볼거리 하면
뭐니 뭐니 해도 出店(でみせ)죠! りんごあめ, たこ焼(や)き, 焼き鳥(とり)… 아, 먹
고 싶네요.

A1 秋と言えば、**すすき**です。 ＞ 가을 하면 갈대예요.

すすき 紅葉(もみじ・こうよう) 단풍 ｜ 紅葉(もみじ)狩(が)り 단풍놀이 ｜ サンマ 꽁치
運動会(うんどうかい) 운동회 ｜ 月見(つきみ) 달맞이 ｜ 祭(まつり) 축제

A2 秋は**サツマイモ**がおいしい季節ですね。
きせつ

＞ 가을은 고구마가 맛있는 계절이죠.

A3 秋と聞いてまず思い浮かぶのは、**紅葉**です。
おも　う　　　　　　こうよう

＞ 가을 하면 먼저 떠오르는 게 단풍이죠.

A4 秋は**読書**の秋、**スポーツ**の秋、**食欲**の秋ですね。
どくしょ　　　　　　　　　　しょくよく

＞ 가을은 독서의 가을, 스포츠의 가을, 식욕의 가을이죠.

↳ そうそう、そうかも。**食べ過ぎて太らないように**！
た　す　　　ふと

＞ 맞아맞아, 그럴지도. 너무 많이 먹어서 살찌지 않기를!

〜かも 추측을 나타내는 말로 '〜지도'라는 뜻이에요. 〜かもしれない(〜일지도 몰라)의 줄임말이죠.

〜ように 소망이나 바람을 나타내는 말로 '〜하도록'이라고 해석돼요. 〜できますように와 같은
형태로 주로 쓰여요.
無事(ぶじ), 合格(ごうかく)できますように！무사히 합격할 수 있기를！
今年は結婚できますように！올해는 꼭 결혼하게 되길！

Words 紅葉 단풍 ｜ 祭 축제 ｜ 出店 노점 ｜ りんごあめ 사과 사탕 ｜ たこ焼き 문어빵 ｜ 焼き鳥 닭꼬치
サツマイモ 고구마 ｜ おいしい 맛있다 ｜ 季節 계절 ｜ 読書 독서 ｜ スポーツ 스포츠 ｜ 食欲 식욕
食べ過ぎる 과식하다 ｜ 太る 살찌다

Q41 冬と聞いて何を思い出しますか？
겨울 하면 생각나는 게 뭐예요?

> 겨울 하면 雪(ゆき), 雪だるま, 手袋(てぶくろ), マフラー, クリスマス, サンタクロース, キャロルが떠올라요. 아~ 이제 つらら는 점점 추억 속으로 사라지고 있네요. 그러고 보니 しも焼(や)け도요.

A1 冬ですか？ 冬はやっぱり**オンドル**ですかね。
> 겨울이요? 겨울에는 역시 **온돌**이겠죠.

オンドル 大掃除(おおそうじ) 대청소 ｜ 紅白歌合戦(こうはくうたがっせん) 홍백가합전(12월 마지막 날에 하는 NHK 노래 프로그램) ｜ 年賀状(ねんがじょう) 연하장 ｜ 忘年会(ぼうねんかい) 망년회 お歳暮(せいぼ) 연말에 주는 선물 ｜ 焼(や)きいも 군고구마 ｜ たい焼(や)き 붕어빵 おでん 어묵 ｜ ソリ 썰매 ｜ 凧揚(たこあ)げ 연날리기 ｜ お正月(しょうがつ) 설 成人式(せいじんしき) 성인식

A2 冬と言ったら、もちろん**クリスマス**です。
> 겨울 하면 물론 **크리스마스**예요.

 そう、クリスマス！ 今年こそ、恋人(こいびと)と二人(ふたり)で過(す)ごしたいな。
> 맞아, 크리스마스! 올해야말로 애인이랑 둘이 지내고 싶어.

〜こそ こそ는 '〜야말로, 〜만은'으로 강조를 나타내는 말이에요.

A3 冬と聞いて思(おも)い出(だ)すのは、雪(ゆき)です。
> 겨울 하면 생각나는 것은 **눈**이에요.

A4 冬と言えば、まず最初(さいしょ)に**スキー**が思(おも)い浮(う)かびます。
> 겨울 하면 맨 먼저 **스키**가 떠올라요.

Words 雪 눈 ｜ 雪だるま 눈사람 ｜ 手袋 장갑 ｜ マフラー 목도리 ｜ クリスマス 크리스마스 サンタクロース 산타 할아버지 ｜ キャロル 캐롤 ｜ つらら 고드름 ｜ しも焼け 동상 ｜ 今年 올해 恋人 애인 ｜ 二人で 둘이서 ｜ 過ごす 지내다 ｜ まず最初 맨 먼저

Real Life conversation

Scene #4
"날씨와 계절"에 대한 즉문즉답
실전회화트레이닝

민우와 미키의 계절 이야기

ミキ	今、外の天気どうですか？	지금 바깥 날씨 어때요?
ミヌ	晴れてるみたいですよ。	맑아 보이는데요.
ミキ	そうですか。良かった。	그래요. 다행이네요.

ミキ	昨日も晴れでしたよね？	어제도 맑았죠?
ミヌ	昨日はにわか雨が降ったじゃないですか？	어제는 소나기가 내렸잖아요.
ミキ	そうでしたっけ？	그랬던가요?

ミキ	最近天気がコロコロ変わりますね。 明日の天気予報どうなんでしょう？	요즘 날씨가 변덕스러워요. 내일 일기예보는 어때요?
ミヌ	明日もにわか雨って言ってみたいですけど。	내일도 소나기라고 들은 것 같은데요.
ミキ	そうですか？！ 明日は友達と遊びに行くので、晴れてくれないと困るんです。	그래요? 내일은 친구와 놀러 가는데 날씨가 도와주지 않으면 곤란한데요.

ミキ	明日の気温はどうなんでしょう？	내일 기온은 어떤가요?
ミヌ	暑くもなく寒くもなく過ごしやすい気温だそうですよ。 明日、どこか行くんですか？	덥지도 춥지도 않아 활동하기 좋은 기온이래요. 내일 어디 가요?
ミキ	エバーランドです。 ミヌさんも一緒にどうですか？	에버랜드요. 민우 씨도 함께 갈래요?
ミヌ	いいえ、僕は遠慮しときます。	아뇨, 저는 사양할게요.
ミキ	そうですか…残念。 何かおごってもらおうと思ったのに…。	네, 아쉽네요. 맛있는 거 사 달라고 할 참이었는데….
ミヌ	やっぱり？ そんなことだろうと思ってました。	역시! 그럴 줄 알았어요.

ミキ	ところでミヌさんは、季節の中でどの季節が一番好きですか？	그건 그렇고 민우 씨는 계절 중에서 어느 계절을 가장 좋아해요?
ミヌ	冬です。	겨울이요.
ミキ	えー?! 寒くないんですか？ 私は寒いのが苦手で…。	네~?! 춥잖아요? 저는 추위에 약해서….
ミヌ	その寒さがいいんですよ。	그 추위를 좋아하는 거죠.
ミキ	えっー。じゃ、一番嫌いな季節は？	아, 네. 그럼 가장 싫어하는 계절은요?
ミヌ	僕は暑がりだから、夏が苦手かな…。	저는 더위를 타서 여름이 힘들어요.
ミキ	私は寒がりだから、冬がだめです。 まるっきり逆ですね。	저는 추위를 타서 겨울이 싫거든요. 완전히 반대네요.

Words　良(よ)かった 잘됐다, 다행이다 | にわか雨(あめ) 소나기 | コロコロ変(か)わる 변덕스럽다
晴(は)れてくれないと 맑아 주지 않으면 | 困(こま)る 곤란하다 | 過(す)ごしやすい 지내기 쉽다
遠慮(えんりょ)しときます=遠慮しておきます 사양하겠습니다 | おごる 한턱 내다
おごってもらう 사 달라고 하다 | やっぱり=やはり 역시 | まるっきり 완전히 | 逆(ぎゃく) 반대

ミキ	じゃ、一年の中で何月が好きですか？	그럼 1년 중 어떤 달을 좋아해요?
ミヌ	うーん、難しいな…、強いて言うなら12月かな、イベントがたくさんあるし。	음, 어렵네요. 굳이 얘기하자면 12월일까. 이벤트가 많잖아요.
ミキ	なるほど…。じゃ、嫌いな月は？	과연 그렇네요. 그럼 싫어하는 달은요?
ミヌ	7月かな？！ 蚊は出てくるし、梅雨で雨ばかりだし…。	7월이요! 모기는 나오지 장마철이라고 비는 계속 내리지….
ミキ	同感!! やっと意見が合いましたね。	동감이요!! 드디어 의견이 맞았네요.

ミキ	では、ちょっと連想ゲームしましょうか？	그럼 잠깐 연상 게임을 해 볼까요?
ミヌ	いいですよ。	좋죠.
ミキ	春と聞いて何が思い浮かびますか？	봄 하면 뭐가 떠올라요?
ミヌ	うーん、やはり桜でしょう。	음, 역시 벚꽃이죠.
ミキ	ですね。では、次、夏と言えば？	맞아요. 그럼 다음, 여름 하면요?
ミヌ	青い海。	푸른 바다!
ミキ	あー、惜しい。私はスイカです。	아, 아깝다. 저는 수박인데요.
ミキ	では、次。いきます。秋は？	그럼 다음 질문 갑니다. 가을은요?
ミヌ	もみじ。	단풍!
ミキ	私も。では、最後、冬は？	저도요. 그럼 마지막으로 겨울은요?
ミヌ	そりゃ、雪でしょう。	그야 눈이죠.
ミキ	やったー。私も雪です。気が合いましたね。	야호! 저도 눈이에요. 마음이 통했네요.

Words 一年(いちねん) 1년 | 難(むずか)しい 어렵다 | 強(し)いて言(い)うなら 억지로 말하자면
なるほど 과연 그렇네요, 정말 그렇네요 | 出(で)てくる 나오다 | 梅雨(つゆ) 장마
～ばかりだ ～뿐이다 (다만 ～할 뿐이지 다른 것은 없다는 뜻을 나타냄) | 同感(どうかん) 동감
やっと 겨우, 간신히 | 意見(いけん)が合(あ)う 의견이 맞다 | 連想(れんそう)ゲーム 연상 게임
惜(お)しい 아쉽다 | 最後(さいご) 마지막, 최후 | 気(き)が合(あ)う 마음이 통하다

가족에 대한

Q42
なんにん か ぞく
何人家族なんですか？
가족이 어떻게 되세요?

직역하면 '몇 인 가족인가요?'로, 家族は何人ですか？(가족은 몇 명인가요?), ご家族
は？(가족은요?)라고 질문해도 돼요. ご家族의 ご는 듣는 사람과 제삼자에 관한 말에
붙여 존경을 나타내는 お와 같은 접두사예요. お는 お名前(なまえ), お国(くに)와 같
은 순수 일본어에, ご는 ご家族, ご両親(りょうしん)과 같은 한자어에 붙는다는 점만
달라요.

A1
ろく
6人家族です。 > 6인 가족이에요.

↳ **けっこう おお**
結構多いですね。 > 꽤 많네요.

A2
ご にん
私の家族は5人です。 > 우리 가족은 5명이에요.

A3
つま いっさい こ　　　　　さんにん
妻と1歳の子どもと私の3人です。 > 아내와 1살 된 아이와 저, 3명입니다.

A4
りょうしん あに ふたり
両親と兄2人と私の5人です。 > 부모님과 형 2명과 저, 5명이에요.

A5
ちち はは あに いもうと
5人家族です。父と母と兄と妹、そして私です。
> 5인 가족이에요. 아버지와 어머니와 형과 여동생, 그리고 저예요.

Words　何人家族 몇 인 가족 ｜ 家族 가족 ｜ 何人 몇 명 ｜ 結構 꽤 ｜ 多い 많다 ｜ 妻 아내 ｜ 子ども 아이 ｜
両親 부모님

Q43 **家はアパートですか？**
집은 아파트예요?

일본에는 전세라는 개념이 없이 월세만 있고 일정액의 보증금이 필요해요. 집의 형태를 말할 때 일본의 맨션은 우리나라의 아파트와 같고, 아파트는 2층으로 된 다가구 목조 건물을 뜻하죠. 만약 살고 있는 집의 형태가 궁금하다면 どんな家に住(す)んでいますか？(어떤 집에서 살고 있어요?)라고 물어보세요.

A1 いいえ、**会社の寮**です。 > 아뇨, 회사 기숙사예요.

会社の寮 一戸建(いっこだ)て 단독주택 | マンション 맨션 | 団地(だんち) 빌라 단지
寮(りょう) 기숙사 | 下宿(げしゅく) 하숙 | オフィステル 오피스텔

A2 いいえ、今、一戸建てに住んでいます。
> 아뇨, 지금 단독주택에 살고 있어요.

A3 アパートです。日本とはちょっと違っていて、日本で言えば
マンションです。
> 네, 아파트예요. 일본과는 조금 달라서, 일본으로 말하면 맨션이에요.

········

↳ そうですよね。日本でアパートと言えば2階建てくらいですよね。
> 그렇죠. 일본에서 아파트라고 하면 2층 정도의 건물이지요.

A4 いいえ、オフィステルです。便利ですから。
> 아뇨, 오피스텔이에요. 편리해서요.

Words どんな 어떤 | 家 집 | 住む 살다 | 違う 다르다 | ～で言えば ～로 말하면 | 2階建て 2층 건물
くらい 정도 | 便利だ 편리하다

Q44 兄弟（きょうだい）はいるんですか？
형제가 있어요?

요즘은 少子化(しょうしか)로 점점 형제 있는 사람이 줄어들고 있죠. 형제 관계를 물을 때는 兄弟いますか？(형제 있어요?), 何人兄弟(なんにんきょうだい)ですか？(몇 형제예요?), 兄弟は何人ですか？(형제는 몇 명인가요?), ご兄弟は？(형제는요?) 등으로 질문하면 돼요.

A1 はい。弟（おとうと）がいます。 > 예. 남동생이 있어요.

弟がいます 이 말은 弟が一人(ひとり)います.(남동생이 한 명 있어요.)로 바꿀 수 있어요. 여동생이 있다면 弟 대신 妹(いもうと)를 넣으면 됩니다.

A2 いません。一人（ひとり）っ子（こ）です。 > 없어요. 외동이에요.

A3 兄（あに）と姉（あね）がいます。3人兄弟（さんにんきょうだい）の末（すえ）っ子（こ）です。
> 형과 누나가 있어요. 3형제 중 막내예요.

A4 私は3人兄弟の真（ま）ん中（なか）です。 > 저는 3형제 중 중간이에요.

↳ 私は5人兄弟で上（うえ）から3番目（さんばんめ）です。
> 저는 5형제 중 위에서 3번째예요.

 맨끝에서부터 말하고 싶을 때는
~人兄弟で下(した)から~番目을 써요.

Words 兄弟 형제 | いますか？있어요? | いるんですか？있어요? (강조됨) | 少子化 저출산 문제
弟 남동생 | 妹 여동생 | 兄 형, 오빠 | 姉 누나, 언니 | 一人っ子 외동 | 末っ子 막내
3人兄弟の真ん中 3형제 중 중간 | 5人兄弟で上から3番目 5형제 중 위에서 3번째
5人兄弟で下から2番目 5형제 중 밑에서 2번째

お兄さん(お姉さん)は結婚しているんですか？

형님(누님)은 결혼하셨어요?

형이나 누나의 존재를 알고 있는 사이에서 할 수 있는 질문이에요. お兄さん(お姉さん)は結婚しているんですか？에서 い가 생략된 표현으로 お兄さん(お姉さん)は結婚して(い)ますか？라고도 합니다. 처음 만나는 사람에게 결혼 여부를 물어볼 때 結婚しましたか？라고 과거형으로 표현하면 좀 실례되는 표현이에요. 結婚しましたか？라면, 有婦男(유부녀)이세요?가 結婚しましたか？라고 생각하면 돼요. 이 말은 친한 사이에서나 쓰는 말이므로 처음 만나는 사이라면 結婚して(い)るんですか？와 같이 현재진행형으로 물어보세요.

A1 いいえ、まだ結婚してません。 > 아뇨, 아직 결혼 안 했어요.

A2 いいえ、独身です。今、海外に留学しています。
> 아뇨, 독신이에요. 지금 해외에 유학 중이에요.

A3 はい、しています。兄は結婚してプサンに住んでいます。
> 네, 했어요. 형은 결혼해서 부산에서 회사를 다니고 있어요.

A4 ええ、姉は去年お嫁に行きました。
> 예, 누나는 작년에 결혼했어요.

 あ、おめでとうございます。 > 아, 축하드려요.

Words　お兄さん 형, 오빠 | お姉さん 언니, 누나 | 結婚する 결혼하다 | 結婚している 결혼한 상태로 있다
まだ結婚していない 아직 결혼하지 않았다 | 独身 독신 | 去年 작년 | お嫁に行く 시집가다

Q46 ご両親と一緒に住んでいるんですか？
부모님과 함께 살고 있어요?

누구와 살고 있는지 궁금할 때는 誰(だれ)と一緒に住んでいますか？(누구와 함께 살고 있어요?)라고 하면 돼요. 한집에서 함께 생활하는 것은 同居(どうきょ), 정식으로 결혼하지 않은 남녀가 한집에서 함께 생활하는 것은 同棲(どうせい), 여럿이 함께 생활하는 것은 シェア라고 합니다.

A1 はい、一緒に住んでいます。 > 네, 함께 살고 있어요.

一緒に住んでいます 같이 산다는 의미의 同居라는 단어를 써서 親と同居しています。(부모님과 함께 살고 있어요.)라고 표현할 수 있어요.

A2 いいえ、一人で住んでいます。親は田舎にいます。
> 아뇨, 혼자 살고 있어요. 부모님은 시골에 계세요.

A3 去年まで両親と一緒に住んでいましたが、今は一人暮らしです。
> 작년까지 부모님과 같이 살았는데, 지금은 혼자 생활해요.

一人暮らしです 一人(ひとり)で暮(く)らしています 혼자서 생활하고 있어요
一人で住(す)んでいます 혼자서 살고 있어요
独立(どくりつ)しました 독립했어요

↳ 私も2年前に独立して一人で暮らしています。
> 2년 전에 독립해서 혼자 살고 있어요.

A4 祖父と祖母、3代が一緒に住んでいます。
> 할아버지와 할머니, 3대가 함께 살고 있어요.

Words 両親 양친 | 一緒 함께 | 住む 살다 | 誰 누구 | 同居 한집에 같이 사는 것
同棲 동거, 남녀가 같이 생활하는 것 | シェア(share) 공유 | 親 부모 | 田舎 시골 | 去年 작년
一人暮らし 독신 생활 | 暮らす 생활하다 | 独立する 독립하다 | 祖父 할아버지 | 祖母 할머니

Q47 ご**両親**はお**元気**ですか？
부모님은 건강하시죠?

이미 인사드린 적 있는 상대방 부모님의 안부를 묻거나, 상대방의 부모님이 생존해 계신지를 물어볼 때도 쓸 수 있는 표현이에요. 부모님을 우리말 그대로 직역하여 父母様(ふぼさま)라고 하지 않도록 주의하세요!

A1 はい、**元気**です。 > 네, 건강하세요.

A2 はい、おかげさまで**両親**ともに**元気**です。
> 네, 덕분에 부모님 두 분 다 건강하십니다.

↳ それは、**何**よりです。 > 그건, 다행이네요.

A3 **二人**とも**元気**にしています。 > 두 분 다 건강하세요.

A4 **父**は**私**が**幼い時**に**亡**くなっていませんが、**母**は**元気**にしています。
> 아버지는 제가 어렸을 때 돌아가셔서 안 계시지만, 어머니는 건강하세요.

↳ ああ、そうだったんですか。 > 아아, 그랬어요?

Words   **両親** 양친, 부모 | **元気だ** 건강하다, 잘 지내다 | **おかげさまで** 덕분에 | **共に** 함께, 같이, 동시에
何より 무엇보다도, 최상의 | **幼い** 어리다 | **時** 때 | **亡くなる** 죽다, 돌아가다 | **母** 어머니

Q48 ご両親の出身はどちらですか？
부모님 고향은 어디세요?

고향을 물어보고 싶을 때는 どこの出身ですか？(어디 출신이세요?), ご出身はどちらですか？(출신은 어디세요?), 田舎はどこですか？(시골은 어디세요?), どこの生まれですか？(어디 출생이세요?) 등으로 질문할 수 있어요.

 二人ともソウルです。 > 두 분 다 서울이세요.

 父はソウルで、母はプサンです。
> 아버지는 서울이시고, 어머니는 부산이십니다.

 私の両親は二人とも、ソウル生まれのソウル育ちです。
> 제 부모님은 두 분 다 서울에서 태어나 자라셨어요.

〜生まれの〜育ち 태어난 곳과 자란 곳을 구분해서 말할 때 쓸 수 있는 표현이에요. 춘천에서 태어나
서울에서 자랐다면 チュンチョン生まれのソウル育ちです。와 같이 말할 수 있어요.

 母はもともとはプサンだったんですが、子どものころソウル
に出てきたらしいです。
> 어머니는 원래는 부산 분이신데, 어릴 때 서울로 나오셨다고 해요.

出てきたらしいです 나오다는 出てくる, 나왔다는 出てきた, 부모님에게 들은 이야기를 전하는 것이므로
전문의 〜らしい를 썼어요. 따라서 出てきたらしいです는 '나오셨다고 해요'가 됩니다.
이때의 らしい는 そうだ로 바꿔도 돼요.

↳ あ、プサン生まれのソウル育ちなんですね。
> 아, 부산에서 태어나 서울에서 자라셨구나.

Words 出身 출신, 고향 | 田舎 시골 | 生まれ 출생, 출생지 | 育ち 성장 | もともと 원래
〜に出てくる 〜에 나오다

Q49

お父さんはどんな方ですか？
아버님은 어떤 분이세요?

どんなの位置を 바꿔 どんなお父さんですか？(어떤 아버님이세요?)라고 질문해도 돼요. 일본에서는 가족이나 회사 등 자신이 속하는 うち(우리)라는 테두리 안에 있는 사람을 타인에게 말할 때 낮춰서 말해요. 나이나 직급이 높은 사람일지라도요. 말하자면 父, 母도 お父さん, お母さん을 낮춘 표현이죠. 따라서 남의 아버지에 대해서도 어떤 사람이냐는 표현인 どんな人(ひと)로 표현해도 실례가 아닌 경우도 있죠. 즉나와 이야기하는 사람이 어떤 사람이냐에 따라서 경어 사용이 달라진다고 보면 돼요.

A1 私の父はとてもやさしいです。
> 저희 아버지는 아주 자상하십니다.

A2 頑固なところもありますが、やさしい父です。
> 완고한 면도 있지만 자상하신 아버지세요.

A3 父はキョンサン道の人だから、無口で頑固です。
> 아버지는 경상도 분이서서 과묵하고 완고해요.

↳ うちの父も九州男児だから、亭主関白ですけど。
> 저희 아버지도 규슈 남자라서 가부장적인데요.

九州男児 규슈 남자는 男(おとこ)らしい, 義理堅(ぎりがた)い라는 좋은 면도 있지만, 女(おんな)는 3歩下(さんぽさ)がって付(つ)いて来(こ)い(여자는 3걸음 뒤에서 따라와)라고 할 정도로 가부장적 이미지가 있답니다. 물론 사람에 따라 다르겠지만요.

亭主関白 아버지가 가정의 실권을 쥐고 있는 가정을 가리키는 말이에요.
반대로 어머니에게 실권이 있으면 かかあ天下(でんか)라고 합니다.

Words やさしい 자상하다 | 頑固だ 완고하다 | 無口だ 말수가 없다, 과묵하다 | 九州男児 규슈 남자
亭主関白 가부장적인 가정, 가부장적인 남자 | 男らしい 남자답다 | 義理堅い 의리가 강하다
3歩 3보, 3걸음 | 下がる 물러나다 | 付いて来る 따라오다 | 付いて来い 따라와라
かかあ天下 엄마 기가 더 센 가정, 기가 센 엄마

Q50 **どんなお母さんですか？**
어머님은 어떤 분이세요?

어머니는 お母さん, ママ, おかぁ, お袋(ふくろ), おかん, お母様(かあさま) 등으로 불러요. 아버지는 パパ, おとぉ, 親父(おやじ), おとん, お父様(とうさま) 등으로 부르죠. 보통은 お母さん, お父さん으로, 어릴 때는 ママ, パパ 또는 おかぁ, おとぉ로, 어머님, 아버님 하고 부를 때는 お母様, お父様라고 하죠. おかん, おとん은 오사카 사투리, 親父, お袋는 남자들이 주로 씁니다.

A1 母は明るくて面白い人です。 > 어머니는 밝고 재미있는 분이세요.

A2 母はチョンラ道の人だから、料理が上手です。
> 어머니는 전라도 분이셔서 음식을 잘하세요.

A3 いつもはやさしい母ですが、怒ると恐いです。
> 항상 상냥하시지만 화내면 무서우세요.

⤷ うちもです。 > 저희 엄마도 그러세요.

A4 おせっかいなところがあり、いつも人の世話を焼いています。
> 간섭하기 좋아하셔서, 항상 남의 일에 참견하시죠.

おせっかいなところがあり 직역하면 '간섭하는 면이 있어'로 おせっかい는 오지랖이 넓은 사람을 말할 때도 써요. 말뿐 아니라 행동으로도 한다는 느낌을 줘요.

世話を焼いています 世話を焼く는 '자신이 자청해서 사람을 보살펴 주다' 또는 '타인을 위해 쓸데없는 일을 하다'란 두 가지 의미가 있어요. 위 문장은 두 번째 뜻에 해당해요.

Words 明るい 밝다 | 面白い 재미있다 | 上手だ 잘한다, 능숙하다 | 怒る 화내다 | 恐い 무섭다
うち 우리 | おせっかいだ 간섭하다

Q51

ご両親のお仕事は何ですか？
부모님은 무슨 일을 하시나요?

남의 부모님을 말할 때는 ご両親이라고 하고 자신의 부모님을 남 앞에서 말할 때는 両親(りょうしん), 親(おや)라고 해요. 물론 따로따로 말할 때는 父(ちち), 母(はは)라고 하죠. 상대가 좀 어려운 분이라면 ご両親はどんな仕事をされているんですか？ご両親は何をなさっているんですか？라고 조금 더 정중한 표현으로 물어보세요.

A1 父は公務員で、母は主婦です。
> 아버지는 공무원이시고, 어머니는 주부세요.

A2 両親は二人で店をやっています。
> 부모님 두 분이서 가게를 하십니다.

A3 二人とも会社に通っています。
> 두 분 다 회사에 다니십니다.

> 通う(かよう)는 学校(がっこう)に通う, 塾(じゅく)に通う 등으로 학교, 동창, 직원 같은 곳을 다닐 때 써요.

会社に通っています　小さな料理屋(りょうりや)をやっています 작은 음식점을 하고 있어요
田舎(いなか)で農業(のうぎょう)をしています 시골에서 농사를 짓고 계세요

A4 父は定年退職をして、田舎でボランティアをしています。
> 아버지는 정년퇴직하셔서, 시골에서 자원봉사를 하고 계세요.

Words　仕事 일 │ する 하다 │ なさる 하시다 │ なさっている 하시고 있다 │ 公務員 공무원 │ 主婦 주부
二人 두 사람 │ 店をやる=店をする 가게를 하다 │ 会社 회사 │ 料理屋 요리점, 음식점 │ 田舎 시골
農業 농업 │ 学校に通う 학교에 다니다 │ 塾に通う 학원에 다니다 │ 定年退職 정년퇴직
ボランティア 자원봉사

Q52 お父さんとお母さんとどちらに
似ているんですか?
부모님 중 누구를 닮았어요?

어느 쪽이라는 뜻의 どちら는 どっち로 바꿔 말할 수 있어요. 닮았다는 말은 似(に)る라는 동사를 씁니다. 우리말로 하면 ~을 닮다라고 해서 ~를 似る를 쓸 것 같지만 ~に似る(~에 닮다)라고 꼭 조사 に를 써요. 꼭 빼닮다는 そっくりだ, 닮았다의 비유 표현인 붕어빵이다는 瓜二(うりふた)つ다라고 하죠.

A1 父です。 > 아버지예요.

A2 どちらかと言うと父親似です。
> 어느 쪽인가 하면 아버지 쪽이에요.

父親似 아버지나 어머니를 닮았을 때는 父親似(ちちおやに), 母親似(ははおやに), 아버지 집안을 닮았을 때는 父方似(ちちかたに), 母方似(ははかたに)라고 합니다. 간단하게는 父似(ちちに), 母似(ははに)라고 말하기도 하죠.

A3 父にそっくりだと言われます。
> 아버지를 꼭 빼닮았다는 소리를 듣습니다.

そっくりだ 빼닮다라는 そっくりだ는 붕어빵이다라는 瓜二(うりふた)つ로 바꿔 말할 수 있어요.
위 문장을 다른 말로 周(まわ)りの人(ひと)からは父に似ていると言われます。
(주변 사람들한테 아버지를 닮았다는 소리를 들어요.)라고 표현해도 됩니다.

A4 外見は父に似ていますが、性格は母とよく似ています。
> 외모는 아버지를 닮았는데, 성격은 어머니를 많이 닮았어요.

Words ~に似る ~을 닮다 | ~に似ている ~을 닮았다 | そっくりだ 꼭 빼닮다 | 瓜二つだ 붕어빵이다
周り 주위 | ~と言われる ~라는 소리를 듣다 | 外見 외견, 외모 | 性格 성격

Q53 おや こう こう
親孝行するとしたら、
なに
何をしてあげたいですか？
부모님에게 효도를 한다면 무엇을 해 드리고 싶어요?

효도라는 말은 親孝行, 불효는 親不孝(おやふこう)라고 합니다. '자식이 효도하고 싶을 때 부모님은 이미 돌아가시고 없다'라는 말은 親孝行したい時(とき)에는 親은 なし라고 해요.

A1 おんせんりょこう　つ　い
温泉旅行に連れて行ってあげたいです。
> 온천 여행을 모셔다 드리고 싶어요.

A2 はや　けっこん　まご　かお　み
早く結婚して孫の顔を見せてあげることです。
> 빨리 결혼해서 손주 얼굴을 보여 드리는 거예요.

↳ はや　はなよめすがた　あんしん
私もです。早く私の花嫁姿を見せて、安心させてあげたいです。
> 저도 그래요. 빨리 제 웨딩드레스 입은 모습을 보여 드려 마음 편히 해 드리고 싶어요.

早く私の花嫁姿を見せて 花嫁姿는 웨딩드레스 입은 모습으로 여자의 경우에 해당해요.
남자는 早く家庭(かてい)를 持(も)って(빨리 가정을 꾸려서)라고 하면 됩니다.

A3 げん き　かいがい
元気なうちに海外旅行をさせてあげようかと思います。
> 건강하실 때 해외여행을 보내 드리고 싶은 마음이에요.

~うちに는 '~하는 동안에',
~하는 사이에'라는 의미예요.

Words 親孝行 효도 ｜ ～するとしたら ～하려고 한다면 ｜ ～に連れて行く ～에 데려가다
～に連れて行ってあげたい ～에 데려가 주고 싶다 ｜ 孫 손주 ｜ 顔 얼굴 ｜ 見せてあげる 보여 주다
安心する 안심하다 ｜ 安心させる 안심시키다 ｜ 安心させてあげたい 안심시켜 주고 싶다
家庭を持つ 가정을 꾸리다, 가정을 갖다

Real Life conversation

Scene #5 "가족"에 대한 즉문즉답
실전회화트레이닝

민우와 미키의 가족 이야기

ミキ	あのう、ミヌさん。 ミヌさんは何人家族なんですか？	저기요, 민우씨! 민우 씨네는 몇 인 가족이에요?
ミヌ	僕ですか？ 僕は4人家族です。	저 말인가요? 저희는 4인 가족이에요.
ミキ	そうなんですか。 アパートに住んでるんですよね？	그렇군요. 아파트에 살죠?
ミヌ	はい。アパートです。 アパートの25階です。	네, 아파트예요. 아파트 25층이에요.
ミキ	高いですね。	높네요.
ミヌ	見晴らしがとてもいいですよ。 夜景もきれいです。	전망이 정말 좋아요. 야경도 아름답고요.
ミキ	わー。いいな。	와! 부러워요.
ミキ	ミヌさんって兄弟いるんですか？	민우 씨는 형제가 있나요？
ミヌ	はい。いますよ。姉が一人。	네, 있어요. 누나 한 명.
ミキ	じゃ、長男なんですね。お姉さんは結婚して るんですか？	그럼 장남이네요. 누나는 결혼했어요?
ミヌ	いいえ、まだです。結婚する気があるのかな いのか、わかりません。	아뇨, 아직이에요. 결혼할 생각이 있는지 어 떤지 잘 모르겠어요.

Words   ～階(かい) ～층 | 高(たか)い 높다 | 見晴(みは)らし 전망 | 夜景(やけい) 야경 | きれいだ 예쁘다
気(き)がある 마음이 있다

ミキ	じゃ、今アパートにご両親と一緒に住んでるんですか？	그럼 지금 아파트에서 부모님과 함께 살고 있어요?
ミヌ	そうですね。	그래요.
ミキ	ご両親はお元気なんですか？	부모님은 건강하세요?
ミヌ	はい。おかげさまで二人とも元気です。	네. 덕분에 두 분 다 건강하세요.
ミキ	それはなによりですね。お二人ともソウルの方ですか？	그건 정말 다행이네요. 두 분 다 서울 분이세요?
ミヌ	母はソウルですが、父はもともとはプサンだったそうです。子供の頃にソウルに引っ越してきたそうです。	어머니는 서울이시지만 아버지는 원래 부산이셨대요. 어릴 때 서울로 이사 오셨다고 해요.
ミキ	そうだったんですか！お父さんはどんな方なんですか？	그러셨구나. 아버님은 어떤 분이세요?
ミヌ	少し頑固なところもありますが、やさしい父です。	조금 고지식하신 면도 있지만 자상하신 아버지세요.
ミキ	そうですか。お母さんは？	그렇군요. 어머니는요?
ミヌ	母はすごく明るいですよ。	어머니는 굉장히 밝으세요.
ミキ	ヘェー。なんか、仲の良さそうな家族ですね。お仕事は何をされてるんですか？	네. 왠지 화목한 가족 같네요. 어떤 일을 하세요?
ミヌ	父は会社員で、母は公務員をしています。	아버지는 회사원이시고 어머니는 공무원이세요.
ミキ	じゃ、共働きされてるんですね。お母さん大変ですね。	그럼 맞벌이시네요. 어머니가 힘드시겠어요.

ミキ	ミヌさんはお父さん似ですか？ お母さん似ですか？	민우 씨는 아버지 닮았어요, 어머니 닮았어요?
ミヌ	僕は母親似だとみんなに言われます。	다들 저더러 어머니 닮았다고 해요.
ミキ	自分でもそう思いますか？	본인도 그렇게 생각하세요?
ミヌ	そうですね。 お調子者のところなんかそっくりかも…。	글쎄요. 귀가 얇은 면이 쏙 빼닮은 것 같기도 해요.

ミキ	もし、親孝行するとしたら何をしてあげたい と思いますか？	만약 효도를 한다면 뭐 해 드리고 싶어요?
ミヌ	そうですね、結婚記念日に温泉旅行にでも連 れて行ってあげようかな？	글쎄요, 결혼기념일에 온천 여행이라도 모시 고 갈까 하는데요.
ミキ	それはきっと喜ばれますよ。 日本の九州なんかどうですか？	그건 정말 좋아하시겠네요. 일본 규슈 같은 데 어때요?
ミヌ	いいですね。 おすすめの温泉を紹介してください。	좋은데요. 추천하는 온천이 있으면 소개해 주세요.
ミキ	はい、私でよければ…。	네, 제가 해도 괜찮다면….

Words すごく 굉장히, 몹시 | 仲(なか)のいい 사이가 좋다 | 仲の良(よ)さそうな 사이가 좋을 것 같은
共働(ともばたら)き 맞벌이 | 自分(じぶん) 자기, 자신, 스스로 | お調子者(ちょうしもの) 경박한, 촐랑대는
사람 혹은 성격 (칭찬받으면 금방 기분이 좋아져서 우쭐대는 사람이나 성격)
結婚記念日(けっこんきねんび) 결혼기념일 | 温泉旅行(おんせんりょこう) 온천 여행
～にでも ～에라도 | きっと 꼭, 필시 | 喜(よろこ)ぶ 즐거워하다, 기뻐하다 | なんか 따위, 같은 거
おすすめ 추천 | 紹介(しょうかい)する 소개하다 | よければ 좋으면

음식에 대한

Q54 **好きな食べ物は何ですか？**
좋아하는 음식은 뭐예요?

짧게는 好きな食べ物は？라고 해요. 좋아하는 정도를 나타낼 때는 好(す)きです,
大好(だいす)きです, 大好物(だいこうぶつ)です로 표현할 수 있어요. 여러 가지 좋
아하는 재료를 기호에 맞게 골라서, 부침개처럼 부쳐 먹는 お好(この)み焼(や)き의
好み는 '기호'라는 뜻이에요.

A1 **果物が好きです。** > 과일을 좋아해요.

A2 **辛いものが大好きです。** > 매운 것을 아주 좋아해요.

↳ **刺激的な味が好きなんですね。**
> 자극적인 맛을 좋아하시는군요.

A3 **私の大好物はなんと言ってもお寿司です。**
> 제가 가장 좋아하는 음식은 뭐니 뭐니 해도 스시예요.

A4 **私はサンギョプサルには目がありません。**
> 저는 삼겹살이라면 사족을 못 써요.

~には目がありません 직역하면 '~에는 눈이 없어요'로, 이성을 잃을 정도로 좋아한다는 말이에요.
목이 없어요은 목이 없는이에요와 같은 표현이에요.
'사족을 못 써요, ~에는 환장해요'로 해석하면 됩니다. 특히 먹을 것에 써요.

Words 食べ物 먹을거리, 음식 | 大好きだ 아주 좋아하다 | 大好物だ 가장 좋아하다 | 好み 기호
焼き 부침, 구이 | 果物 과일 | 辛い 맵다 | もの 것 | 刺激的だ 자극적이다 | 味 맛
なんと言っても 뭐니 뭐니 해도

Q55 何か嫌いな食べ物はありますか？
なに きら た もの

뭐 싫어하는 음식 있어요?

가리는 음식이 있는지 물어볼 때는 何(なに)か食べられないものはありますか？
(뭐 못 먹는 음식 있어요?)라고 해요. 편식은 好(す)き嫌(きら)い, 편식이 심하다는
好き嫌いが激(はげ)しい, 먹지도 않고 싫어하는 것은 食(く)わず嫌(ぎら)いい지요.

A1 私はにんじんが嫌いです。 > 저는 당근을 싫어해요.
きら

A2 私は生魚が食べられません。 > 저는 날생선을 못 먹어요.
なまざかな

A3 食わず嫌いなのですが、うなぎはだめですね。
く ぎら
> 먹어 보진 않았지만 장어는 못 먹겠어요.

> だめですね는 苦手です ね(별로예요)로 바꿀 수 있어요.

えっ、うなぎ、だめなんですか？ 栄養があっておいしいのに。
えいよう
> 어머, 장어 못 먹어요? 영양가 있고 맛있는데.

A4 嫌いな食べ物は特にありませんが、しいて言えばピーマンです。
とく い
> 싫어하는 음식은 특별히 없지만 굳이 말하자면 피망이에요.

Words 何か 뭔가 | 食べられない 먹을 수 없다 | 好き嫌い 편식 | 激しい 심하다
食わず嫌い 먹지 않고 싫어함 | しんじん 당근 | 生魚 날생선 | うなぎ 장어
だめだ 안 된다, 불가능하다 | 栄養がある 영양이 있다 | しいて言えば 굳이 말하자면

Q56 いちばん す くだもの なん
一番好きな果物は何ですか？
가장 좋아하는 과일은 뭐예요?

일본에서는 과일 껍질을 벗겨 먹든 깎아 먹든 똑같이 皮(かわ)를 剥(む)いて食べる
를 씁니다. ミカンの皮を剥いて食べる(귤 껍질을 까서 먹다), ナイフでリンゴの
皮を剥いて食べる(칼로 사과 껍질을 깎아 먹다)로요.

A1 **いちご**です。 > 딸기예요.

いちご スイカ 수박 | メロン 멜론 | リンゴ 사과 | ミカン 귤 | バナナ 바나나 | ブドウ 포도 | ナシ 배
カキ 감 | マクワウリ 참외

A2 私は**スイカ**が一番好きです。 > 저는 수박을 가장 좋아해요.

A3 **果物**はあまり好きじゃありません。 > 과일은 별로 좋아하지 않아요.

A4 私は**せっかち**なので、種のある果物はちょっと。

> 저는 성격이 급해서 씨 있는 과일은 별로예요.

せっかちなので
(성격이 급해서)의 せっかちだ
(성격이 급하다)는 한국 사람의 성격을
말할 때도 많이 등장하는 단어예요.

種のある果物 씨 있는 과일은 種のある果物, 씨 없는 과일은 種のない果物라고 해요. 씨를 빼고 먹을 때는 種
を取(と)って食べる, 껍질째 먹을 때는 皮(かわ)ごと食べる, 잘라 먹을 때는 切(き)って食べる,
통째로 먹을 때는 丸(まる)ごと食べる라고 합니다.

↳ そうですね。種があると面倒くさいですもんね。

> 그래요. 씨 있으면 귀찮긴 하죠.

面倒くさい 귀찮다는 의미로, 臭(くさ)い 자체에 '고약한 냄새가 나다, 구리다'란 의미가 있어, ～くさい
로 표현하면 마이너스적인 이미지가 있어요.
田舎(いなか)くさい 촌스럽다 | おじんくさい 아저씨 같다
うさんくさい 어쩐지 수상쩍다 | 生(なま)ぐさい (피나 생선의) 비린내가 나다

Words 皮 껍질 | 剥く 까다 | 剥いて食べる 까서 먹다, 깎아 먹다 | 種 씨 | 種を取る 씨를 빼다
皮ごと 껍질째 | 切る 자르다 | 切って食べる 잘라서 먹다 | 丸ごと 통째로

Q57 肉と魚とどちらが好きですか？
고기와 생선 중 어느 쪽을 더 좋아해요?

둘 중에 뭘 좋아하는지 물어볼 때는 ～と～とどちらが好きですか?를 써요. 犬(いぬ)と猫(ねこ)とどちらが好きですか?(개와 고양이 중 어느 쪽을 좋아해요?)와 같이요. 대답은 ～のほうが好きです(～쪽이 좋아요), どちらも好きです(둘 다 좋아요), ～より～が好きです(～보다 ～가 좋아요)라고 합니다.

A1 肉です。 > 고기예요.

A2 魚より肉のほうが好きです。 > 생선보다는 고기 쪽을 좋아해요.

A3 どちらも好きです。 > 둘 다 좋아해요.

A4 どちらかと言えば、肉のほうです。 > 어느 쪽인가 하면 고기예요.

↳ 肉が好きなんですね。私は菜食主義者なので、野菜のほうです。
> 고기를 좋아하시는구나. 저는 채식주의자라 채소 쪽이에요.

A5 肉ですが、最近は健康のために魚を食べるようにしています。
> 고기긴 한데, 요즘은 건강을 위해 생선을 먹으려고 하고 있어요.

健康のために 건강을 위해라는 뜻으로 ～ために는 '～하기 위해서'와 같이 목적을 나타내요.
恋人(こいびと)のためにパンを焼(や)きます。 애인을 위해 빵을 구워요.
大学に合格(ごうかく)するために一生懸命(いっしょうけんめい)勉強(べんきょう)します。
대학에 합격하기 위해 열심히 공부해요.

Words 肉 고기 | 魚 생선 | 菜食主義者 채식주의자 | 野菜 채소 | 健康 건강 | 恋人 애인 | パン 빵
焼く 굽다 | 合格する 합격하다 | 一生懸命 열심히 | 勉強する 공부하다

Q58 じゃあ、何肉(なににく)が好(す)きですか？
그럼, 무슨 고기를 좋아해요?

한국에 犬(いぬ)의 肉(にく) 요리 犬의 スープ가 있다면, 일본에는 馬肉(ばにく) 요리 馬刺(ばさ)し가 있죠. 회니까 당연히 生(なま)로 먹어요. 그런데 먹어 보면 소고기 맛이 나고 괜찮대요. 食(た)べず嫌(ぎら)い하지 말고 도전해 보시길. 여러분은 어떤 肉이 좋아하세요?(어떤 고기를 좋아해요?)

 A1 もちろん牛肉(ぎゅうにく)です。 > 물론 소고기예요.

牛肉 鶏肉(とりにく) 닭고기 ｜ 豚肉(ぶたにく) 돼지고기 ｜ カモ肉(にく) 오리고기 ｜ 羊(ひつじ)の肉 양고기
猪肉(いのししにく) 멧돼지고기 ｜ 犬(いぬ)の肉 개고기 ｜ 馬肉(ばにく) 말고기

 A2 肉なら何(なん)でもオッケーです。 > 고기라면 뭐든 OK예요.

オッケーです 영어의 OK를 써서 가볍게 긍정하는 표현으로 大丈夫ですで 바꿔 말할 수 있어요.

 A3 料理(りょうり)によって違(ちが)いますが、私的(わたしてき)には牛肉が好きです。
> 요리에 따라 다르지만, 개인적으로는 소고기를 좋아해요.

私的には 직역하면 '사적으로는'으로, 私は, 個人的(こじんてき)には와 같은 말이에요. 私的には〜だと思います(개인적으로는 〜라고 생각합니다)와 같이 써요. 사적, 공적이라는 말은 私的(してき), 公的(こうてき)라고 합니다.

 A4 他(ほか)の肉は食べられるのですが、カモ肉だけはダメなんです。
> 다른 고기는 먹을 수 있는데 오리고기만은 안 되겠어요.

↳ ええ、おいしいのに。 > 어머, 맛있는데요.

Words 何肉 무슨 고기 ｜ 生 생, 날것 ｜ 食べず嫌い 먹지도 않고 싫어함 ｜ もちろん 물론
オッケー 오케이(OK) ｜ 〜によって違う 〜에 따라 다르다 ｜ 食べる 먹다 ｜ 食べられる 먹을 수 있다
ダメだ 안 된다 ｜ 〜のに 〜는데

Q59 トマトはどうやって食べますか？
토마토는 어떻게 해서 먹어요?

대화가 막힐 때 이런 질문 한번 던져 보면 어때요? 일본에서는 トマト나 スイカ를 먹을 때 소금을 찍어 먹는 경우가 많거든요. 오히려 卵焼(たまごや)き에는 소금보다는 설탕을 넣고요. 目玉焼(めだまや)き는 글쎄 간장이나 마요네즈를 찍어 먹는 분도 있다네요.

A1 私は**砂糖**をつけて食べます。 ＞ 저는 설탕을 찍어 먹어요.

砂糖　塩(しお) 소금 ｜ マヨネーズ 마요네즈 ｜ 醤油(しょうゆ) 간장 ｜ ケチャップ 케첩

↳ えっ、私は塩ですが。 ＞ 어머, 저는 소금인데요.

A2 私は**ジュース**にして飲みます。 ＞ 저는 주스로 해서 마셔요.

A3 **サンドイッチ**に入れて食べます。 ＞ 샌드위치에 넣어서 먹어요.

A4 **サラダ**と一緒に**マヨネーズ**をかけて食べます。
＞ 샐러드에 넣어 마요네즈를 뿌려 먹어요.

ドレッシング(드레싱)를
좋아하는 사람은 マヨネーズ
대신 ドレッシング를
넣어서 말하면 돼요.

A5 私は何もつけないでそのまま食べます。
＞ 저는 아무것도 안 찍고 그냥 먹어요.

Words　卵焼き 달걀말이 ｜ 目玉焼き 달걀 프라이 ｜ つける 찍다 ｜ つけて食べる 찍어 먹다 ｜ 入れる 넣다
サラダ 샐러드 ｜ かける 뿌리다 ｜ 〜ないで 〜지 않고 ｜ そのまま 그대로

Q60 ## 外食はよくするんですか？
외식은 자주 해요?

밥상을 차릴 때 기본이 ご飯(はん), お汁(しる), おかず이고, 그 외에도 魚(さかな),
肉(にく), チゲ, 炒(いた)め物(もの) 등의 メイン料理(りょうり)가 필요하죠. 한 끼
를 차리기 위해 드는 비용, 시간, 노력을 따지면 외식이 더 효율적이지 않을까요?

A1 はい、よくします。 > 네, 자주해요.

A2 たまに家族で外食を楽しんだりします。
> 가끔 가족끼리 외식을 즐기기도 해요.

A3 いつも外で食べてばかりいます。 > 항상 밖에서 먹기만 해요.

食べてばかりいます ~て(で)ばかりいる는 계속해서 그 행동만 하는 것으로 '계속 ~만 하고 있다. ~만 하다'
라고 말하고 싶을 때 써요.
飲(の)んでばかりいます。 마시기만 해요.
怒(おこ)ってばかりいます。 화내기만 해요.

↳ 共働きの場合はそれが安上がりかもね。
> 맞벌이의 경우는 그게 싸게 먹힐지도 모르겠네요.

A4 家族の誕生日など、特別な日にしか外食しません。
> 가족의 생일 같은 특별한 날밖에 외식을 안 해요.

A5 あまり外食はしません。家で食べるのが一番です。
> 별로 외식은 안 해요. 집에서 먹는 게 제일이에요.

Words　外食をする 외식하다 | ご飯 밥 | お汁 국 | おかず 반찬 | 魚 생선 | 肉 고기 | チゲ 찌개
炒め物 볶음 요리 | メイン料理 메인 요리 | よく 자주, 잘 | たまに 가끔 | 楽しむ 즐기다
~たり(だり)する ~기도 하다 | 飲む 마시다 | 怒る 화내다 | 共働き 맞벌이 | 場合 경우
安上がり 싸게 먹힘 | ~かも ~지도 | ~など 등 | ~しか ~만, ~밖에 | 一番だ 제일이다

Q61 外食_{がいしょく}ではどんなのをよく食_たべますか？
외식하면 주로 어떤 것을 먹어요?

外食をするとき、何(なに)をよく食べますか？(외식할 때는 무엇을 주로 먹어요?)라고 해도 돼요. 외식도 귀찮다 싶으면 우리는 出前(でまえ)를 하죠. 배달을 하다는 出前를 取(と)る라고 해요. 일본은 우리나라처럼 음식 배달 서비스가 다양하지 않아요. 배달 음식이라면 스시, 피자, 파스트푸드 정도예요. 그러니 언제 어디서나 가능한 우리의 음식 배달 문화(!)를 부러워할 만하겠죠^^

 お肉_{にく}を食_たべることが多_{おお}いです。 > 고기를 먹을 때가 많아요.

 麺_{めん}が好きなので、アサリのカルククスをよく食_いべに行きます。
> 면을 좋아해서 바지락 칼국수를 자주 먹으러 가요.

カルククス 일본인이 못 알아들을 때는 カルククス는 麺(めん)のことで、アサリ入(い)りのうどんみたいなものです.(칼국수는 면 요리인데, 바지락이 들어간 우동 같은 거예요.)라고 설명하면 돼요.

 外に出_{そと}るのが面倒_{めんどう}くさくて、チキンやジャジャン麺の出前を取ります。
> 나가는 게 귀찮아서 치킨이나 자장면을 시켜 먹어요.

↳ **そんなのも出前してくれるんですか？ 信_{しん}じられない！**
> 그런 것도 배달해 줘요? 말도 안돼요!

> 信じられない는 직역하면 '믿을 수가 없다'라는 뜻으로 놀랐을 때 쓰는 표현이네요.

 イタリアンが多いですね。イタリアンレストランに行ったりファミレスに行ったりします。
> 이탈리아 음식이 많네요. 이탈리안 레스토랑에 가거나 패밀리 레스토랑에 가요.

Words 出前 배달 │ すし 초밥 │ ピザ 피자 │ ファーストフード 패스트푸드 │ 多い 많다 │ 麺 면
アサリ 바지락 │ 食べに行く 먹으러 가다 │ 外に出る 밖에 나가다 │ 面倒だ 귀찮다, 성가시다
面倒くさい 귀찮다 (정도가 심함을 나타냄) │ チキン 치킨 │ 信じる 믿다 │ 信じられない 믿을 수 없다

Q62 スイーツは好きですか？
단 음식 좋아해요?

スイーツは 과자나 디저트의 단맛 즉, 甘(あま)いもの와 같은 말이에요. 그래서 甘いものは好きですか?로 바꿔 말할 수 있어요.

A1 はい、大好きです。 > 네, 아주 좋아해요.

↳ 男の子なのに珍しいですね。 > 남자 분인데 독특하시네요.

A2 甘いものはちょっと苦手です。 > 단 음식은 별로예요.

A3 好きでも嫌いでもありません。 > 좋지도 싫지도 않아요.

A4 はい、昔から甘いものには目がないんです。
> 네, 옛날부터 단것에는 사족을 못 썼어요.

甘い　甘い는 달다라는 뜻 외에도 '싱겁다, 달콤하다, 무르다' 등 다양한 의미로 써요.
　　　甘い味噌(みそ) 싱거운 된장 ｜ 甘い話(はなし) 달콤한 이야기, 조건이 좋은 귀에 솔깃한 이야기
　　　女に甘い 여자에 무르다 ｜ 甘酒(あまざけ) 단술, 감술 ｜ 甘口(あまくち) 순한 맛

味　　辛(から)い 맵다 ｜ にがい 쓰다 ｜ 塩辛(しおから)い＝しょっぱい 짜다 ｜ すっぱい 시다
　　　甘ずっぱい 달고 시다 ｜ こうばしい 고소하다 ｜ 油(あぶらっ)こい 느끼하다
　　　さっぱりしている 담백하다

Words　男の子 남자 ｜ ～なのに ～인데 ｜ 珍しい 신기하다 ｜ 苦手だ 별로다
好きでも嫌いでもない 좋지도 싫지도 않다 ｜ 昔 옛날 ｜ 昔から 옛날부터
～には目がない ～에는 사족을 못 쓰다, ～에는 환장하다 ｜ 味噌 된장 ｜ 話 이야기

Q63 おやつはよく食べるほうですか？
간식은 자주 먹는 편이에요?

간식은 おやつ, 間食(かんしょく)라고 해요. 口寂(くちさび)しい時는 과자나 커피를 찾게 되죠. 일본의 회사에서는 출출한 시간인 오후 3시에 간식을 먹는다고 해서 3時(さんじ)のおやつ라는 말을 써요. 짧게는 お3時라고도 해요.

A1 はい、よく食べます。 > 네, 자주 먹어요.

A2 口寂しい時などに、いつも何か食べています。
> 입이 허전할 때 항상 뭔가 먹고 있어요.

口寂しい時 寂しい에 '쓸쓸하다, 허전하다'라는 뜻이 있어서 口寂しい는 '입이 허전하다'가 돼요. 입이 심심하다고 '심심하다'는 단어 つまらない, 退屈(たいくつ)다를 써서 口がつまらない, 口が退屈라고는 하지 않아요.

A3 今はダイエット中なので、間食しないように努めています。
> 지금은 다이어트 중이라서 간식은 먹지 않으려고 노력하고 있어요.

努めて 努める(노력하다)는 遅刻(ちこく)しないように努めています。(지각하지 않도록 노력하고 있어요.)와 같이 써요.

 私もダイエットしたいのに、ついつい手が出ちゃうんです。
> 저도 다이어트 하고 싶은데 무심코 손이 가 버려요.

ついつい手が出ちゃうんです ついつい～て(で)しまう는 '무심코 ～해 버리다', 手が出る는 '손이 가다', ～て(で)しまう는 '～해 버리다'란 뜻이에요. 회화에서는 ～てしまう는 ～ちゃう, 동사 끝이 む, ぶ, ぬ로 끝나면 ～でしまう가 ～じゃう로 변해요.
行(い)く 가다 行ってしまう, 行っちゃう 가 버리다
飲(の)む 마시다 飲んでしまう, 飲んじゃう 마셔 버리다

A4 ええ、おやつが私の楽しみなんです。 > 네, 간식이 저의 즐거움이에요.

Words 口寂しい時 입이 허전할 때 | つまらない=退屈だ 심심하다 | ～ないように ～하지 않으려고
ダイエットする 다이어트 하다 | ついつい 무심코 | 楽しみ 즐거움, 낙

Q64 朝（あさ）ご飯（はん）は毎日（まいにち）きちんと食（た）べる ほうですか？
매일 아침을 빠짐없이 먹는 편이에요?

朝ご飯は毎日きちんと食べますか？라고도 해요. '빠짐없이 먹다'라고 할 때는 きちんと食べる, きちんと取(と)る라는 말을 써요. 안 먹을 때는 '뽑다, 덜다, 거르다'의 抜(ぬ)く를 써서 朝(あさ)を抜く라고 하죠. きちんとは '정확히, 깔끔히'란 뜻을 가지고 있어 部屋(へや)をきちんと片付ける(방을 깔끔하게 치우다), 約束(やくそく)をきちんと守(まも)る(약속을 정확히 지키다)와 같이 써요. きちんとは ちゃんと로 바꿔 써도 돼요.

 時間（じかん）がないので朝は食べません。 > 시간이 없어서 아침은 안 먹어요.

 朝（あさ）は軽（かる）くパンとコーヒーで済（す）ませます。
> 아침은 가볍게 빵과 커피로 때워요.

済ませる 済ませるは '끝내다' 외에도 '때우다, 해결하다'란 뜻이 있어서, 簡単(かんたん)に済ませる(간단하게 때우다), 軽く済ませる(가볍게 때우다)와 같이 씁니다.

 いくら忙（いそが）しくても、朝は必（かなら）ず取（と）るようにしています。
> 아무리 바빠도 아침은 꼭 먹으려고 해요.

↳ 私（あさ）は朝は食べるより、少（すこ）しでも寝（ね）たいです。
> 저는 아침을 먹는 것보다 조금이라도 더 자고 싶어요.

寝たいです 자는 상태로 계속 있고 싶다는 의미예요. 원래는 寝ていたいです로 회화에서는 い가 탈락되는 경우가 많아요. 만약 寝たいです라고 하면 앞으로 그렇게 하고 싶다는 미래를 나타내므로 이 경우에는 寝ていたいです로 써야 해요.

 はい、毎朝（まいあさ）、きちんと食べています。
> 네, 매일 아침마다 꼭 챙겨 먹고 있어요.

Words 朝ご飯 아침밥 | 毎日 매일 | きちんと 정확히, 규칙적으로 | 部屋 방 | 片付ける 치우다, 정리하다
守る 지키다 | ちゃんと 확실히, 정확하게 | 軽く 가볍게 | 簡単に 간단하게 | 必ず 꼭
～より ～보다 | 少しでも 조금이라도 | 寝る 자다

Q65 昨日の夕飯は何を食べたんですか？
어제 저녁은 뭐 먹었어요？

저녁밥은 夕飯, 晩御飯(ばんごはん)을, 뭐였어요?는 何でしたか? 何だったんで
すか?를 써요. 어제 저녁은 뭐였어요?라고 묻고 싶을 때는 昨日の夕飯は何でした
か? 昨日の晩御飯は何だったんですか?라고 질문할 수도 있어요. 하루의 피로
는 저녁을 먹으면서 풀죠. 저녁을 먹으면서 하는 반주는 晩酒(ばんしゅく)라고 해요.

A1 昨日は家で焼肉を食べました。
> 어제는 집에서 고기를 구워서 먹었어요.

焼肉　焼肉는 고기를 구워 먹는 것을 말해요. 焼肉屋(やきにくや) 하면 숯불구이 고깃집을 말하고요.

A2 ダイエット中だから、野菜だけ食べました。
> 다이어트 중이라서 채소만 먹었어요.

料亭는 주로 일본 요리가 나오는
고급음식점을 말해요.

A3 昨日は会社の食事会があったので、料亭で食べました。
> 어제는 회사 회식이 있어서 고급음식점에서 먹었어요.

会社の食事会　食事会(식사회)는 両親(りょうしん)의 顔合(かおあ)わせ 食事会와 같이 격식을 차린 식사 자리를
말해요. 우리가 흔히 말하는 회식은 술을 먹는 飲(の)み会(かい)라고 해요. 会食(かいしょく)는 밥
과 술을 같이 먹는 자리라는 느낌이 들어요. 가장 일반적인 것은 飲み会예요.

　何を食べたんですか。うらやましいです。
> 뭐 먹었어요? 부러워요.

A4 夕べは夜遅く帰ったので、簡単な有り合わせで済ませました。
> 어제 저녁에는 늦게 돌아와서 간단하게 있는 것으로 때웠어요.

有り合わせで済ませる　有り合わせで(있는 것으로), 済ませる(때우다)라는 말이에요.
냉장고에 있는 반찬 꺼내서 양푼에 비벼 먹는 느낌이요^^

Words　焼肉 고기구이 ｜ ～だけ ～만 ｜ 両親の顔合わせ 양친 상견례 ｜ うらやましい 부럽다
夕べ 어제 저녁, 어젯밤 ｜ 夜遅く 밤늦게 ｜ 帰る 집에 돌아오다 ｜ 有り合わせ 마침 그 자리에 있음

今日の昼は何を食べる予定ですか？

오늘 점심은 뭐 먹을 예정이에요?

点심은 昼, お昼, ランチ라고 해요. 오늘 점심은 뭐 드세요? お弁当(べんとう)? 社員食堂(しゃいんしょくどう)で? 外(そと)で? 도시락은 作(つく)ってきましたか?(만들어서 왔어요?) 買(か)ってきましたか?(사 왔어요?) 아니면 愛妻弁当(あいさいべんとう)ですか?(아내가 싸 준 도시락인가요?) 전 정말 알고 싶어요. 모든 게 궁금해요♪♪♪ 정말로 今日のお昼は何ですか?(오늘 점심은 뭐예요?)

A1 **お弁当**です。 > 도시락이에요.

お弁当 おにぎり 삼각김밥 | パン 빵 | サンドイッチ 샌드위치 | トースト 토스트 | カレー 카레
親子丼(おやこどん) 닭고기 계란 덮밥 | カツ丼(どん)セット 돈까스 덮밥 세트

A2 **社員食堂**で食べるつもりです。 > 구내식당에서 먹을 생각이에요.

A3 簡単に**パン**で済まそうと思います。
> 간단하게 빵으로 때울 생각이에요.

A4 今日はちょっと奮発して、**レストランでランチ**を食べよう
と思っています。
> 오늘은 조금 무리해서 레스토랑에서 점심을 먹을 생각이에요.

A5 まだ決めてないんですが、**トンカツ**でも食べようかな。
> 아직 안 정했는데 돈까스라도 먹을까.

Words 昼 낮, 점심 | 予定 예정 | 弁当 도시락 | 社員食堂 구내식당 | 作る 만들다 | 作ってくる 만들어 오다
買う 사다 | 買ってくる 사 오다 | 愛妻弁当 아내가 싸 준 도시락 | 簡単に 간단하게
奮発する 분발하다, 큰맘 먹고 물건을 삼 | 決める 결정하다

Q67 料理はよくするほうですか？
요리는 자주 하는 편이에요?

여러분은 요리 자주 하세요? 요리는 좋아하는데 요리할 시간이 없고, 맘먹고 실력 발휘한 날에는 반응이 좋지 않아 급 좌절하여 お惣菜(そうざい)에 더욱 의지하게 되고, 때로는 라면이 먹고 싶어서 ラーメン을 먹다 보니 요리를 자주 안 하게 되진 않는지요? ^^ 여러분은 よく料理を作りますか？(자주 요리를 하시나요?)

A1 料理が好きなので、よくします。 > 요리를 좋아해서 자주 해요.

A2 料理は苦手なんです。 > 요리는 잘 못해요.

A3 簡単なラーメンぐらいしか作れません。
> 간단한 라면 정도밖에 못 만들어요.

↳ 私と同じですね。 > 저와 같네요.

A4 料理したいんですが、忙しくて作る時間がほとんどありません。
> 요리하고 싶은데 바빠서 만들 시간이 거의 없어요.

↳ 私もいつも手抜き料理なんです。
> 저도 항상 사다가 차려요.

手抜き料理 手抜き(절차나 수고를 생략함)에서 알 수 있듯이 手抜き料理는 대충대충 하는 요리예요. 스시나 떡볶이처럼 다 된 요리를 사다가 접시에 차리기만 하는 거죠. 또 お惣菜(そうざい)라는 말이 있는데 이 말은 반찬 가게에서 사 오는 おかず(반찬)를 말해요. お惣菜を買ってくる(반찬을 사 오다)와 같이 써요. 덧붙이자면 부실 공사, 날림 공사는 手抜き工事(こうじ)라고 합니다.

Words 料理 요리 | 苦手だ 잘 못하다, 별로다 | 簡単だ 간단하다 | 簡単な 간단한 | 同じだ 같다
作る 만들다 | ほとんど 거의

Q68 得意な料理は何ですか？
잘하는 요리가 뭐예요?

언제 어디서 만들어도 실패 확률이 적은 요리는 自慢料理(じまんりょうり), 특별히
잘 만드는 요리는 得意料理(とくいりょうり)라고 해요. 엄청 요리를 잘한다는 표현
으로 コックも顔負(かおま)けの腕前(うでまえ), コックにも引(ひ)けを取(と)ら
ない料理라는 표현도 있어요.

 A1 私の得意料理は**目玉焼き**です。
> 제가 잘하는 요리는 달걀 프라이예요.

 A2 できるのは**インスタントラーメン**ぐらいです。
> 가능한 것은 인스턴트 라면 정도예요.

 A3 **キムチチゲ**なら作れます。 > 김치찌개라면 만들 수 있어요.

↳ **キムチチゲが作れるならすごいですよ。**
> 김치찌개를 만들 수 있으면 대단한 거예요.

よ 조사 よ는 상대에게 자신의 판단, 주장, 감정을 나타낼 때 써요.
이에 반해 조사 ね는 상대의 동의나 답변을 기대하거나, 자신의 생각이나 기분을 말할 때, 확인 또는
다짐할 때 써요.

 A4 私の自慢の料理は**カムジャタン**です。
> 저의 특기 요리는 감자탕이에요.

Words コック 요리사 | 顔負け 무색해짐 | 腕前 솜씨 | コックも顔負けの腕前 요리사도 무색해질 정도의 솜씨
引け 주눅듦 | 引けを取る 뒤지다 | 引けを取らない 뒤지지 않다 | コックにも引けを取らない料理
요리사에게도 뒤지지 않는 요리 | できる 가능하다 | ～なら ～하면 | 作る 만들다 | 作れる 만들 수 있다
すごい 대단하다

Q69 あなたにとってお袋(ふくろ)の味(あじ)って何(なん)ですか？

당신에게 있어 어머니의 맛은 뭐라고 생각해요?

엄마를 お袋(ふくろ)라고 불러서 어머니의 맛은 お袋의 味라고 해요. 할머니 손에 컸으면 おばあちゃん의 맛이 생각나겠죠? 한국이든 일본이든 어머니의 손맛이 그리운 건 마찬가지인가 봐요.

A1 お袋の味といえば、やっぱりキムチです。

> 어머니의 맛이라면 역시 김치예요.

A2 幼(おさな)いとき、母(はは)がよく作(つく)ってくれたトックックです。

> 어렸을 때 어머니가 자주 만들어 주셨던 떡국이에요.

A3 母(はは)が作ってくれたテェンジャンチゲの味が今(いま)も忘(わす)れられません。

> 어머니가 만들어 준 된장찌개의 맛이 지금도 잊혀지지 않아요.

> テェンジャンチゲを
> 일본어로 味噌汁(みそしる)
> 라고 합니다.

A4 サムゲタンです。夏(なつ)になると、必(かなら)ずサムゲタンを作ってくれていました。その味が懐(なつ)かしいです。

> 삼계탕이에요. 여름이 되면 꼭 삼계탕을 해 주셨죠. 그 맛이 그리워요.

くれる・もらう・あげる　일명 수수동사로, 주고 받는 주체만 확실히 파악하면 별로 어렵지 않아요.

〜てくれる 〜해 주다 / 〜てくれました 〜해 줬어요 (남이 나에게 주다)
お母さんが料理を作ってくれました。엄마가 요리를 만들어 줬어요.

〜てもらう 〜해 받다 / 〜てもらいました 〜해 받았어요 (남이 해서 내가 받다)
お母さんに料理を作ってもらいました。엄마가 요리를 만들어 줬어요.

〜てあげる 〜해 주다 / 〜てあげました 〜해 줬어요 (내가 남에게 주다)
私はお母さんにカーネーションを買ってあげました。내가 엄마에게 카네이션을 사다 줬어요.

Words　お袋 어머니 | 味 맛 | おばあちゃん 할머니 | 幼い 어리다 | 忘れる 잊다 | 忘れられない 잊을 수 없다
忘れられません 잊을 수 없습니다 | 懐かしい 그립다

Real Life conversation

"음식"에 대한 즉문즉답
실전회화트레이닝

민우와 미키의 음식 이야기

ミキ	ミヌさん、好きな食べ物は何ですか？	민우 씨 좋아하는 음식은 뭐예요？
ミヌ	僕は食べることが好きだから、食べられるものなら何でも好きです。	저는 먹는 걸 좋아해서 먹을 수 있는 거라면 뭐든지 좋아해요.
ミキ	ミヌさんらしいですね。	민우 씨답네요.

ミキ	じゃ、嫌いな食べ物って何ですか？	그럼 싫어하는 음식은 뭐예요？
ミヌ	それがひとつだけあるんです。	그건 딱 하나 있어요.
ミキ	何ですか？	뭐예요？
ミヌ	何だと思いますか？	뭘 거 같아요？
ミキ	わかりません。	모르죠
ミヌ	カキです。カキだけはだめなんです。	굴(カキ)이요. 굴만은 못 먹겠어요.
ミキ	あ…カキですか、カキがダメな人いますよね、じゃ、好きな果物は？	아, 굴이요. 굴을 못 먹는 사람 있죠. 그럼 좋아하는 과일은요？
ミヌ	一番好きな果物ですか？ そうですね、私は柿が好きです。	가장 좋아하는 과일 말인가요？ 글쎄요, 저는 감(カキ)을 좋아해요.

ミキ	冗談みたいですね。	꼭 농담하는 것 같잖아요.
ミヌ	ほんとです。 ヨンシっていうのが大好きなんです。	정말이에요. 연시를 가장 좋아해요.
ミキ	あ、食べたことあります。おいしいですよね。	아, 먹어 본 적이 있어요. 맛있던데요.

ミキ	ミヌさん　辛いの好きでしょう？	민우 씨는 매운 거 좋아하죠?
ミヌ	もちろんです。 辛いものがないと物足りません。	물론이죠. 매운 게 없으면 뭔가 허전해요.
ミキ	ですよね。 私はすごく辛いのは食べられません。	그건 그래요. 저는 아주 매운 건 못 먹어요.
ミヌ	この間も辛いの食べて、大騒ぎしてましたよね。	저번에도 매운 거 먹고 큰일 났었죠?
ミキ	はい、あの時はほんとに大変でした。	네, 그땐 정말 힘들었어요.

ミキ	ミヌさんは肉と魚だったら、どちらが好きですか？	민우 씨는 고기와 생선 중에 어떤 걸 좋아해요?
ミヌ	そうですね。やっぱり肉ですね。	글쎄요, 역시 고기죠.
ミキ	ですよね。お肉、おいしいですよね。 特に何肉が好きですか？	그죠? 고기가 맛있긴 해요. 특히 무슨 고기를 좋아해요?
ミヌ	うーん、迷いますね。 牛肉もいいけど、やっぱり豚かな？	음, 생각 좀 하고요. 소고기도 좋지만 역시 돼지고기네요.
ミキ	いいですよね。サンギョプサルにカルビ…。 あ、お腹すいてきました。	좋아요, 삼겹살, 갈비… 아, 배가 고파 오네요.

Words　〜らしい 〜답다 ｜ 牡蠣(かき) 굴 ｜ 柿(かき) 감 ｜ 冗談(じょうだん) 농담
ヨンシ＝熟(じゅく)した柿(かき) 연시 ｜ 物足(ものた)りない 어딘지 부족하다
食(た)べられない 먹을 수 없다 ｜ 大騒(おおさわ)ぎする 크게 소란을 피우다
迷(まよ)う 갈피를 못 잡다 ｜ お腹(なか)がすく 배가 고프다 ｜ お腹がすいてきた 배가 고파 오다

ミキ	突然ですが、トマトを食べる時何をつけて食べてますか？	갑작스럽지만 토마토 먹을 때 뭐 찍어서 먹어요?
ミヌ	トマトですか？ 何もつけないで、そのまま食べますよ。ミキさんは？	토마토요? 아무것도 안 찍고 그대로 먹는데요, 미키 씨는요?
ミキ	私はマヨネーズです。	저는 마요네즈요.
ミヌ	それもおいしそうですね。今度試してみます。	그것도 맛있겠네요. 다음에 시도해 볼게요.
ミキ	外食はよくするんですか？	외식은 자주 하세요?
ミヌ	外食ですか？ はい、よく行きますよ。	외식이요? 네, 자주 하죠.
ミキ	どんなものを食べに行くんですか？	어떤 거 먹으러 가요?
ミヌ	お肉ですね。	주로 고기예요.
ミキ	やっぱり…、ですよね。	역시 그렇군요.

ミキ	私は甘いものが好きで、お菓子をよく食べるんですが、ミヌさんは甘いの好きですか？	저는 단것을 좋아해서 과자를 자주 먹는데 민우 씨는 단 음식을 좋아하나요?
ミヌ	はい、好きですよ。甘いものには目がないんです。	네, 좋아해요. 단 음식이라면 사족을 못 써요.
ミキ	じゃ、おやつというか、ちょっとお腹がすいた時どんなものを食べるんですか？	그럼 간식이랄까, 약간 출출할 때 뭐 먹어요?
ミヌ	そういう時は、屋台でトッポキとか、オデンとか…甘いのより辛くてお腹の足しになるようなのを食べますね。	그때는 포장마차에서 떡볶이라든가 어묵이라든가… 단 음식보다 매콤하면서 속이 든든해지는 걸 먹죠.
ミキ	私も韓国の屋台の食べ物、好きです。おいしいですよね?！朝ごはんはきちんと食べるほうですか？	저도 한국 포장마차 좋아해요. 정말 맛있잖아요?! 아침은 꼭 챙겨 먹는 편인가요?
ミヌ	いいえ、あまり。コーヒーで済ませる時もあるし…。今日も何も食べたくなくて…。	아뇨, 그다지. 커피로 때우기도 하고요. 오늘도 아무 생각이 없어서….
ミキ	ああ、ミヌさん。昨日の夜は何を食べたんですか？	아, 민우 씨. 엊저녁에는 뭐 먹었어요?

ミヌ	昨日は夜遅くまで友達と一緒に飲んでて…。	어제는 밤 늦게까지 친구와 술을 마셔서요….
ミキ	それじゃ、朝食べられませんよね。 今日のお昼は何を食べる予定ですか？	그렇다면 아침 못 먹었겠네요? 오늘 점심은 뭘로 할 건가요?
ミヌ	まだ決めてないんですが、ヘージャンクック でも食べようかな。	아직 못 정했는데요… 해장국이나 먹을까.
ミキ	ヘージャンクック？ 何ですか？ それ？	해장국? 뭐예요, 그게?
ミヌ	まだ食べたことないんですか？ じゃ、一緒に食べに行きましょうか。	아직 못 먹어 봤어요? 그럼 같이 먹으러 갈까요?
ミキ	いいですねえ、行きましょう。	좋아요, 가요.

ミキ	ミヌさんは料理できますか？	민우 씨는 요리 잘해요?
ミヌ	料理ですか？ 料理は苦手です。 ラーメンぐらいしか。	요리요? 요리는 못해요. 라면 정도밖에요.
ミキ	そうなんですか。 お母さんは料理お上手でしょう？	그렇군요. 어머니는 요리 잘하시죠?
ミヌ	はい、母は料理がうまいですよ。	네, 어머니는 요리를 잘하세요.
ミキ	ミヌさんにとってお袋の味って何ですか？	민우 씨에게 어머니의 맛은 뭔가요?
ミヌ	やっぱり、チゲです。味噌汁ですね。	역시 찌개죠. 된장찌개요.
ミキ	おいしいでしょうね。	맛있겠네요!
ミヌ	いつか我が家に招待しますよ。	언제 한번 우리 집에 초대할게요.
ミキ	わぁ！ ありがとうございます。	와! 고마워요.

Words　突然(とつぜん) 갑자기 ｜ 試(ため)してみる 시도해 보다, 시험해 보다
　　　　　お腹(なか)の足(た)しになる 배고픔을 달래 주다, 배를 채워 주다 ｜ 屋台(やたい) 포장마차
　　　　　味噌汁(みそしる) 된장찌개 ｜ 我(わ)が家(や) 우리 집 ｜ 招待(しょうたい) 초대

Scene #7

외국어에 대한

Q70
にほんご じょうず
日本語が上手ですね。
일본어를 잘하네요.

일본인과 만나면 일본어를 조금만 해도 잘한다는 소리를 듣게 될 거예요. '잘한다'는 말은 上手だ, うまい를 써요. 능숙하게 술술 잘한다라고 할 때는 日本語ぺらぺらですね.(일본어 유창하시네요.)라고 할 거예요.

A1 **そうですか?** ありがとうございます。 > 그래요? 고마워요.

A2 **いいえ、** まだまだです。 > 아뇨, 아직 멀었어요.

A3 **そんな、** まだ **勉強すること** がたくさんあります。
> 그렇지 않아요, 아직 공부할 것이 많이 있어요.

勉強すること 勉強しなければならないこと 공부해야 할 것

A4 **いえ、** まだまだ未熟なので、いろいろ **教えてください。**
> 아뇨, 아직 미숙하니까 많이 알려 주세요.

↳ 私でよければ なんでも **言ってください。**
> 제가 도움이 된다면 뭐든지 말씀하세요.

言っても 言(ゆ)っても로
발음할 때도 있어요.

私でよければ 私でよければ는 직역하면 '저로 괜찮다면'으로 '부족하지만'이란 의미를 담고 있어요.

Words   まだまだ 아직 | ～なければならない ～하지 않으면 안 된다, ～해야 한다
未熟だ 미숙하다 | いろいろ 여러 가지 | 教える 가르치다, 알려 주다 | 言う 말하다

どのくらい勉強<ruby>勉強<rt>べんきょう</rt></ruby>したんですか？
얼마나 공부했어요?

どのくらい(어느 정도, 얼마쯤)는 여기서 기간을 물어보는 말이네요. 日本に来てどのくらい経(た)ちましたか?(일본에 와서 어느 정도 지났어요?), 量(りょう)はどのくらいですか?(양은 어느 정도예요?), どのくらいの高(たか)さですか?(어느 정도 높이예요?) 등으로도 써요. どのぐらい로 발음할 수도 있고요.

A1 **3年<ruby>3年<rt>さんねん</rt></ruby>くらいです。** > 3년 정도요.

A2 **まだ始<ruby>始<rt>はじ</rt></ruby>めたばかりです。** > 아직 시작한 지 얼마 안 됐어요.

〜たばかりです 〜たばかりです(막 〜했어요)는 어떤 동작을 시작한 지 얼마 지나지 않았음을 나타내요.
今(いま)、食(た)べたばかりです。 지금 막 먹기 시작했어요.
今、来(き)たばかりです。 지금 막 왔어요.

A3 **日本語の勉強を始めて丸<ruby>丸<rt>まる</rt></ruby>3年が経<ruby>経<rt>た</rt></ruby>ちました。**
> 일본어 공부를 시작해서 만 3년이 지났어요.

丸 丸는 숫자 앞에 붙어서 '만, 꼬박'이란 뜻으로 쓰여요. 丸3年은 満3年(まんさんねん)과 같은 의미예요.
丸1年(まるいちねん) 만 1년 | 丸2年(まるにねん) 만 2년
丸一週間(まるいっしゅうかん) 꼬박 1주일간 | 丸一ヶ月(まるいっかげつ) 꼬박 1개월

A4 **始めたのはだいぶ昔<ruby>昔<rt>むかし</rt></ruby>なんですが、あまり上達<ruby>上達<rt>じょうたつ</rt></ruby>していません。**
> 시작한 지는 꽤 오래됐는데, 아직 잘하지 못해요.

Words 経つ 지나다 | 量 양 | 高さ 높이 | 昔 옛날 | あまり 그다지 | 上達する 향상되다

Q72 日本語の勉強を始めたきっかけは何ですか？

일본어 공부를 시작한 계기가 뭐예요?

始め와 初め는 둘 다 はじめ로 읽지만 의미에는 차이가 있어요. 初=first에 해당하고, 始=start에 해당해요. 처음 만나서 인사할 때는 初めまして.(처음 뵙겠습니다.)를 쓰고, 수업 같은 것을 시작할 때는 みなさん、授業(じゅぎょう)を始めます.(여러분 수업을 시작할게요.)라고 써요.

A1 日本の漫画やアニメが好きで…。

> 일본 만화나 애니메이션을 좋아해서….

へえ、どんなの見てるんですか。 > 아, 네. 어떤 거 봐요?

A2 仕事で必要だったからです。 > 일에 필요했기 때문이에요.

仕事で必要だったから　面白(おもしろ)そうだったから 재미있을 것 같아서

A3 日本に旅行に行ったのがきっかけです。

> 일본에 여행 간 것이 계기예요.

きっかけ　きっかけ는 시작한 원인이나 동기를 말해요.
　　　　　韓国語(かんこくご)の勉強を始めたきっかけは韓国ドラマでした。
　　　　　한국어 공부를 시작한 계기는 한국 드라마였어요.

A4 高校の時、第2外国語で日本語を選択しました。

> 고등학교 때 제2 외국어로 일본어를 선택했어요.

Words 　きっかけ 계기 ｜ 授業 수업 ｜ どんなの 어떤 거 ｜ 面白い 재미있다 ｜ 高校 고등학교
選択する 선택하다

Q73 # どうやって勉強（べんきょう）したんですか？
어떻게 공부했어요?

どうやって(어떻게)는 방법을 물을 때 쓰는 의문사로 ○○までどうやって行きますか?(○○까지 어떻게 가요?), どうやって作りますか?(어떻게 만들어요?)와 같이 써요.

 A1 学校（がっこう）で勉強しました。 > 학교에서 공부했어요.

学校で 一人(ひとり)で 혼자서＝独学(どくがく)で 독학으로 ｜ 本(ほん)で 책으로 ｜ サークルで 서클에서
ネットで 인터넷으로 ｜ 日本語学校(にほんごがっこう)で 일본어 학원에서
大学(だいがく)で 대학에서 ｜ 学習誌(がくしゅうし)で 학습지로

 A2 日本語の学院（がくいん）に通（かよ）いました。 > 일본어 학원에 다녔어요.

 A3 家庭教師（かていきょうし）に日本語を習（なら）いました。 > 가정교사에게 일본어를 배웠어요.

 A4 知（し）り合（あ）いに日本人がいて、その人に教（おし）えてもらいました。
> 아는 사람 중에 일본 사람이 있어서 그 사람에게 배웠어요.

～に教えてもらう ～に教えてもらう(～에게 배우다)는 우리말로 없는 표현으로 직역하면 '～에게 가르쳐서 받다'예요. '～에게 가르침을 받다, ～에게 배우다'는 말을 이렇게 해요.

 A5 アニメが好（す）きでいつも見（み）ていたら、少（すこ）しずつわかるようになりました。
> 늘 좋아하는 애니메이션을 보다 보니 조금씩 알게 되었어요.

 わー、すごいですね。 > 와, 대단하시네요.

Words どうやって 어떻게 ｜ 通う 다니다 ｜ 習う 배우다 ｜ 知り合い 아는 사람 ｜ 少しずつ 조금씩
わかる 알다

Q74 日本(にほん)に行(い)ったことがありますか？
일본에 가 본 적이 있어요?

〜たことがありますか？(〜해 본 적이 있어요?)는 경험을 묻는 질문으로, 대답은
一度〜たことがあります(한 번 〜한 적이 있어요), 一度も〜たことがありません
(한번도 〜한 적이 없어요)으로 해요.

A1 はい、一度(いちど)行(い)ったことがあります。 > 네, 한 번 가 본 적 있어요.

一度　한두 번이라면 一度(いちど), 二度(にど), 三度(さんど) 또는 一回(いっかい), 二回(にかい), 三回(さんか
い)를 쓰지만, 횟수가 많아지면 度(번)보다는 4回(よんかい), 5回(ごかい)… 같이 回(회)를 써서 말해요.

A2 いいえ、一度(いちど)も行(い)ったことがありません。
> 아뇨, 한번도 간 적 없어요.

A3 はい、2年間(にねんかん)、日本(にほん)に留学(りゅうがく)していました。
> 네, 2년간 일본에서 유학했어요.

A4 1年(いちねん)ほど日本(にほん)で暮(く)らしました。 > 1년 정도 일본에서 생활했어요.

↳ へぇ〜、で、日本(にほん)はどうでした？ > 아하, 근데 일본은 어땠어요?

で는 それで의 줄임말이에요

A5 旅行(りょこう)で行(い)ったこともあるし、住(す)んだこともあります。
> 여행으로 간 적도 있고 살아 본 적도 있어요.

住んだ　暮(く)らす와 住(す)む는 큰 차이는 없어요. 暮らす(생활하다)는 하루하루를 보내는 것,
住む(살다)는 한 장소에서 이동하지 않고 머무르는 것이에요.

Words　留学する 유학하다 ｜ 暮らす 생활하다 ｜ 住む 살다

Q75 日本語は難しいですか？
일본어는 어려워요?

難しい(어렵다) 반대는 易(やさ)しい(쉽다)예요. 같은 やさしい지만 한자에 따라서
易しい(쉽다), 優しい(상냥하다)처럼 구분해서 써요. あつい도 暑い(덥다), 熱い(뜨
겁다), 厚い(두껍다)로 발음이 같아서 앞뒤 문맥이나 한자를 보고 판단해요.

A1 少し難しいです。 > 조금 어려워요.

A2 簡単じゃありませんが、面白いです。
> 간단하지는 않지만 재미있어요.

A3 初めは易しいと思ったんですが、やればやるほど難しいです。
> 처음에는 쉽다고 생각했는데, 하면 할수록 어려워요.

～ば～ほど ～ば～ほど는 '～하면 ～할수록'이라는 뜻으로 호응을 나타내요.
日本の文化(ぶんか)は知(し)れば知るほど面白いです。 일본 문화는 알면 알수록 재미있어요.
するめはかめばかむほど味(あじ)が出(で)ます。 오징어는 씹으면 씹을수록 맛이 나요.

A4 一生懸命やっているんですが、なかなかうまくなりません。
> 열심히 공부하고 있는데, 좀처럼 좋아지지가 않아요.

やっているんですが 勉強しているんですが 공부를 하고 있지만
頑張(がんば)っているんですが 노력은 하고 있지만

↳ **本当に、外国語ってそうですよね。** > 정말 외국어는 그런 것 같아요.

Words 簡単だ 간단하다 | かむ 깨물다, 씹다 | 味が出る 맛이 나다 | 一生懸命 열심히 | 頑張る 노력하다

Q76

日本語の勉強で難しいのは何ですか？
일본어를 공부하면서 어려운 것은 뭐예요?

한자 어렵죠? 한자 교육을 제대로 받은 세대라면 몰라도 부실한 한자 교육의 수혜자
(?)들은 오늘도 한자 때문에 죽겠다고 끙끙댄다죠. 한자는 일본어 회화나 문장에 나올
때마다 익히세요. 사전을 찾을 땐 그 단어의 모든 뜻과 발음을 훑어보고요. 좀 무식한
방법이지만 한자 사전을 처음부터 끝까지 책 읽듯이 한 번 읽어 보는 방법도 있어요.
공부도 단순 무식한 방법이 통할 때가 있잖아요. 여러분은 日本語の勉強で何が難
しいですか？(일본어 공부하면서 뭐가 어려워요?)

A1 漢字です。 〉 한자예요.

漢字　カタカナ 가타카나 ｜ つ・ざ・んの発音(はつおん) 쓰, 자, 응의 발음 ｜ 文法(ぶんぽう) 문법
　　　敬語(けいご) 경어 ｜ 自動詞(じどうし)・他動詞(たどうし) 자동사・타동사
　　　複合動詞(ふくごうどうし) 복합동사 ｜ 擬声語(ぎせいご)・擬態語(ぎたいご) 의성어・의태어

A2 漢字が一番難しいです。 〉 한자가 가장 어려워요.

↳ 漢字ね〜。 漢字、難しいですよね。
　〉 아, 한자요. 한자, 어렵지요.

A3 表現の仕方が少し違うところです。
　〉 표현 방법이 조금 다른 점이에요.

A4 微妙なニュアンスの違いや外来語が難しいですね。
　〉 묘한 뉘앙스 차이나 외래어가 어려워요.

Words　表現 표현 ｜ 仕方 방법 ｜ 違う 다르다 ｜ 微妙だ 미묘하다 ｜ ニュアンス 뉘앙스 ｜ 外来語 외래어

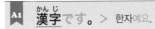

Q77 日本語を勉強して何がしたいですか？

일본어를 공부해서 뭐 하고 싶어요?

쉐도잉 학습을 목적으로 만화나 드라마를 고를 때는, 너무 잔인하고 폭력적인 작품이나 사투리나 고어를 쓰는 작품을 되도록 피하세요. 표준어로 소소한 일상을 그린 따뜻한 스토리가 외국어 공부에는 안성맞춤이랍니다.

A1 日本人の友達を作りたいです。
> 일본 친구를 사귀고 싶어요.

A2 日本旅行してみたいです。 > 일본을 여행해 보고 싶어요.

A3 アニメや日本ドラマを字幕なしで見れるようになりたいです。
> 애니메이션이나 일본 드라마를 자막 없이 볼 수 있게 되었으면 해요.

원래는 見られる가 맞는 표현인데 회화에서는 見れる 라고 ら를 빼고 말하기도 해요.

↳ きっとできますよ。 > 틀림없이 가능할 거예요.

A4 試験を受けて資格が取れたらいいです。
> 시험을 봐서 자격증을 딸 수 있으면 좋겠어요.

〜たらいいです 〜たらいいです는 '〜면 좋겠어요'로 희망을 나타내요.
日本語ができたらいいです。 일본어를 할 수 있으면 좋겠어요.
ヨーロッパーに行けたらいいです。 유럽에 갈 수 있으면 좋겠어요.

Words 字幕 자막 | なしで 없이 | きっと 아마, 꼭 | 試験を受ける 시험을 보다 | 資格を取る 자격증을 따다
資格を取れる 자격증을 딸 수 있다

Q78 　じっさい　にほんじん　はな
実際、日本人と話したことは
ありますか？
실제로 일본인과 이야기한 적 있어요?

실제 대화에서는 발음이 신경 쓰일 거예요. 그렇지만 처음부터 완벽한 발음을 생각하면 말문이 안 트이겠죠. '어차피 외국어인데, 발음 좀 틀리면 어때?' 하는 無鉄砲(むてっぽう) 정신으로 툭툭 말해 보는 용기가 필요해요.

A1 いちど
一度だけあります。 ＞ 딱 한번 있어요.

A2 **いいえ、一度もありません。** ＞ 아뇨, 한번도 없어요.

A3 し ごとじょう　　　　あ　　　　はな
仕事上、いつも会って話しています。
＞ 업무상 항상 만나서 이야기를 하죠.

A4 はな　　　　　　　　　　　　なに　い
話しかけられましたが、何を言っているかわかりませんでした。
＞ 말을 걸어왔지만, 무슨 말을 하는지 모르겠더라고요.

A5 あたま　　　　　　　　　　　　　はな
ありますが、頭がこんがらがってうまく話せませんでした。
＞ 있는데요, 머릿속이 뒤죽박죽이 되어 말을 제대로 못했어요.

頭がこんがらがって　緊張(きんちょう)して 긴장해서 | 気(き)が動転(どうてん)して 정신이 하나도 없어서
頭が真(ま)っ白(しろ)になって 머릿속이 하얘져서

↳ **ですよね。緊張しますよね。** ＞ 그렇죠. 긴장하게 되죠.

Words 　無鉄砲だ 무모하다 | 話しかけられる 말을 걸어오다 | こんがらがる 혼란스럽다. 뒤섞이다
うまく 잘, 목적한 대로 | 話せる 말할 수 있다 | 緊張する 긴장하다
気が動転する 놀라서 어찌할 바를 모르다 | 頭が真っ白になる 머릿속이 하얘지다

Q79 日本人と話したとき、通じましたか?
일본인과 말했을 때 말이 통했어요?

通じる는 通(통할 통)이 들어 있으니 '통하다'라고 유추할 수 있겠죠? 話が通じる(이야기가 통하다), 言葉(ことば)が通じる(말이 통하다), 意味(いみ)が通じる(의미가 통하다), 電話(でんわ)が通じる(전화가 연결되다)와 같이 써요. 반대는 通じない(통하지 않다)예요. 여러분은 日本人と話したとき、どうでしたか?(일본인과 말했을 때 어땠어요?)

A1 全然通じませんでした。 > 전혀 안 통했어요.

A2 片言ですが、なんとか通じました。
> 떠듬떠듬 하긴 했지만 가까스로 통했어요.

片言　片는 둘 중의 한쪽, 흠는 말이므로 짧은 말, 즉 서투른 말씨, 떠듬떠듬 하는 말씨를 말해요.
片~는 어느 한쪽을 뜻합니다.
片手(かたて) 한 손 | 片思(かたおも)い 짝사랑 | 片親(かたおや) 한부모

↳ いざとなれば、なんとかなるもんですね。
> 급하면 어떻게든 되는 건가 봐요.

いざとなれば、なんとかなる　いざとなれば는 정말로 중요한 상황이 되면, なんとかなる는 어떻게든 되다라는 의미예요.

A3 思ったより、コミュニケーションできました。
> 생각보다 대화가 됐어요.

A4 意思疎通をするのには特に困りませんでした。
> 의사소통을 하는 데는 별로 곤란하지 않았어요.

特に問題なかったです。
(별 문제없었어요.)도 같은 말이에요.

Words　通じる 통하다 | 言葉 말 | 意味 의미 | なんとか 그럭저럭, 가까스로
思ったより 생각보다, 생각했던 것보다 | 意思疎通 의사소통 | 困る 곤란하다 | 問題ない 문제없다

Q80 日本人の友達はいるんですか？
일본인 친구 있어요?

いる, あるは 한국어에 없는 표현이라 일본어가 능숙한 사람도 잘못 쓰는 경우가 있어요. いる는 사람, 동물, 곤충, 유령처럼 스스로 움직일 수 있는 것에 써요. ある는 책상, 장소, 꽃, 죽은 시체 등과 같이 스스로 움직일 수 없는 것에 써요. 로봇은 어떨까요? 사람이나 동물을 닮았으면 움직이겠구나 싶어 いる를 쓴답니다.

 はい、一人います。 > 네, 한 사람 있어요.

 日本人の知り合いはいません。 > 아는 일본인은 없어요.

 サイトで知り合った友達ならいます。
> 사이트에서 알게 된 친구라면 있어요.

 オーストラリアに留学していた時の友達がいます。
> 오스트레일리아에 유학했을 때 만난 친구가 있어요.

 日本人の友達が欲しいんですが、残念ながらなかなか出会う機会がありません。
> 일본 친구를 사귀고 싶은데, 안타깝게도 좀처럼 만날 기회가 없어요.

 ですよね？ どこに行けば会えるんでしょうかね？
> 그렇죠? 어디 가면 만날 수 있을까요?

Words　知り合い 아는 사람 ｜ **知り合う** 서로 알게 되다, 아는 사이가 되다 ｜ **留学する** 유학하다
欲しい 원하다 ｜ **残念ながら** 유감스럽게도 ｜ **なかなか** 좀처럼 ｜ **出会う** 만나다
機会がない 기회가 없다 ｜ **行けば** 가면 ｜ **会える** 만날 수 있다

Q81 どうすれば日本語（にほんご）が上手（じょうず）になると思（おも）いますか？

어떻게 하면 일본어를 잘할 수 있게 될까요?

일본어를 잘할 수 있는 비결이 뭘까요? 그 비결은 '배우가 되어라!'예요. 일본 드라마나 만화를 보면서 그 캐릭터에 동화되어 그 사람처럼 행동하고 말해 보는 거죠. 여러분은 오늘 어떤 역할을 해 보실래요? 저는 「夏（なつ）の恋（こい）は虹色（にじいろ）に輝（かがや）く（여름의 사랑은 무지개색으로 빛난다）」의 다케우치 유코가 되어 보렵니다.^^

A1 日本人（にほんじん）の友達（ともだち）を作（つく）ることです。

> 일본 친구를 사귀는 것이에요.

A2 日本（にほん）へ行（い）くのが一番早（いちばんはや）いと思（おも）います。

> 일본에 가는 것이 가장 빠르다고 생각해요.

A3 焦（あ）せらずに、こつこつ頑張（がんば）るしかありません。

> 조바심 내지 않고 묵묵히 노력하는 것밖에 없어요.

↳ ですよね。地道（じみち）にやるしかないですよね。

> 그렇죠. 착실하게 하는 수밖에 없죠.

A4 ドラマやアニメをたくさん見（み）るのがいいんじゃないかと思（おも）います。

> 드라마나 애니메이션을 보는 것이 좋지 않을까 생각해요.

Words 恋 사랑 │ 虹色 무지개 │ 輝く 빛나다 │ 一番早い 가장 빠르다 │ 焦る 안달하다, 초조해하다
こつこつ 꾸준히 │ 頑張る 노력하다 │ 地道に 착실하게, 충실하게 │ ～しかない ～밖에 없다

Q82 英語はできますか？
영어는 잘해요?

학과 관련 공부를 위한 학원은 塾(じゅく)라고 하고, 영어 회화, 피아노, 미술 등을 배우는 곳은 英会話教室(えいかいわきょうしつ), ピアノ教室, 絵画教室(かいがきょうしつ)처럼 ○○教室를 써요. ○○학원에 다닌다는 말은 ○○教室に通(かよ)っている, 배우고 있다는 말은 習(なら)い事(ごと)をしている라고 표현합니다.

A1 はい、英語には自信があります。> 네, 영어라면 자신 있어요.

A2 英語は全然できません。> 영어는 전혀 못해요.

A3 留学していたので、ある程度ならできます。
> 유학 경험이 있어서, 어느 정도는 가능해요.

↳ へぇ、留学してたんですか。> 아, 유학하셨어요?

A4 恥ずかしい話ですが、いくら勉強してもちんぷんかんぷんなんです。
> 부끄러운 이야기지만, 아무리 공부해도 횡설수설해요.

ちんぷんかんぷん　무슨 말인지 내용을 전혀 못 알아듣겠다는 것을 의미해요.
횡설수설하여 말이 통하지 않을 때도 쓸 수 있는 표현이죠.
英語(えいご)は聞いてもちんぷんかんぷんです。영어는 들어도 전혀 몰라요.
あの人の話はちんぷんかんぷんで訳(わけ)がわからないです。
저 사람 말은 횡설수설이라 영문을 모르겠어요.

Words　自信がある 자신이 있다 | 全然 전혀 | ある程度 어느 정도 | 恥ずかしい 부끄럽다

Q83 英語と日本語とどちらが難しいですか?

えい ご に ほん ご むずか

영어와 일본어 중 어느 쪽이 어려워요?

앞에서도 언급했지만 둘 중 하나를 고를 땐 どちら를 써서 질문해요. 대답은 どちら
も〜(둘 다〜), どちらかと言えば〜(어느 쪽이냐 하면〜)로 말해요. 셋 이상일 때는
〜と〜と〜の中で何が一番(いちばん)〜ですか?(〜와 〜와 〜중에 무엇이 가장
〜인가요?)로 질문하고, 대답은 どちら로 하지 않고 全部(ぜんぶ)〜です(전부 〜해
요)로 하면 됩니다.

A1 英語のほうが難しいです。 > 영어 쪽이 어려워요.

えい ご　　　　むずか

↳ 私も英語が苦手です。 > 저도 영어는 잘 못하겠어요.

えい ご　にが て

A2 日本語より英語のほうが難しいです。
> 일본어보다 영어 쪽이 어려워요.

A3 どちらも似たり寄ったりです。 > 둘 다 비슷비슷해요.

に　　よ

似たり寄ったり どんぐりの背比(せくら)べ 도토리 키 재기 | 五十歩百歩(ごじゅっぽひゃっぽ) 오십보백보
目糞鼻糞(めくそはなくそ) 똥 묻은 개 겨 묻은 개 나무람
大同小異(だいどうしょうい) 대동소이

직역하면 '눈곱, 코딱지'로
目糞鼻糞を笑(わら)う
(눈곱이 코딱지를 비웃는다)를 줄여서
쓰는 말이에요.

A4 どちらかと言えば、英語のほうです。
> 어느 쪽인가 하면 영어 쪽이에요.

い

どちらかと言えば あえて言えば 일부러 말하자면 | しいて言えば 굳이 말하자면

Words 似る 닮다 | どんぐり 도토리 | 背比べ 키 재기 | 目糞 눈곱 | 鼻糞 코딱지 | 笑う 웃다, 비웃다

Q84 英語と日本語以外で何か話せる言葉がありますか？

영어와 일본어 이외에 할 줄 아는 외국어가 있어요?

言葉는 '말, 언어'라는 뜻으로 회화에서 흔히 쓰는 말은 話(はな)し言葉라고 하죠. 그 밖에 書(か)き言葉, 流行(はや)り言葉, かっこいい言葉, 季節(きせつ)言葉, 花言葉(はなことば)라는 말도 있어요.

A1 いいえ、特にありません。 > 아뇨, 딱히 없어요.

A2 中国語なら少しできます。 > 중국어라면 조금 가능해요.

中国語 フランス語(ご) 프랑스어 | スペイン語 스페인어 | ドイツ語 독일어 | ロシア語 러시아어
ポルトガル語 포르투갈어 | オランダ語 네덜란드어

↳ 私も2年前から中国語の勉強をしています。
> 저도 2년 전부터 중국어 공부를 하고 있어요.

A3 大学時代、フランス語を専攻していました。
> 대학 때 프랑스어를 전공했어요.

A4 私は英語、日本語の他にロシア語、中国語、スペイン語ができます。
> 저는 영어, 일본어 외에 러시아어, 중국어, 스페인어를 할 수 있어요.

↳ すごいですね。 > 굉장하네요.

Words 話し言葉 구어체 | 書き言葉 문어체 | 流行り 유행 | かっこいい 멋있다 | 季節 계절 | 花言葉 꽃말
専攻する 전공하다 | すごい 굉장하다, 대단하다

Q85 他(ほか)に習(なら)いたい言葉(ことば)はありますか？
달리 배우고 싶은 외국어가 있어요?

배우다라는 말에는 学(まな)ぶ, 習(なら)う, 覚(おぼ)える, 身(み)に着(つ)ける가 있어요. 学ぶ는 영어의 study에 해당하는 말로 주로 학습과 관련된 활동을 할 때, 習う는 반복해서 연습하여 익힐 때, 覚える는 배우거나 알려 주는 것을 습득하거나 암기할 때, 身に着ける는 지식이나 기술을 자신의 것으로 만들 때 쓰는 표현으로 상황에 따라 적절한 단어를 활용해 보세요.

A1 中国語(ちゅうごくご)をやってみたいです。 > 중국어를 해 보고 싶어요.

やる・する する보다는 やる가 동작성, 의지성이 강해요.

동작이나 행동을 나타낼 때 (○する, ○やる)
공부하다 ○ 勉強をする ○ 勉強をやる | 운동하다 ○ スポーツをする ○ スポーツをやる

자신의 의지가 아닌 경우(○する, ✕やる)
두통이 있다 ○ 頭痛(ずつう)がする ✕ 頭痛がやる | 어지럽다 ○ めまいがする ✕ めまいがやる

누군가를 위해 행동하는 경우(○やる, ✕する) *이때의 やる는 '주다'의 뜻이에요.
먹이를 주다 ✕ 餌(えさ)をする ○ 餌をやる | 꽃에 물을 주다 ✕ 花に水をする ○ 花に水をやる

A2 まずは、日本語(にほんご)を完全(かんぜん)にマスターしたいです。
> 먼저 일본어를 완벽하게 마스터하고 싶어요.

A3 スペイン語(ご)を始(はじ)めてみようかと思(おも)っています。
> 스페인어를 시작해 볼까 생각 중이에요.

↳ スペイン語、難(むずか)しくないんですか？ > 스페인어, 어렵지 않아요?

A4 今(いま)は日本語(にほんご)だけで、手一杯(ていっぱい)です。 > 지금은 일본어만으로 벅차요.

Words やる 하다 | 頭痛 두통 | めまい 현기증 | くしゃみ 재채기 | 餌 먹이 | 花 꽃 | 水 물
完全に 완전하게 | 手一杯 힘에 부침, 힘에 겨움

Real Life conversation

"외국어"에 대한 즉문즉답
실전회화트레이닝

민우와 미키의 외국어 이야기

ミキ	ミヌさんって日本語上手ですね。	민우 씨는 일본어를 잘하네요.
ミヌ	いや、そんなことないですよ。	아니, 그렇지 않아요.
ミキ	ご謙遜を…、ホントに上手ですよ。 どのくらい勉強したんですか？	겸손하시기는, 정말로 잘해요. 얼마나 공부했어요?
ミヌ	3年くらいです。	3년 정도요.
ミキ	3年で？ すごいですね。 きっかけは何だったんですか？	3년 만에? 대단한데요. 계기가 뭐였어요?
ミヌ	高校のとき、第二外国語で一度したことがあ ります。でも、本格的に習ったのは3年前に 日本に旅行してからですね。	고등학교 때 제2 외국어로 한 번 배운 적이 있어요. 하지만 본격적으로 배운 건 3년 전에 일본을 여행하고 나서부터예요.
ミキ	どうやって勉強したんですか？	어떻게 공부했어요?
ミヌ	高校で少ししてたから、後は自分でしまし た。	고등학교 때 좀 했던 거니까 그 다음부터는 혼자 공부했죠.
ミキ	じゃ、ほぼ独学ですね。	그럼 거의 독학한 거네요.

ミキ	日本に行ったのは一度だけなんですか？	일본에 간 건 한 번뿐이었나요?
ミヌ	いいえ、その後何度も行きましたよ。 ホームステイもしたし。	아뇨, 그 후로도 몇 번이나 갔어요. 홈스테이도 했고요.
ミキ	そうなんですか。だから上手なんですね。 日本語はどうですか？ 難しいですか？	네, 그래서 능숙하군요. 일본어는 어때요. 어렵나요?
ミヌ	文法はいいんですが…。	문법은 괜찮은데….
ミキ	ですよね、文法は韓国語と似てますよね。 じゃ、難しいのは？	그렇죠. 문법은 한국어와 비슷하죠. 그럼 어려운 건요?
ミヌ	やっぱり、漢字です。	역시 한자예요.
ミキ	ですよね、やっぱり。 漢字がネックですよね。	아니나 다를까. 그렇군요. 한자가 난관이네요.
ミヌ	はい、ほんとに難しいです。	네, 정말 어려워요.
ミキ	ミヌさんは日本語の勉強をして何がしたいですか？	민우 씨는 일본어 공부해서 뭐 하고 싶어요?
ミヌ	僕の仕事は貿易関係なので、やはり仕事に生かしたいです。	제가 무역 관련 일을 하고 있으니 역시 일 쪽으로 살리고 싶어요.

ミキ	ミヌさんが日本人と初めて話した時どうでした？ 緊張しました？	민우 씨는 일본인과 처음 말을 했을 때 어땠어요? 긴장했나요?
ミヌ	もちろんです。ドキドキしました。	물론이죠. 두근두근했어요.
ミキ	うまく言えました？ 通じましたか？	잘 되던가요? 말이 통했어요?
ミヌ	全然通じませんでした。 だから、それから猛勉強したんです。	전혀 안 통했어요. 그래서 그때부터 이를 악물고 공부했죠.
ミキ	やっぱり、ミヌさんってすごいですね。 私の兄以外に日本の友達、たくさんいるんでしょう？	역시 민우 씨는 대단해요. 우리 오빠 말고도 일본 친구 많죠?

Words 謙遜(けんそん) 겸손 | きっかけ 계기 | 第二外国語(だいにがいこくご) 제2 외국어
本格的(ほんかくてき)に 본격적으로 | 自分(じぶん) 자신 | ほぼ 거의 | 独学(どくがく) 독학
ネック 애로, 난관 | 活(い)かす 살리다 | もちろん 물론 | 猛勉強(もうべんきょう) 맹렬한 공부

ミヌ	はい、ホームステイ先の方たちとも今も交流があるし。翔太くんのおかげで出会えた人もたくさんいるし。	네, 홈스테이한 곳 분들과도 지금까지도 교류하고 있고요. 쇼타 씨 덕분에 만난 사람도 많고요.
ミキ	いいですね。ところで、どうすれば日本語が上手になると思いますか？	좋네요. 그런데 어떡하면 일본어를 능숙하게 할 수 있다고 생각해요?
ミヌ	一番は聞くことかな。そして友達を作って、話して…。	가장 좋은 건 듣기죠. 그리고 친구를 사귀어서 말을 해 보고….
ミキ	やっぱり使うことですね。	역시 말을 많이 해 보는 거네요.

ミキ	ミヌさん、英語もできるんですか？	민우 씨는 영어도 잘해요?
ミヌ	ちょっとだけです。	조금요.
ミキ	うらやましいです。私はいくら勉強してもちんぷんかんぷんです。	부럽네요. 저는 아무리 공부해도 횡설수설하거든요.

ミキ	英語と日本語とどちらが難しいですか？	영어와 일본어 중에 어떤 게 더 어려워요?
ミヌ	英語のほうが難しいです。	영어가 어렵죠.
ミキ	ですね。英語と日本語以外で他に話せる言葉ってあるんですか？	그렇죠. 영어랑 일본어 말고 달리 할 줄 아는 외국어 있어요?
ミヌ	いいえ、ありません。	아뇨, 없어요.
ミキ	じゃ、今、他に習いたい言葉は？	그럼 지금 배우고 싶은 외국어는요?
ミヌ	うーん、中国語かな。	글쎄요, 중국어일까요.
ミキ	ミヌさんならすぐできるようになりますよ。	민우 씨라면 금방 할 수 있을 거예요.

Words　ホームステイ先(さき) 홈스테이처 ｜ 方(かた)たち 분들 ｜ ちんぷんかんぷん 횡설수설

연예계에 대한

Q86 テレビはよく見ますか?
TV는 자주 보세요?

TV를 켤 때는 テレビをつける, 끌 때는 テレビを消(け)す라고 하죠. 볼륨을 높일 때는 ボリュームを上(あ)げる, 낮출 때는 ボリュームを下(さ)げる라고 말합니다. 티브이(TV)라고 쓰긴 해도 발음할 때는 テレビ로 해요. TV 프로는 テレビ番組(ばんぐみ)라고 합니다.

A1 はい、よく見ます。 > 네, 자주 봐요.

A2 テレビはあまり見ません。 > TV는 별로 안 봐요.

A3 いいえ、テレビはなるべく見ないようにしています。
> 아뇨, TV는 웬만하면 안 보려고 하고 있어요.

> なるべくと できるだけ(될 수 있으면)랑 뜻이에요.

↳ へぇー、どうしてですか? > 어머, 왜 그래요?

A4 テレビでドラマを見るのが私の唯一の楽しみです。
> TV 드라마를 보는 것이 저의 유일한 즐거움이에요.

A5 休みの日は、一日中テレビを見ながらゴロゴロしてます。
> 쉬는 날에는 하루 종일 TV를 보면서 뒹굴뒹굴해요.

Words 消す 끄다 | ボリュームを上げる 볼륨을 높이다 | ボリュームを下げる 볼륨을 낮추다
テレビ番組 TV 프로그램 | 唯一 유일 | 楽しみ 즐거움 | 一日中 하루 종일
ゴロゴロする 뒹굴뒹굴하다

Q87 **毎日何時間ぐらい見るんですか？**
まいにちなん じ かん み

매일 몇 시간 정도 보나요?

평소 TV를 얼마나 보는지 ぜんぜん見ない(전혀 안 보다), めったに見ない(좀처럼 안 보다), たまに見る(가끔 보다), 時々(ときどき)見る(이따금 보다), つけっぱなし (틀어 놓은 채)로 말할 수 있어요.

A1 **平均2、3時間です。** > 평균 2, 3시간이에요.
へいきん に さん じ かん

A2 **好きなドラマだけ見ますから1時間ぐらいです。**
す いち じ かん
> 좋아하는 드라마만 보니까 1시간 정도예요.

A3 **朝、出勤の準備をしながら、ニュースだけ見ます。**
あさ しゅっきん じゅん び み
> 아침에 출근 준비를 하면서 뉴스만 봐요.

A4 **平日はほとんど見ませんが、休みの日はつけっぱなしです。**
やす
> 평일은 거의 못 보지만, 쉬는 날에는 계속 켜 놓고 있어요.

つけっぱなし　〜っぱなしは 계속해서 그 상태로 놓아둔다는 것으로 '〜한 채로'란 뜻이에요.

つける 켜다	つけっぱなし 켜 둔 채로
置(お)く 두다, 놓다	置きっぱなし 내버려 둔 채로
開(あ)ける 열다	開けっぱなし 열어 둔 채로
脱(ぬ)ぐ 벗다	脱ぎっぱなし 벗어 둔 채로
散(ち)らかす 어지르다	散らかしっぱなし 어지럽힌 채로

A5 **忙しくてテレビを見る時間もありません。**
いそが み じ かん
> 바빠서 TV를 볼 시간도 없어요.

Words　ぜんぜん 전혀 | めったに 좀처럼, 거의 | たまに 가끔 | 時々 이따금 | 平均 평균
出勤の準備をする 출근 준비를 하다 | ほとんど 거의 | 忙しい 바쁘다

Q88 どんな番組をよく見ますか？
어떤 프로그램을 자주 봐요?

프로그램은 番組라고 해요. 프로그램 편성표는 番組表(ばんぐみひょう)예요. チャンネル(채널), リモコン(리모컨)이란 단어도 있죠. 채널을 바꾸다, 리모컨을 누르다는 チャンネルを変(か)える, リモコンを押(お)す라고 합니다.

A1 ドラマが好きで毎日見ています。 > 드라마를 좋아해서 매일 봐요.

ドラマ バラエティ＝お笑(わら)い 코미디 | 料理番組(りょうりばんぐみ) 요리 프로 | ニュース 뉴스 ドキュメンタリー 다큐멘터리

A2 9時のニュースしか見ません。 > 9시 뉴스만 봐요.

A3 朝の連続ドラマを欠かさず見ています。
> 아침 연속극을 빼놓지 않고 보고 있어요.

> 朝の連続ドラマ를 줄여서 朝ドラ라고 해요.

欠かさず ず는 ない(않다)의 고어 형태로 회화에서도 많이 사용되는 말이에요.
·欠(か)かす 빠뜨리다 欠かさず 빠뜨리지 않고 | 慌(あわ)てる 당황하다 慌てず 당황하지 않고 焦(あせ)る 초조하게 굴다 焦らず 초조해하지 않고 | 食(た)べずぎらい 먹어 보지도 않고 싫어함 行(い)かずごけ 결혼 적령기를 넘기고도 결혼하지 않은 여성을 놀리는 말

> 직역하면 行かず(가지 않고) ごけ(과부)예요. 참고로 남는 売(う)れ残(のこ)り, 독신 独身(どくしん)과 같은 말입니다.

A4 何も考えずに楽しめるバラエティ番組が好きです。
> 아무 생각 않고 즐길 수 있는 코미디 프로를 좋아해요.

A5 チャンネル権は妻にあるので、妻が好きな番組を一緒に見ています。
> 채널권이 아내에게 있어서 아내가 좋아하는 프로그램을 함께 보고 있어요.

Words 番組 프로그램 | 番組表 프로그램 편성표 | **チャンネルを変える** 채널을 바꾸다 **リモコンを押す** 리모컨을 누르다 | 連続 연속 | 妻 아내 | 一緒に 함께, 같이

Q89 好きなタレントや俳優はいますか？
좋아하는 탤런트나 배우 있어요?

연예계는 タレント, 俳優(はいゆう), 女優(じょゆう), コメディアン, 子役(こやく), 主演(しゅえん), 助演(じょえん), 主役(しゅやく)＝主人公(しゅじんこう), 脇役(わきやく), 名脇役(めいわきやく), エキストラ 등 다양한 역할들의 집합체예요. 방송은 放送(ほうそう), 방송국은 放送局(ほうそうきょく), 생방송은 生放送(なまほうそう)라고 해요.

A1 好きなタレントは**イ・ソンミン**です。
> 좋아하는 탤런트는 이성민이에요.

A2 実は**マット・デイモン**の大ファンなんです。
> 실은 맷 데이먼의 광팬이에요.

↳ あ、私も知ってます。本当にかっこいいですよね。
> 아, 저도 알아요. 진짜 멋있죠?

A3 韓国ドラマ「応答せよ1994」に出ていた**コ・アラ**という女優が好きなタイプです。
> 한국 드라마 「응답하라 1994」에 나왔던 고아라라는 여배우가 좋아하는 타입이에요.

A4 あまり知られてはいませんが、「未生」のキム・デミョンという俳優が好きです。
> 별로 알려지지 않았지만, 「미생」의 김대명이라는 배우를 좋아해요.

知られていませんが 알려지지 않았다는 표현으로 배우에 대해 부가 설명을 할 때는 아래와 같은 표현을 써요.
韓国人なら誰(だれ)でも知っている俳優です。 한국 사람이라면 다 아는 배우예요.
昔(むかし)から有名(ゆうめい)な人です。 옛날부터 활동한 사람이에요.

Words タレント 탤런트 | 俳優 배우 | 女優 여배우 | コメディアン 코미디언 | 子役 아역배우
主演 주연 | 助演 조연 | 主役＝主人公 주인공 | 脇役 조연배우 | 名脇役 명품 조연배우
エキストラ 엑스트라 | 実は 실은 | かっこいい 멋있다 | 昔 옛날

Q90 芸能人(げいのうじん)に似(に)ていると言(い)われたことはありますか？

연예인과 닮았다는 소리를 들은 적이 있어요?

芸能人은 芸能界(げいのうかい)에서 활동하죠. 유명한 사람은 有名人(ゆうめいじん). セレブ가 있고 顔(かお)が売(う)れている라고 합니다. 유명하지 않은 사람은 一般(いっぱん)の人라고 해요.

A1 いいえ、一度(いちど)もありません。 > 아뇨, 한번도 없었어요.

A2 たまにイ・ミノに似(に)ていると言(い)われます。

> 가끔 이민호 닮았다는 소리를 들어요.

~に似ている 조사 ~を(~을/를)를 쓸 것 같은데, 예상을 깨고 ~に를 꼭 써야 하는 동사가 있어요.
似(に)る 닮다 ~に似ている ~를 닮았다 ǀ 会(あ)う 만나다 ~に会う ~를 만나다
乗(の)る 타다 ~に乗る ~를 타다

↳ 私(わたし)も昔(むかし)は上戸彩(うえとあや)に似(に)ているってよく言(い)われたんですけどね。

> 저도 옛날에는 우에토 아야 닮았단 소리를 듣기도 했어요.

A3 よく妻夫木聡(つまぶききさとし)に間違(まちが)えられます。

> 자주 쓰마부키 사토시로 오해를 받아요.

A4 私(わたし)はそう思(おも)わないんですが、松本潤(まつもとじゅん)にそっくりだと言(い)われます。

> 저는 그렇게 생각지 않지만, 마쓰모토 준 닮은꼴이라는 소리를 들어요.

Words 芸能人 연예인 ǀ 芸能界 예능계 ǀ 有名人 유명인 ǀ セレブ 돈 많은 유명인
顔が売れている 얼굴이 알려져 있다 ǀ 一般の人 일반인, 평범한 사람 ǀ 間違えられる 오해받다

Q91 **芸能人(げいのうじん)を見(み)たことがありますか？**
연예인 만나 본 적 있어요?

만남은 그 종류도 다양하죠. 会う, 出会(であ)う=偶然(ぐうぜん)会う, 出(で)くわす, すれ違(ちが)う, 通(とお)りすがりに会う, 遭遇(そうぐう)する 등으로 표현할 수 있어요. 여기서 주의사항! 누군가가 보고 싶을 때의 '보고 싶다'는 見(み)る를 써서 見たい라고 하지 않고 会いたい라고 한다는 걸 꼭 기억하세요.

A1 空港(くうこう)で一度(いちど)だけあります。 > 공항에서 한 번 있어요.

A2 残念(ざんねん)ですが、一度(いちど)もありません。 > 아쉽게도 한번도 없어요.

A3 街(まち)で通(とお)りすがりに、ちらっと見(み)かけたことがあります。
> 거리에서 지나가는 길에 슬쩍 본 적이 있어요.

A4 あります、あります。学校(がっこう)で秋祭(あきまつり)の時(とき)とか、ドラマの撮影(さつえい)の時(とき)とかに見(み)ました。
> 있어요, 있어요. 학교에서 가을 축제 때라든가 드라마 촬영할 때(라든가) 봤어요.

～とか～とか　～とか～とか(～라든가 ～라든가)는 병렬이나 열거를 나타낼 때 쓰는 말이에요. ～や～や～など
(～나～나 ～등), ～やら～やら(～와～와, ～며～며)도 의미는 비슷한데 형태가 약간 달라요.
学校で秋祭の時や、ドラマの撮影の時などに見ました。학교에서 가을 축제할 때나 드라마 촬영할 때 (등에) 봤어요.
学校で秋祭やら、ドラマの撮影やらで見ました。학교에서 가을 축제며, 드라마 촬영(이며)에서 봤어요.

A5 いいえ、ありません。 > 아뇨, 없어요.

Words　出会(であ)う=偶然(ぐうぜん)会う 우연히 만나다 ｜ 出(で)くわす 우연히 만나다, 만나고 싶지 않은데 우연히 만나다
すれ違(ちが)う 엇갈리다 ｜ 通(とお)りすがりに会う 지나가다가 만나다 ｜ 遭遇(そうぐう)する 조우하다 ｜ 残念(ざんねん)だ 아쉽다
秋祭(あきまつり) 가을 축제 ｜ 撮影(さつえい) 촬영

Q92 映画は好きですか？
영화를 좋아해요?

映画館に行くとチケットから끊어야죠. 자, 入(い)り口(ぐち)로 入場(にゅうじょう)를
해서 通路(つうろ)를 지나, 자기의 座席(ざせき)를 찾아 椅子(いす)에 앉아요. 이제
부터는 영화를 감상할 시간이에요. 영화를 보면서는 ポップコーン(팝콘), コーラー
(콜라), スルメ(오징어)를 먹죠. 영화의 끝을 알리는 エンドロール(엔드 롤)가 나오면
出口(でぐち)를 찾아 나가죠.

A1 はい、大好きです。 > 네, 아주 좋아해요.

A2 映画を見るのが私の趣味です。 > 영화를 보는 것이 저의 취미예요.

A3 昔はよく見ていましたが、最近は忙しくて見る時間がありません。
> 옛날에는 자주 봤는데, 요즘에는 바빠서 볼 시간이 없어요.

A4 好きです。メンズデーなどに一人で見に行ったりします。
> 좋아해요. 멘즈데이 같은 때 혼자서 보러 가기도 해요.

メンズデー 할인은 割引(わりびき)라고 해요. メンズデー는 특별히 남자만 割引해 주는 날이에요.
여자만 割引해 주는 날은 レディースデー라고 해요.
우리말의 조조할인은 따로 없고 サービスデー라고 정해진 날 割引되는 날이 있어요.

A5 はい、でも映画は映画館で見るより、家で見るほうが好きです。
> 네, 하지만 영화는 영화관에서 보는 것보다 집에서 보는 것을 좋아해요.

↳ 家で見るほうが楽ですもんね。 > 집에서 보는 것이 편하긴 하죠.

～もんね ～ものね와 같은 표현으로 もん은 자기의 의견을 상대에게 전달하고 ね는 동의를 나타내요.

Words 入り口 입구 | 入場 입장 | 通路 통로 | 座席 좌석 | 椅子 의자 | 出口 출구 | 楽だ 편하다

Q93 **どんなジャンルの映画(えいが)が好(す)きですか？**
어떤 장르의 영화를 좋아해요?

더빙은 吹(ふ)き替(か)えra고 합니다. 자막은 字幕(じまく)라고 하고요. 자막 읽기 귀찮으신 분은 吹き替えの方が楽！(더빙이 편해!)라고 하겠죠. 반대로 映画はオリジナル音声(おんせい)で見るもんだ！(영화는 오리지널 음성으로 보는 게 제맛이 쥐!) 하는 분도 계실 거예요. 영화 음악은 映画音楽(えいがおんがく), 主題曲(しゅだいきょく), オリジナルサウンドトラック라고 합니다.

A1 **ホラー映画(えいが)が好(す)きです。** > 공포 영화를 좋아해요.

ホラー映画 アクション映画 액션 영화 ｜ 犯罪(はんざい)映画 범죄 영화 ｜ SF映画 공상과학 영화
サスペンス映画 서스펜스 영화 ｜ ロマンティックな映画＝ロマンス 로맨틱 코미디 영화
時代劇(じだいげき) 시대극 ｜ 青春(せいしゅん)映画 청춘 영화 ｜ 実話(じつわ)映画 실화 영화

A2 **映画はやっぱりアクション映画ですね。**
> 영화는 역시 액션 영화지요.

A3 **映画ならなんでも好きですが、しいて言(い)えば感動的(かんどうてき)な映画かな。**
> 영화라면 뭐든 좋아하지만, 굳이 말하자면 감동적인 영화일까요.

↳ **私も泣(な)ける映画が大(だい)好(す)きです。** > 저도 눈물 나는 영화를 아주 좋아해요.

A4 **ジャンルに関係(かんけい)なく洋画(ようが)が好きです。洋画は吹(ふ)き替(か)えよりも、字幕(じまく)で見るほうがいいです。**
> 장르에 관계없이 서양 영화를 좋아해요. 서양 영화는 더빙보다도 자막으로 보는 것을 좋아해요.

Words 吹き替え 더빙 ｜ 字幕 자막 ｜ 音声 음성 ｜ 映画音楽 영화 음악 ｜ 主題曲 주제곡
オリジナルサウンドトラック 오리지널 사운드 트랙 ｜ なんでも 뭐든 ｜ 感動的だ 감동적이다
泣ける 울 수 있다 ｜ 洋画 양화, 서양 영화

Q94 さいきん、見た映画ありますか？
요즘에 본 영화 있어요?

영화는 흔히들 종합 예술이라고 하죠. 먼저 台本(だいほん), 즉 シナリオ가 준비되었나요? 본격적으로 영화를 만들 때 배우는 물론 監督(かんとく), 助監督(じょかんとく), 演出(えんしゅつ), 撮影監督(さつえいかんとく), 音楽監督(おんがくかんとく) 그리고 カメラマン, 照明(しょうめい) 등 많은 スタッフ의 도움이 필요하죠. 여러분은 最近、何か映画を見ましたか?(요즘 영화를 보셨나요?)

A1 はい、「ガーディアンズ・オブ・ギャラクシー」を見ました。
> 네, 「가디언즈 오브 갤럭시」를 봤어요.

A2 いいえ、最近は見ていません。 > 아뇨, 요즘 못 봤어요.

見ていません　영화를 보고 싶은 생각은 있지만 요즘 바쁘거나 시간이 없어서 못 봤다는 것을 의미합니다. 다른 예를 들면 ご飯、食べましたか?(밥, 먹었어요?)라고 질문을 했을 때 まだ、食べていません.(아직 안 먹었어요.)라고 하면 먹을 생각이 있는 것이므로, 상대는 じゃ、一緒に食べましょう.(그럼 같이 먹어요.)라고 할 거예요. 하지만 食べませんでした.(안 먹었어요.)라고 하면 먹을 생각이 없는 것이므로, どうして食べなかったんですか?(왜 안 먹었어요?)라고 밥을 안 먹은 이유를 물어볼 수도 있겠죠.

A3 何日か前に、友達と一緒に「はじまりのうた」を見ました。
> 며칠 전인가 친구와 함께 「비긴 어게인」을 봤어요.

↳ それ、今流行ってますよね。面白かったですか？
> 그 영화가 지금 유행하고 있죠. 재밌었어요?

A4 以前はよく見に行ったんですが、最近は全然見ていませんね。
> 전에는 자주 보러 갔는데, 요즘에는 전혀 못 봐요.

Words　台本 대본 ｜ シナリオ 시나리오 ｜ 監督 감독 ｜ 助監督 조감독 ｜ 演出 연출 ｜ 撮影監督 촬영 감독
音楽監督 음악 감독 ｜ カメラマン 카메라맨, 촬영 기사 ｜ 照明さん 조명 ｜ スタッフ 스태프
ガーディアンズ・オブ・ギャラクシー 가디언즈 오브 갤럭시 (원제:Guardians of the Galaxy)
はじまりのうた 시작의 노래 (원제: Begin Again) ｜ 以前 이전

Q95 **一番好きな映画は何ですか？**
いちばん す えい が なん

가장 좋아하는 영화는 뭐예요?

일본 영화는 邦画(ほうが)라고 하고, 해외 영화는 洋画(ようが)라고 해요. 구체적으로 말할 때는 韓国映画, 中国映画, ホンコン映画…처럼 나라 이름에 붙이면 돼요. 대사는 台詞(せりふ)라고 하고, 대사가 막히는 것은 台詞につまる, 대사를 씹는다 台詞を噛(か)む라고 합니다. 그럼 エヌジー(NG)가 나겠죠.

 A1 一番は「プライドと偏見」です。
いちばん へんけん

> 가장 좋아하는 것은 「오만과 편견」이에요.

 A2 「ハリー・ポッター」です。シリーズは全部見ました。
ぜん ぶ

> 「해리 포터」예요. 시리즈를 전부 봤어요.

 A3 私が見た映画の中では「アバター」が一番良かったです。
よ

> 제가 본 영화 중에서는 「아바타」가 가장 좋았어요.

 A4 一番好きな映画は「グッド・ウィル・ハンティング」です。
いちばん す えい が
私にとって人生のバイブルです。
じんせい

> 가장 좋아하는 영화는 「굿 월 헌팅」이에요. 저에게 있어 인생의 바이블이에요.

 A5 「ラブソングができるまで」です。何度見ても飽きません。
あ

> 「그 여자 작사 그 남자 작곡」이에요. 몇 번 봐도 질리지 않아요.

Words 邦画 방화 │ 洋画 양화, 서양 영화 │ 韓国映画 한국 영화 │ 中国映画 중국 영화 │ ホンコン映画 홍콩 영화
台詞 대사 │ つまる 막히다 │ 噛む 씹다 │ エヌジー 엔지 │ プライド 프라이드 │ 偏見 편견
良かった 좋았다 │ バイブル 바이블 │ 飽きる 질리다

Q96 音楽はよく聴きますか？
음악은 자주 들어요?

> 듣다라는 한자는 聞(き)く, 聴(き)く가 있는데, 일반적으로 듣는 것은 聞く를, 주의
> 깊게 귀를 기울이면서 들을 때는 聴く를 써요. 음악을 틀다는 音楽を流(なが)す, 音
> 楽をかける라고 해요. 音楽 대신 BGMを流す, BGMをかける라고도 합니다.

A1 よく**聴く**ほうです。> 자주 듣는 편이에요.

A2 あまり**聴き**ませんね。> 별로 안 들어요.

A3 **家事**をしながらいつも聴いていますよ。
> 집안일을 하면서 항상 듣고 있어요.

↳ BGMを**流し**ながら**家事をすると楽しく**できますね。
> BGM을 틀어 놓고 집안일을 하면 즐겁게 할 수 있죠.

A4 ええ、**大好き**です。**音楽**なしには**生**きられないくらいです。
> 네, 아주 좋아해요. 음악 없이는 살 수 없을 정도예요.

～なしには～ない ～なしには～ない(～없이는 ～없다)는 조건을 나타내는 표현으로 なし는 ない의 문어적
표현이에요. ～なしには의 には는 では로 바꿀 수 있어요.
あなたなしには生(い)きられない。너 없이는 살 수 없다.
キムチなしでは食べられない。김치 없이는 먹을 수 없다.
通訳(つうやく)なしにはわからない。통역 없이는 모른다.
涙(なみだ)なしには語(かた)れない。눈물 없이는 말할 수 없다.

Words 音楽を流す 음악이 흘러나오게 하다 | 音楽をかける 음악을 틀다 | 生きる 살다 | 生きられる 살 수 있다 | 語る 말하다 | 語れる 말할 수 있다

どんな音楽が好きですか？
어떤 음악을 좋아해요?

楽譜(がくふ)の音符(おんぷ)を俗語で♪(콩나물대가리)라고 하죠. 일본에서는 올챙이에 비유해서 おたまじゃくし라고 해요. 한 곡이 완성되려면 歌詞(かし), 作曲(さっきょく)가 있어야겠죠. 또 曲(きょく)のサビ＝曲の山場(やまば)가 중요해요. 曲のサビがいいね.(곡의 클라이맥스가 좋네.)란 소리를 들어야 히트를 치죠.

A1
気分がよくなるような音楽です。
> 기분을 좋게 하는 음악이요.

気分がよくなるような音楽 テンポが速(はや)い音楽 템포가 빠른 음악
静(しず)かな音楽 조용한 음악

A2
気持ちが落ち着くのでクラシック音楽が好きです。
> 마음이 차분해지니까 클래식 음악을 좋아해요.

> 気持ちが落ち着く에서 気持ち는 心(こころ)로 바꿀 수 있어요.

A3
むしゃくしゃするときにロックをよく聴きます。
> 기분이 꿀꿀할 때 록 음악을 즐겨 들어요.

A4
若いのにめずらしいと言われるんですが、私は演歌が好きです。
> 다들 젊은 사람답지 않다고 하지만, 저는 트로트가 좋아요.

↳ **本当、渋いですね。** > 정말 취향이 소박하네요.

> 渋い에는 '떫다, 수수하다, 소박하다'란 의미가 있어요. 渋いですね는 일반적이지 않으면서도 전문적인 느낌이 드는 단어예요.

Words 楽譜 악보 | 音符 음표 | おたまじゃくし 올챙이, 콩나물대가리(♪) | 歌詞 가사 | 作曲 작곡
曲のサビ＝曲の山場 클라이맥스 | 気分がよくなる 기분이 좋아지다 | 気持ちが落ち着く 마음이 안정되다
むしゃくしゃする 기분이 언짢다, 마음이 개운치 않다 | 若い 젊다 | めずらしい 드물다, 이상하다

Q98
好きな歌手はいますか？
좋아하는 가수 있어요?

좋아하는 가수가 생기면 ファン(팬), 大ファン(광팬)이 되고, 그 가수를 쫓아다니게 되면 追っかけ한다고 하죠. 追っかける하는 사람은 ミーハー라고 불러요. 여러분은 デビュー(데뷔)할 때부터 좋아한 가수 있나요?

A1 ビックバーンです。 > 빅뱅이에요.

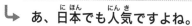

↳ **あ、日本でも人気ですよね。**
> 아, 일본에서도 인기가 있죠.

A2 ちょっと前の人ですけど、**イ・ムンセです。**
> 좀 옛날 사람이긴 한데 이문세예요.

A3 **東方神起の大ファンで、**今でも追っかけをしてます。
> 동방신기의 광팬으로 지금도 쫓아다니고 있어요.

追っかけ　追っかける는 追(お)い 쫓아, 駆(か)ける 달려가다로, 연예인이 등장하면 팬들이 막 쫓아가는 모습을 연상하면 追っかけ의 의미가 짐작될 거예요.

A4 特にはいないですね。 > 특별히 없어요.

Words　追っかける 뒤쫓다 | ミーハー 극성팬 | 追う 쫓다 | 駆ける 달려가다

Q99 コンサートに行^いったことはあるんですか？
콘서트에 가 본 적이 있어요?

招待券(しょうたいけん)이 생기거나, 직접 티켓을 구입하거나, 혹은 표가 売(う)り切(き)れ되어 やみ切符(きっぷ)라도 사서 コンサート에 가 본 적이 있나요? 指定席(していせき)였나요? 아니면 立見席(たちみせき)였나요? 그때 ゲスト는 누가 나왔나요?

A1 キム・クァンソクのコンサートに行^いったことがあります。
> 김광석 콘서트에 간 적이 있어요.

A2 もちろんです。来月^{らいげつ}も行^いく予定^{よてい}なんです。
> 물론이죠. 다음 달에도 갈 예정이에요.

A3 ありませんが、イム・ジェボムのコンサートには一度行^{いちどい}ってみたいと思っています。
> 없지만, 임재범 콘서트에는 한 번 가 보고 싶어요.

 じゃ、今度一緒^{こんどいっしょ}に行^いきましょうか？ > 그럼, 언제 함께 갈까요？

今度 이 문장의 今度는 いつか(언젠가)라는 뜻으로, 그 외에도 '이번, 금번'이란 뜻이 있어요. 함께 알아 두면 좋을 단어로 次(つぎ)라는 말이 있는데, 次는 그야말로 '다음'을 말해요. 만약 월요일에 약속할 때 今度の日曜日に会いましょう. 라고 하면 '그 주의 일요일'을, 次の日曜日に会いましょう. 라고 하면 바로 '그 다음 주의 일요일'을 의미해요. 약속 잡을 때 주의하세요!

Words   招待券 초대권 | 売り切れ 매진 | やみ切符 암표 | 指定席 지정석 | 立見席 입석 | ゲスト 게스트
もちろん 물론 | 来月 다음 달 | 予定 예정

Real Life conversation

"연예계"에 대한 즉문즉답
실전회화트레이닝

민우와 미키의 연예계 이야기

ミキ	私、テレビっ子でテレビ大好きなんですけど、ミヌさんはテレビよく見るんですか？	저는요, TV 좋아하는 TV광인데 민우 씨는 자주 보나요?
ミヌ	あまり見ないほうです。最近はもっぱらスマホですかね。	별로 안 보는 편이에요. 요즘은 오로지 스마트폰뿐이네요.
ミキ	スマホ、便利ですよね。じゃ、テレビは全然見ないんですか？	스마트폰, 정말 편리하죠. 그럼 TV는 전혀 안 보세요?
ミヌ	そういうわけではないですよ。家族と一緒にドラマやバラエティ見たりしますよ。	그건 아녜요. 가족과 함께 드라마나 코미디 프로를 보기도 해요.
ミキ	どんなドラマをよく見るんですか？	어떤 드라마를 자주 봐요?
ミヌ	僕は日本のドラマをけっこうよく見ます。	저는 일본 드라마를 자주 봐요.
ミキ	日本の好きなタレントとか俳優はいるんですか？	좋아하는 일본 탤런트나 배우가 있나요?
ミヌ	そうですね、オダギリジョーです。	글쎄, 오다기리 조요.
ミキ	あ、知ってます。最近ドラマに出てた人ですよね。ミヌさんは、オダギリジョーに雰囲気が似てますね。言われたことないですか？	어머, 알아요. 최근에 드라마에 나왔었죠? 민우 씨가 오다기리 조랑 분위기가 비슷해요. 그런 말 안 들어 봤어요?
ミヌ	いいえ、初めてです。でも、うれしいですね。	아뇨, 처음이에요. 하지만 기쁜데요.
ミキ	ソウルに住んでたら、芸能人に会うこともあるんじゃないですか？	서울에 살면 연예인을 보거나 하지 않나요?
ミヌ	ええ、何度かありますよ。撮影現場に出くわして、そこで見ました。	네, 몇 번인가 있었어요. 우연히 촬영 현장을 지나다 거기서 봤어요.
ミキ	そうなんですか。うらやましい！	그래요? 부러워요!

Words もっぱら 오로지, 한결같이 | 便利(べんり)だ 편리하다 | けっこう 꽤 | 出(で)くわす 만나다, 맞닥뜨리다
うらやましい 부럽다

ミキ	ミヌさん… 映画好きですか？	민우 씨, 영화 좋아해요?
ミヌ	はい、好きですよ。	네, 좋아해요.
ミキ	どんなジャンルの映画が好きなんですか？	어떤 장르의 영화를 좋아해요?
ミヌ	アクションかな！	액션이요!
ミキ	最近、何か見ましたか？	요즘 뭐 본 거 있어요?
ミヌ	いいえ、最近は見てないですね。	아뇨, 요즘은 본 게 없네요.
ミキ	私が今まで見た中で一番好きな映画は「ラブソングができるまで」なんですけど、ミヌさんは？	저는 지금까지 본 영화 중에서 「그 남자 작곡 그 여자 작사」를 가장 좋아하는데, 민우 씨는 요?
ミヌ	僕はスキージャンプの話を描いた「国家代表」です。	저는 스키점프 이야기를 그린 「국가대표」예요.
ミキ	スポーツ好きのミヌさんらしいですね。	역시 스포츠를 좋아하는 민우 씨답군요.

ミキ	ミヌさんは音楽よく聴きますか？	민우 씨는 음악 자주 들어요?
ミヌ	いつもMP3で聴いてます。	항상 MP3로 듣고 있어요.
ミキ	ああ、どんな音楽を聴いてるんですか？	아, 네. 어떤 음악을 들어요?
ミヌ	ポップスが多いです。 K-ポップも聴くしJ-ポップも聴きますよ。	팝이 많아요. K팝도 J팝도 자주 들어요.
ミキ	好きな歌手は誰ですか？	좋아하는 가수는 누구예요?
ミヌ	イ・スンファンです。	이승환이에요.
ミキ	ヘェ。 じゃ、コンサートとか行ったりしましたか？	그래요? 그럼 콘서트에 가기도 해요?
ミヌ	行ってみたいとは思うんですが、なかなか機会がないですね。	가고는 싶지만 좀처럼 기회가 없네요.
ミキ	ミヌさん、忙しいですもんね。	민우 씨는 바쁘니까 그렇죠.

Words　ラブソングができるまで 러브송이 완성되기까지　┃　描(えが)く 그리다

스포츠에 대한

Q100

スポーツは好(す)きですか？
운동 좋아해요?

> スポーツ, 運動 좋아하세요? 좋고 싫음의 반대말을 좀 살펴 보면 好(す)きだ ↔ 嫌(きら)いだ, 上手(じょうず)だ ↔ 下手(へた)だ, 得意(とくい)だ ↔ 苦手(にがて)だ가 있어요. 여기서 苦手だ에는 '잘 못하다'와 '잘 못 먹다'라는 두 가지 뜻이 있답니다.

A1 はい、好(す)きです。 > 네, 좋아해요.

A2 いいえ、運動(うんどう)は苦手(にがて)なんです。 > 아뇨, 운동은 못해요.

A3 スポーツは見(み)るのもするのもどちらも好きです。
> 스포츠는 보는 것 하는 것 둘 다 좋아해요.

A4 もともと体(からだ)を動(うご)かすのが好きなので、スポーツは大好(だいす)きです。
> 원래 몸을 움직이는 것을 좋아해서 스포츠를 아주 좋아해요.

↳ そうですね。体育会系(たいいくかいけい)って感(かん)じですよね。
> 그래요. 체육인 같은 느낌이 있어요.

体育会系 운동의 절정은 筋肉(근육)! 근육 많은 사람은 筋肉マン(근육맨), マッチョ(몸짱), ムキムキマン (울퉁불퉁 근육질의 남자)이라고 해요.

Words   スポーツ 스포츠 | 運動 운동 | 好きだ 좋아하다 | 嫌いだ 싫어하다 | 上手だ 잘하다 | 下手だ 못 하다
得意だ 자신 있다 | 苦手だ 잘 못하다, 잘 못 먹다 | 体を動かす 몸을 움직이다 | 体育会系 운동부

Q101 **得意なスポーツは何ですか？**
とく い   なん

특별히 잘하는 운동은 뭐예요?

운동은 타고 나지 않나요? 운동을 잘하면 運動が得意だ(운동을 잘하다), 運動神
経がいい(운동신경이 좋다), スポーツマン(스포츠맨) 등의 표현을 쓰고, 반대는
運動神経が悪い(운동신경이 나쁘다)라고 하죠.

A1 すいえい
水泳です。 > 수영이요.

水泳 サッカー 축구 | 野球(やきゅう) 야구 | バスケットボール 농구 | バレーボール 배구
柔道(じゅうどう) 유도 | ボクシング 복싱 | 水泳 수영 | スキー 스키
空手(からて) 가라테 | ダンス 댄스 | ベリーダンス 밸리 댄스 | 陸上(りくじょう) 육상
テニス 테니스 | テコンドー 태권도 | 相撲(すもう) 스모

A2 こども   ごろ
サッカーですね。子供の頃からしてます。
> 축구예요. 어릴 때부터 했어요.

A3 きゅう ぎ   なん
球技スポーツなら何でもできます。 > 구기 종목이라면 뭐든 잘해요.

↳ **それはすごいですね。** > 그거 대단하네요.

A4 がくせい   ごろ   じゅうどう   いま じゅうどう ご だん
学生の頃から柔道をしていて、今は柔道五段です。
> 학창 시절부터 유도를 해서 지금은 유도 5단이에요.

A5   うんどうしんけい   にが て
ないです。私は運動神経ゼロなので、すべて苦手です。
> 없어요. 저는 운동신경이 제로라서 다 못해요.

Words 球技 구기 | すごい 대단하다 | ゼロ 제로

Q102 普段、何か運動しているんですか？
평소에 하는 운동 있어요?

요즘 현대인들은 다이어트 안 해 본 사람이 거의 없을 거예요. 여러분만의 다이어트 方法(ほうほう)나 やり方(かた)가 궁금하네요. 短期間(たんきかん)다이어트로 성공한 사람은 거의 60% 이상이 리바운드를 경험한대요. 다이어트의 薬(くすり)에 의존하지 말고 운동과 식사 조절로 건강한 다이어트를 하도록 해요.

A1 いつもストレッチをしています。
> 항상 스트레칭을 하고 있어요.

A2 休みの日に自転車に乗っています。
> 휴일에 자전거를 타고 있어요.

A3 エレベーターに乗らないで階段を使うようにしています。
> 엘리베이터를 타지 않고 계단을 이용하려고 하고 있어요.

A4 近いところは車を使わず、歩いていくようにしています。
> 가까운 곳은 차를 이용하지 않고 걸어가려고 하고 있어요.

A5 太らないように毎日腹筋運動を50回ずつしています。
> 살이 찌지 않게 매일 윗몸일으키기를 50회씩 하고 있어요.

腹筋運動	腕立(うでた)て伏(ふ)せ 팔굽혀펴기 ｜ 逆立(さかだ)ち 물구나무서기
ダイエット	忙(いそが)しい 바쁘다 ｜ 運動不足(うんどうぶそく) 운동 부족
	おなかが出(で)てくる 배가 나오다 ｜ 三段腹(さんだんばら) 배가 세 겹으로 접히는 것
	体(からだ)がなまる 몸이 둔해지다 ｜ 動(うご)けなくなる 못 움직이게 되다
	太(ふと)る 살찌다 ｜ 体重(たいじゅう)を量(はか)る 체중을 재다
	体重が増(ふ)える 체중이 늘다 ｜ 衝撃(しょうげき)を受(う)ける 충격을 받다
	ダイエットする 다이어트 하다 ｜ 体重が減(へ)る 체중이 줄다 ｜ やせる 마르다

Words ダイエット方法 다이어트 방법 ｜ **やり方** 하는 방법 ｜ **短期間** 단기간 ｜ **リバウンド** 요요현상
階段 계단 ｜ 使う 사용하다

Q103 うんどう
運動はどのくらいしているんですか？
운동은 얼마나 해요?

헬스는 일본어로 표현하면 ヘルス라고 해서 매춘 업소 같은 곳을 의미해요. 따라서 헬스장은 ジム, スポーツジム, スポーツクラブ라고 하는 게 좋아요. 스포츠 센터에 카드로 등록할 때는 一括払(いっかつばら)い 혹은 分割払(ぶんかつばら)い하죠. 그런데 한꺼번에 결제하면 꼭 解約(かいやく)해야 할 일이 생겨요^^;;

A1 しゅうみっか
週三日、ジムに通っています。 > 주 3일, 스포츠 센터에 다니고 있어요.
かよ

A2 まいあさ
毎朝、3キロほどジョギングしています。
> 매일 아침 3킬로 정도 조깅하고 있어요.

A3 へいじつ じかん しゅうまつ やまのぼ
平日は時間がないから、週末にはなるべく山登りをすること
にしています。
> 평일엔 시간이 없어서 주말에 등산을 하고 있어요.

↳ ちか やま
ソウルは近くに山があって山登りにいいですね。
> 서울은 근처에 산이 있어서 등산하기 좋네요.

A4 うんどう おも しごと お
運動しなければと思いつつも、仕事に追われてなかなかでき
ません。
> 운동을 해야지 하면서도 일에 쫓겨 좀처럼 못 해요.

누군가를 쫓을 때 追(お)う, 쫓길 때는 追われる를 써요.

思いつつも　〜つつも는 '〜하면서, 〜하고 있지만, 〜면서도'의 의미로 〜ながらも와 같은 의미예요.
思いつつも는 思いながらも, 思ってはいても로 바꿀 수 있어요.

Words　一括払い 일시불 | 分割払い 할부 | 解約 해약 | 通う 다니다 | ジョギングする 조깅하다
平日 평일 | なるべく 되도록 | 山登り 등산 | 追う 쫓다

Q104 水泳はできますか？
すいえい
수영할 수 있어요?

처음 수영을 배울 때는 呼吸(こきゅう)를 먼저 배우고 ビート板(ばん)을 잡고
バタ足(あし)練習(れんしゅう)를 하죠. 본격적인 수영은 自由形(じゆうがた)
＝クロール, 背泳(せおよ)ぎ, 平泳(ひらおよ)ぎ, バタフライ 순으로 배우게 되
고요.

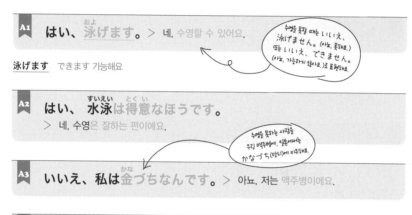

A1 はい、泳げます。 > 네, 수영할 수 있어요.
およ

수영을 못할 α때는 いいえ、
泳げません。(아뇨, 못해요.)
또는 いいえ、できません。
(아뇨, 가능하지 않아요.)로 표현해요.

泳げます できます 가능해요

A2 はい、水泳は得意なほうです。
すいえい　とくい
> 네, 수영은 잘하는 편이에요.

수영을 못하는 사람을
우린 맥주병에, 일본에서는
かなづち(망치)에 비유해요.

A3 いいえ、私は金づちなんです。 > 아뇨, 저는 맥주병이에요.
かな

A4 始めたばかりで今、泳ぎ方を習っています。
はじ　　　　　いま　およ　かた　なら
> 막 시작해서 지금 수영하는 법을 배우고 있어요.

泳ぎ方 ～方(かた)는 '～하는 법'이란 뜻으로 써요.
泳(およ)ぐ 수영하다　泳ぎ方 수영하는 법 │ 使(つか)う 사용하다　使い方 사용하는 법
食(た)べる 먹다　　食べ方 먹는 법 │ 作(つく)る 만들다　　作り方 만드는 법

A5 私は田舎育ちで、夏は毎日、川で泳いでいましたから自信が
いなか そだ　　　なつ　まいにち　かわ　およ　　　　　　　　じ しん
あります。
> 저는 시골 출신이라 여름이면 매일 강에서 수영했기 때문에 자신이 있어요.

Words 呼吸 호흡 │ ビート板 킥판 │ バタ足練習 발차기 연습 │ 自由形＝クロール 자유영 │ 背泳ぎ 배영
平泳ぎ 평영 │ バタフライ 접영 │ 泳ぐ 수영하다 │ 得意だ 잘하다 │ 金づち 망치 │ 始める 시작하다
～たばかりだ 막 ～하기 시작하다 │ 習う 배우다 │ 田舎育ち 시골에서 자람 │ 川 강 │ 自信 자신

Q105 **山登（やまのぼ）りは好（す）きですか？**
등산은 좋아해요?

山（やま）に登（のぼ）る를 명사로 말하면 山登（やまのぼ）り, 登山（とざん）이라고 해요. 암벽을 오르면 ロッククライミング라고 하죠. 일본은 頂上（ちょうじょう）까지의 등산길을 1合目（いちごうめ）, 2合目…10合目까지 ～合目（～부 능선）로 나눠요. 산장은 山小屋（やまごや）, 산사나이는 山男（やまおとこ）라고 해요.

A1 **はい、好（す）きです。** ＞ 네, 좋아해요.

A2 **はい、好（す）きで、よく山（やま）に登（のぼ）ります。** ＞ 네, 좋아해서, 자주 산에 올라가요.

A3 **近（ちか）くに山（やま）があるので、健康（けんこう）のためにしょっちゅう登（のぼ）っています。**
＞ 가까이에 산이 있어서 건강을 위해 늘 올라가요.

～ために　～ために는 '～위해서'로 목적을 나타내요.
　　　　　生（い）きる 살다　　　生きるために食（た）べています。 살기 위해서 먹어요.
　　　　　就職（しゅうしょく） 취직　就職のために資格（しかく）を取（と）ります。 취직하기 위해서 자격증을 따요.

A4 **はい、山登（やまのぼ）りが大好（だいす）きです。特（とく）に夏山（なつやま）の登山（とざん）は最高（さいこう）ですよ。**
＞ 네, 등산을 아주 좋아해요. 특히 여름 등산은 최고랍니다.

↳ **登山（とざん）はいいですが、気（き）をつけてくださいね。**
＞ 등산이 좋지만, 조심해서 다니세요.

A5 **山（やま）は好（す）きですが、登（のぼ）るのはちょっと…。**
＞ 산은 좋아하지만 올라가는 것은 좀 그래요.

Words　ロッククライミング 암벽 | 頂上（ちょうじょう） 정상 | ～合目 ～부 능선 | しょっちゅう 늘, 언제나
資格（しかく）を取（と）る 자격증을 따다 | 夏山（なつやま） 여름 산 | 最高（さいこう）だ 최고다 | 気（き）をつける 조심하다

Q106 自転車には乗れますか？
자전거 탈 수 있어요?

자전거는 自転車に乗る로 조사 に를 써요. 장애물이 있으면 チャリンチャリン
とベルを鳴(な)らすから(따르릉따르릉 벨을 울리므로), 자전거를 チャリンコ＝
チャリ라고 하죠. 앞에 바구니 달린 ママチャリ, 등산용인 マウンテンバイク
도 있어요.

A1 はい、乗れます。> 네. 탈 수 있어요.

A2 いいえ、乗れません。> 아뇨, 못 타요.

A3 私は怖がりで、とても自転車は乗れません。
> 저는 겁이 많아서 도저히 자전거는 못 타겠어요.

A4 必要に迫られ、練習してやっと乗れるようになりました。
> 부득이하게 필요한 바람에 연습해서 겨우 탈 수 있게 되었어요.

必要に迫られ 必要に迫られる는 '꼭 해야만 하는 상황이 되다'라는 말로 迫る(강요하다)는 수동형 迫られる(강
요를 당하다, 재촉을 당하다)를 더 자주 써요.
結婚(けっこん)しようと恋人(こいびと)に迫られました。결혼하자고 애인이 졸라댔어요.
保険(ほけん)に入(はい)ってほしいと友達(ともだち)に迫れました。
보험에 들어 달라고 친구에게 시달렸어요.

切羽詰れば、何でもできるんですね。
> 급하면 다 되는 건가 봐요.

Words チャリンチャリン 따르릉따르릉 ｜ ベルを鳴らす 벨을 울리다 ｜ ママチャリ 장바구니 달린 자전거
マウンテンバイク 산악자전거 ｜ 怖がり 겁쟁이 ｜ 恋人 애인 ｜ 保険に入る 보험에 들다
切羽詰れる 궁지에 몰리다, 막다르다

Q107

ダンスは上手（じょうず）ですか？
춤은 잘 춰요?

ダンス(dance)는 社交(しゃこう)ダンス, モダンダンス, クラシックダンス 등이 있어요. 춤은 踊(おど)り, 춤을 추다는 踊(おど)りを踊(おど)る라고 해요. 춤을 잘 추려면 リズムを 잘 타야겠죠. 리듬을 타다는 リズムに乗(の)る, 리듬에 맞춰 춤을 추다는 リズムに合(あ)わせて踊る, 스텝을 밟다는 ステップを踏(ふ)む, 3박자는 三拍子(さんびょうし)라고 합니다.

A1 ダンスは全然（ぜんぜん）ダメです。 > 춤은 전혀 못 춰요.

A2 はい、ダンスなら任（まか）せてください。 > 네, 춤이라면 자신 있어요.

> ダンスなら任せて ください(춤이라면 맡겨 주세요)는 좋이라면 밀고 맡겨도 좋을 정도로 자신 있다는 표현이에요.

A3 私は韓国舞踊（かんこくぶよう）を嗜（たしな）んでいます。
> 저는 한국 무용에 취미를 붙이는 중이에요.

嗜む 嗜(たしな)む는 '즐기다, 취미를 붙이다'라는 의미로 踊りを嗜む(춤에 취미를 붙이다), お茶を嗜む(차에 취미를 붙이다) 등으로 써요.

A4 上手というわけではありませんが、音楽（おんがく）を聞（き）くと自然（しぜん）に体（からだ）が動（うご）き出（だ）します。
> 잘하는 건 아니지만, 음악을 들으면 자연스럽게 몸이 움직이기 시작해요.

動き出す 〜出すは '〜하기 시작하다'라는 뜻으로 복합동사를 만들어 줘요.
急(きゅう)に雨が降(ふ)り出しました。 갑자기 비가 내리기 시작했어요.
子供が急に泣(な)き出しました。 아이가 갑자기 울기 시작했어요.

A5 ダンスを見るのは好きなんですが、やるのはちょっと…。
> 춤을 보는 건 좋아하는데 추는 건 좀 자신 없어요.

Words 社交ダンス 사교 댄스 | モダンダンス 모던 댄스 | クラシックダンス 클래식 댄스 | 乗る 타다
合わせる 맞추다 | 踏む 밟다 | 任せる 맡기다 | お茶 차 | 降り出す 내리기 시작하다
泣き出す 울기 시작하다

Q108 好きな野球チームがありますか？
좋아하는 야구 팀 있어요?

야구를 하다는 野球をやる 또는 する를 써요. 야구를 하려면 監督(かんとく), 選手(せんしゅ), 즉 ボールを投(な)げる投手(とうしゅ), ボールをつかむ捕手(ほしゅ)＝キャッチャー, ボールを打(う)つ打者(だしゃ), 守備(しゅび)をする守備(しゅび)가 필요하죠. 1회 초는 一回(いっかい)の表(おもて), 1회 말은 一回の裏(うら)라고 해요. 여러분의 좋아하는 야구 팀은 어디예요?(좋아하는 야구 팀은 어디예요?)

A1 昔からLGの大ファンなんです。 ＞ 옛날부터 LG 광팬이에요.

↳ 野球がそんなに好きだったなんて知りませんでした。
＞ 야구를 그렇게 좋아하는지 몰랐어요.

A2 KIAのファンです。地元のチームなので。
＞ 기아 팬이에요. 고향 팀이라서요.

地元　地元는 유년 시절을 보냈던 곳, 故郷(こきょう)는 태어나서 산 곳, 出身地(しゅっしんち)는 부모님의 고향을 말해요.

A3 いいえ、特にありません。私は野球よりサッカーのほうが好きです。
＞ 아뇨, 특별히 없어요. 저는 야구보다는 축구를 더 좋아해요.

A4 特別に応援しているチームはなくて、いつも負けているほうを応援しています。
＞ 특별히 응원하는 팀은 없고 항상 지고 있는 팀을 응원하고 있어요.

負ける　負(ま)ける 지다 ｜ 負け 짐 ｜ 勝(か)つ 이기다 ｜ 勝ち 이김 ｜ 引(ひ)き分(わ)ける 비기다
引き分け 비김 ｜ 逆転負(ぎゃくてんま)け 역전패 ｜ 逆転勝(ぎゃくてんが)ち 역전승

Words　野球をやる 야구를 하다 ｜ 監督 감독 ｜ 選手 선수 ｜ ボールを投げる 볼을 던지다
ボールをつかむ 볼을 잡다 ｜ キャッチャー 포수 ｜ ボールを打つ 볼을 치다 ｜ 打者 타자
守備をする 수비를 하다 ｜ 守備 수비수 ｜ 一回 1회 ｜ 表 초 ｜ 裏 말 ｜ 知る 알다
応援する 응원하다 ｜ 負ける 지다

Q109 じゃ、スタジアムで観戦（かんせん）したことがありますか？
그럼 경기장에서 관전한 적 있어요?

흔히 야구의 1점 승부에서 가장 재미있는 스코어는 8：7(はちたいなな)라고 합니다. 하지만 역시 지고 있다가 역전으로 이기는 것, 그것도 9回裏(きゅうかいうら), ツーアウト 상황에서 逆転(ぎゃくてん)サヨナラ２ランホームラン 이라면 정말 짜릿하겠죠?

A1 はい、たまに行（い）きます。 > 네, 가끔 가요.

A2 はい、週末（しゅうまつ）に家族（かぞく）そろってお出（で）かけがてら見（み）に行（い）ってきました。
> 네, 주말에 가족과 함께 나들이할 겸 보러 갔어요.

お出かけ 散歩(さんぽ) 산책 ｜ 買(か)い物(もの) 장보기, 쇼핑 ｜ 仕事(しごと) 일

～がてら ～がてら는 '~겸'이란 뜻으로 ~を兼(か)ねて, ~かたがた와 거의 같아요.
비슷한 말로 ~ついでに(~김에)가 있는데 이 말은 '그 기회를 이용해서' 한다는 느낌을 줍니다.
お出かけを兼ねて、見に行ってきました。 외출을 겸해 보러 갔다 왔어요.
お出かけかたがた、見に行ってきました。 외출할 겸 보러 갔다 왔어요.
お出かけしたついでに、見て来ました。 외출한 김에 보고 왔어요.

↳ 家族（かぞく）でお出（で）かけ、いいですね。 > 가족끼리 나들이, 좋네요.

A3 いいえ、行（い）きたいけど、なかなか時間（じかん）が取（と）れないんです。
> 아뇨, 가고는 싶은데 좀처럼 시간을 내기 힘드네요.

A4 はい。テレビで見（み）るのとは迫力（はくりょく）がぜんぜん違（ちが）いますよ。
> 네, TV로 보는 것과는 박진감이 전혀 달라요.

Words 観戦する 관전하다 ｜ 9回裏 9회 말 ｜ ツーアウト 투아웃 ｜ 逆転サヨナラ２ランホームラン 역전 끝내기 투런홈런 ｜ たまに 가끔 ｜ 出かけ 외출 ｜ 迫力 박력 ｜ ぜんぜん 전혀 ｜ 違う 다르다

Real Life conversation

"스포츠"에 대한 즉문즉답
실전회화트레이닝

민우와 미키의 스포츠 이야기

ミキ	スポーツは好きですか?	운동 좋아해요?
ミヌ	はい、好きです。 私は体を動かすのが大好きです。	네, 좋아해요. 저는 몸을 움직이는 걸 아주 좋아해요.
ミキ	そうですね。体育会系って感じですよね。	그래요, 체육인 같은 느낌이 있어요.
ミキ	じゃ、得意なスポーツは何なんですか?	그럼 잘하는 운동은 뭐예요?
ミヌ	サッカーです。 子供の頃からずっとしています。	축구예요. 어렸을 때부터 쭉 해 왔어요.
ミキ	サッカーやってたんですか? ポジションはどこなんですか?	축구를 했군요. 포지션이 뭐예요?
ミヌ	フォワードです。	공격수예요.
ミキ	サッカーしてるから、運動不足とかはないと思いますが、他に何かしていることがありますか?	축구를 한다니 운동 부족일 리는 없겠지만, 다른 운동 하는 거 있어요?
ミヌ	休みの日でも、体がなまらないようにストレッチをしています。	쉬는 날에도 몸이 굳지 않도록 스트레칭을 하고 있어요.
ミキ	すごい。頑張ってますね。	대단하네요. 열심이시군요.

Words 体(からだ)を動(うご)かす 몸을 움직이다 | なまる 무디어지다, 아둔해지다

ミキ	サッカーは一週間にどのくらいしてるんですか?	축구는 일주일에 얼마나 하나요?	
ミヌ	サッカーチームに入っているので、毎週日曜日の午後、練習があります。	축구 팀에 들어 있어서, 매주 일요일 오후에 연습이 있어요.	
ミキ	大変ですね。	힘들겠네요.	
ミキ	ところでミヌさんは水泳はできるんですか?	그건 그렇고 민우 씨 수영은 잘해요?	
ミヌ	いいえ、僕は全然泳げないんですよ。水が怖くて。	아뇨, 전혀 못해요. 물을 무서워해서요.	
ミキ	あら、意外ですね。	어머! 의외네요.	
ミキ	山登りはどうですか? よく行くんですか?	등산은 어때요? 자주 가요?	
ミヌ	一ヶ月に2回ほど行きます。	한 달에 2번 정도는 가요.	
ミキ	そうなんですか。私も韓国の山に登ってみたいです。	그렇구나. 저도 한국 산에 올라가 보고 싶어요.	
ミキ	最近、自転車に乗る人が増えていますが、ミヌさん、自転車に乗れますか?	요즘 자전거 타는 사람들이 많아졌는데 민우 씨는 자전거 탈 수 있어요?	
ミヌ	自転車なら任せてください。この間、新しいマウンテンバイクを買ったんですよ。	자전거라면 잘 타죠. 며칠 전에 새로 산악자전거를 샀어요.	
ミキ	いいですね。高かったでしょう?	멋지네요. 돈 좀 썼겠는데요?	

ミキ	ミヌさんは運動が得意だから、ダンスも上手なんでしょう？	민우 씨는 운동을 잘해서 춤도 잘 추겠어요?
ミヌ	それが、ダンスはダメなんですよ。	그게 말이죠. 춤에는 소질이 없어요.
ミキ	そうなんですか？ 上手そうなんですが…。	정말요? 잘 출 것 같아 보이는데요.

ミキ	好きな野球チームとかあるんですか？	좋아하는 야구 팀 있어요?
ミヌ	もちろんあります。KIAです。	물론 있죠. 기아 팀이요.
ミキ	KIAのファンなんですね。 じゃ、スタジアムで観戦したりもするんですか？	기아 팀 팬이군요. 그럼 경기장에서 관전하기도 해요?
ミヌ	はい、たまに行きます。 スタジアムで応援しながらチキンを食べる楽しみもあるし。	네, 가끔 가요. 경기장에서 응원하면서 치킨 먹는 재미가 있거든요.
ミキ	そうですか？ 今度ぜひ私も連れていってください。	그래요? 다음에 저도 꼭 데려가 주세요.
ミヌ	はい、ぜひ。	네, 꼭 함께 가요.

Words 増(ふ)える 늘다, 증가하다 ｜ 楽(たの)しみ 재미 ｜ 連(つ)れていく 데려가다 ｜ ぜひ 아무쪼록, 제발

취미에 대한

Q110 趣味は何ですか？
취미가 뭐예요?

맞선이나 면접, 자기소개에서도 빠지지 않고 등장하는 단골 메뉴 취미. 기본적으로
예상되는 질문에 미리미리 대비하는 게 바로 회화에 강해지는 비결이랍니다.

A1 読書です。 > 독서예요.

読書 音楽鑑賞(おんがくかんしょう) 음악 감상 ｜ 映画鑑賞(えいがかんしょう) 영화 감상 ｜ ゲーム 게임
登山(とざん) 등산 ｜ 囲碁(いご) 바둑 ｜ 将棋(しょうぎ) 장기 ｜ 生(い)け花(ばな) 꽃꽂이
お菓子作(かしづく)り 과자 만들기 ｜ 日曜大工(にちようだいく)= DIY 목공

A2 ギターを弾くことです。 > 기타를 치는 것이에요.

ギターを弾く 音楽(おんがく)を聴(き)く 음악을 듣는 ｜ 絵(え)を描(か)く 그림을 그리는
映画(えいが)を見(み)る 영화를 보는

A3 アンティークの本を集めることです。
> 앤틱한 책을 모으는 것이에요.

A4 幼いころからプラモデルを収集しています。
> 어릴 때부터 프라모델을 수집하고 있어요.

A5 最近、占いに凝っています。 > 요즘 점에 빠져 있어요.

Words 弾く 악기를 연주하다, 켜다 ｜ 集める 모으다 ｜ 収集する 수집하다 ｜ 占い 점 ｜ 凝る 열중하다, 몰두하다

Q111 買い物は好きですか？
か もの す

쇼핑 좋아하세요?

買い物は ショッピングらごも 해요. セール, 売(う)り切(き)れ, 売(う)れ残(のこ)り, 取替(とりか)え, 返品(へんぴん)… 쇼핑은 기분 전환에 스트레스 해소까지 다양한 역할을 해 주네요. 하지만 無駄使(むだづか)いしないように(낭비를 하지 않도록) 주의해야겠죠?

A1 大好きです。 > 아주 좋아해요.
だい す

A2 今、ネット通販にハマっています。 > 지금 온라인 쇼핑에 빠져 있어요.
いま つうはん

A3 かばんを見ると、ついつい買ってしまって、後で後悔することが多いです。
み か あと こうかい
おお
> 가방을 보면 나도 모르게 사들여서 나중에 후회할 때가 많아요.

ついつい買ってしまう　ついつい買ってしまうは 衝動買(しょうどうが)いらいと 하죠.
미리 사 둔다는 표현은 買(か)い置(お)き, 買い溜(だ)めが 있어요.
買い置きは 계획성 있게, 買い溜めは 계획 없이 사들이는 느낌이 들어요.

↳ 私も買い物中毒で困っています。 > 저도 쇼핑중독증 수준인걸요.
か ものちゅうどく こま

A4 いつもはずっと我慢しているんですが、一度買い始めると
が まん いち ど
パーッと買っちゃうタイプです。
> 평소에는 잘 참다가 한번 지름신이 내리면 사들이는 타입이에요.

> 〜ちゃうを
〜てしまう(〜게 버리다)의
표현되게네요.

Words ショッピング 쇼핑 | セール 세일 | 売り切れ 매진 | 売れ残り 재고품 | 取替え 교환
はまる 빠지다 | 後悔する 후회하다 | 衝動買い 충동구매 | 買い置き 사서 비치함, 비축
買い溜め 사재기 | 買い物中毒 쇼핑중독 | 我慢する 참다 | 買い始める 사들이다 | パーッと 확, 쫙

Q112 ## ファッションに関心<ruby>関心<rt>かんしん</rt></ruby>はありますか？
패션에 관심이 있어요?

ファッションに関心 있는 사람은 おしゃれ한 人(ひと)가 많죠. 멋내다는 おしゃれをする라고 해요. 옷을 잘 입는 사람에게는 センスがいい, センスがある, 着(き)こなしがうまい, 似合(にあ)う를 쓰고, 그렇지 않은 사람에게는 センスが悪(わる)い, センスがない, 似合わない 또는 ださい라고 말을 하죠.

A1 はい、あるほうです。 > 네, 있는 편이에요.

A2 あります。すごくあります。いつもファッション雑誌(ざっし)を見(み)ています。
> 관심 있죠. 아주 많아요. 항상 패션지를 보는걸요.

A3 ないですね。私はファッションに無頓着(むとんちゃく)で、着(き)れたらいいと思(おも)うほうです。
> 없어요. 저는 패션에 둔해서 입을 수 있으면 된다는 주의예요.

A4 私はおしゃれをするのが好(す)きなんです。周(まわ)りの人にいつもセンスがいいと褒(ほ)められます。
> 저는 치장하는 것을 좋아해요. 주변 사람들한테 항상 센스 있다고 칭찬 들어요.

↳ さすが、今日(きょう)の服(ふく)もおしゃれです。
> 과연 오늘 옷도 근사한데요.

さすが는
주로 칭찬할 때 써요.

Words   おしゃれ 멋, 멋쟁이 | センスがいい 센스가 좋다 | センスがある 센스가 있다
着こなしがうまい 옷을 잘 입다 | 似合う 어울리다 | センスが悪い 센스가 나쁘다
センスがない 센스가 없다 | 似合わない 안 어울리다 | ださい 촌스럽다 | 雑誌 잡지
無頓着だ 둔감하다 | 着る 입다 | 褒める 칭찬하다 | 褒められる 칭찬받다 | さすが 과연 | 服 옷

Q113 カラオケはよく行きますか？

노래방 자주 가세요?

カラオケという言は '空(から) 텅 빔 + オーケストラ 오케스트라'의 약자예요. 가수의 목소리가 없는 오케스트라인 셈이죠. 空는 空っぽ, 空箱(からばこ), 空(あ)き箱(ばこ), 空(あ)き缶(かん)과 같이 사용해요.

A1 はい、友達とよく歌いに行きます。 > 네, 친구와 자주 노래 부르러 가요.

A2 2次会でたまに行きます。 > 2차로 가끔 가요.

> 일본에서는 結婚式(けっこんしき)의 2次会, 打(う)ち上(あ)げの2次会 같은 자리에서 노래방을 자주 가요

A3 ええ、歌うのが大好きで、つい、何曲も続けて歌っちゃいます。

> 네, 노래 부르는 것을 아주 좋아해서, 저도 모르게 몇 곡이나 부르게 돼요.

↳ あ、一度マイクを握ったら離さないタイプですね。

> 아, 한번 마이크를 잡으면 놓지 않는 타입이군요.

> 握ったら는 持(も)ったら (들면)로 바꿀 수 있어요

A4 付き合いで行きます。でも人前で歌うのは苦手だから、いつも聞き役に回ります。

> 의리로 가요. 그렇지만 남 앞에서 노래하는 것을 꺼려서 항상 듣는 편이에요.

> 付き合いで도 좋아서 가는 느낌이 아니라 상황에 따라 거절할 수 없어서 어쩔 수 없이 가는 느낌이 들어요.

聞き役に回ります 직역하면 '듣는 역으로 돕니다'로 듣는 편이다라는 표현이에요.
이 말은 私はいつも聞くほうです。로 바꿔 말할 수 있어요.

Words 空っぽ 텅 빔 │ 空箱 빈 상자 │ 空き箱 빈 상자 │ 空き缶 빈 깡통 │ 歌を歌う 노래를 부르다
歌を歌いに行く 노래를 부르러 가다 │ 結婚式 결혼식 │ 打ち上げ 뒤풀이 │ 続ける 계속하다 │ 握る 잡다
離す 떼다 │ 付き合い 교제 │ 人前 사람 앞 │ 苦手だ 잘 못하다 │ 聞き役 듣는 역할 │ 回る 돌다

Q114 では、十八番は何ですか？
그럼 가장 즐겨 부르는 노래가 뭐예요?

十八番은 원래 江戸時代(えどじだい)의 歌舞伎(かぶき)에서 나온 말이에요. 이치카와 단주로라는 배우가 자신의 가문에서 잘하는 가부키 18종류를 선정하여 발표한 데서 유래했어요. 또 같은 한자를 おはこ라고도 하는데 가장 잘할 수 있는 것, 장기, 특기를 말해요. 18번 대본을 箱(はこ)에 넣어서 소중하게 보관했다고 해서 생긴 말이죠.

A1 僕の十八番は長渕剛の「乾杯」です。
> 저의 애창곡은 나가부치 쓰요시의 '건배'예요.

↳ 今度ぜひ聞かせてくださいね。 > 다음에 꼭 들려주세요.

A2 私が歌える歌は、キロロの「長い間」くらいです。
> 제가 부를 수 있는 노래는 키로로의 '오랫동안' 정도예요.

A3 流行りの曲ではないんですが、「幸せな人」が私の十八番です。
> 유행곡은 아니지만, '행복한 사람'이 저의 애창곡이에요.

流行りの曲 流行(はや)ってる曲 유행하는 노래 | 流行(りゅうこう)している曲 유행하고 있는 노래
最新曲(さいしんきょく) 최신곡 | ヒット曲 히트곡

A4 特にお決まりの歌はなくて、流行りの歌を歌うことが多いですね。
> 딱히 정해진 노래는 없고, 최신 노래 위주로 불러요.

お決まりの歌 決まる(결정되다, 정해지다)에서 온 말로 お決まり는 '정해짐, 판에 박은 듯함'이란 뜻이에요.
お決まりの小言(こごと) 늘 하는 잔소리
お決まりの断(ことわ)り文句(もんく) 늘 하는 거절 문구

Words 江戸時代 에도시대 | 歌舞伎 가부키 | おはこ 장기, 특기 | 箱 상자 | 乾杯 건배
幸せだ 행복하다 | 特に 특별히

Q115 何(なに)か、演奏(えんそう)できる楽器(がっき)は
ありますか？
혹시 연주할 수 있는 악기 있어요?

演奏できる(연주할 수 있다)는 演奏する(연주하다)의 가능형이에요. 동사 弾く
(치다)의 가능형 '칠 수 있다'는 弾くことができる, 弾ける를 써서 표현하죠. 좀
어려운 말로는 奏(かな)でる를 써요.

 A1 ピアノが弾(ひ)けます。 > 피아노를 칠 수 있어요.

ピアノが弾けます ギターを弾(ひ)く 기타를 치다　　ギターが弾ける 기타를 칠 수 있다
笛(ふえ)を吹(ふ)く 피리를 불다　　笛が吹ける 피리를 불 수 있다
太鼓(たいこ)を叩(たた)く 북을 치다　太鼓が叩ける 북을 칠 수 있다

 A2 幼(おさな)い時(とき)からバイオリンを習(なら)っていました。
> 어렸을 때부터 바이올린을 배웠어요.

 A3 ギターをかじったことがあります。
> 기타를 만져 본 적이 있어요.

かじる かじる는 '갉아 먹다, 베어 먹다'로 일부를 조금만 먹다라는 뜻이에요.
따라서 조금 해 본 적이 있다는 의미로 써요.

 A4 弦楽器(げんがっき)なら何(なん)でも一通(ひととお)り弾(ひ)くことができます。
> 현악기라면 뭐든 대충 칠 수 있어요.

 うらやましい！ > 부러워요!

Words　演奏する 연주하다 ｜ 楽器 악기 ｜ 奏でる 연주하다 ｜ 幼い 어리다. 미숙하다 ｜ バイオリン 바이올린
習う 배우다 ｜ かじる 만지다 ｜ 弦楽器 현악기 ｜ ～なら ～라면 ｜ 一通り 대강, 대충
うらやましい 부럽다

Q116 **本を読むのが好きですか？**
책 읽는 거 좋아해요?

집에 놀러 갔는데 本棚(ほんだな)에 책이 많이 꽂혀 있으면 이렇게 질문할 수 있 겠죠. 本棚는 책장 전체를 말하고, 박스 모양의 책장은 本箱(ほんばこ). 책상 위 에 놓는 책꽂이는 本立(ほんた)て라고 해요. 또 책을 읽다가 책장 사이에 꽂아 두는 책갈피는 しおり라고 합니다.

A1 **はい、好きです。** > 네, 좋아해요.

A2 **はい、読書が唯一の楽しみです。**
> 네, 독서가 유일한 낙이에요.

A3 **そうですね、好きで月に5、6冊は読んでいます。**
> 네, 맞아요. (책을) 좋아해서 한 달에 5, 6권은 읽고 있어요.

A4 **本を読んだほうがいいとは思いますが、本を開いただけで眠**
くなってしまうんです。
> 책을 읽는 게 좋다고는 생각하는데 책을 펼치기만 해도 졸린다니까요.

～ただけで ～ただけでは '～만 해도'라는 뜻이에요.
声(こえ)を聞(き)いただけで、誰(だれ)かわかります。 목소리를 듣기만 해도 누군지 알아요.
一口(ひとくち)食べただけで、材料(ざいりょう)がわかります。
한입 먹어만 봐도 재료를 알 수 있어요.

↳ **本は眠り薬ですよね。** > 책은 수면제 역할을 하죠.

Words 本棚 책장 | 本立て 책꽂이 | しおり 책갈피 | 読書 독서 | 唯一 유일 | 楽しみ 즐거움 | 月 달
冊 권 | 眠い 졸리다 | 声 목소리 | 誰 누구 | 一口 한입 | 材料 재료 | 眠り薬 수면제, 마취제

Q117
今、読んでる本とか、あるんですか？
지금 읽고 있는 책 있어요?

요즘 읽은 책을 질문할 때는 最近(さいきん)、読んだ本は何ですか？(요즘 읽은 책은 뭔가요?), 애독서를 질문할 때는 愛読書(あいどくしょ)はありますか？(애독서는 있어요?)라고 합니다.

A1 最近、あまり本を読んでいません。
> 요즘에는 책을 별로 안 읽어요.

A2 最近忙しくて本を読む暇がありません。
> 요즘 바빠서 책을 읽을 겨를이 없네요.

A3 今、たかぎ なおこの「上京はしたけれど。」を読んでいます。
> 지금 다카기 나오코의「상경은 했지만.」을 읽고 있어요.

A4 ベストセラーは読むようにしているので、有名な本は一通り読んでいます。
> 베스트셀러를 챙겨 읽다 보니 유명한 책은 얼추 다 읽는 셈이네요.

ベストセラー　絵本(えほん) 그림책 ┃ 童話(どうわ) 동화 ┃ エッセイ 에세이 ┃ 小説(しょうせつ) 소설
時事(じじ) 시사 ┃ ビジネス 비즈니스 ┃ スポーツ 스포츠 ┃ 生(い)き方(かた) 생활
心理(しんり) 심리 ┃ 料理(りょうり) 요리 ┃ フィクション 픽션
ノンフィクション＝実話(じつわ) 실화 ┃ 教養(きょうよう)の本(ほん) 교양서
古典(こてん) 고전 ┃ 詩歌(しか) 시가
ライトノベル 라이트 노벨 ┃ 推理(すいり)小説 추리 소설 ┃ 医学(いがく)小説 의학 소설
歴史(れきし)小説 역사 소설 ┃ 恋愛(れんあい)小説 연애 소설

Words　最近 요즘 ┃ 愛読書 애독서 ┃ あまり 별로 ┃ 忙しい 바쁘다 ┃ 暇 틈, 짬 ┃ ベストセラー 베스트셀러
有名だ 유명하다 ┃ 一通り 대강, 얼추

Q118 **好きな作家は誰ですか？**
好(す)き な 作家(さっか) は 誰(だれ)ですか？

좋아하는 작가는 누구예요?

일본 本屋(ほんや), 書店(しょてん)에 가 보면 作家別(さっかべつ)로 찾기 쉽게 잘 정리되어 있죠. 이름은 五十音順(ごじゅうおんじゅん)＝あいうえお順(じゅん)으로 되어 있어요. 잘나가는 작가는 ベストセラー作家, 売(う)れっ子(こ)作家라고 해요.

A1 三浦(みうら)しをん です。 > 미우라 시온이에요.

A2 コン・ジヨンさんの作品(さくひん)が好きです。
> 공지영 씨의 작품을 좋아해요.

A3 私が好きな作家は木村裕一(きむらゆういち)です。
> 제가 좋아하는 작가는 기무라 유이치예요.

A4 特(とく)に好きな作家というわけではありませんが、
東野圭吾(ひがしのけいご)の作品をよく読んでいます。
> 딱히 좋아하는 작가는 아니지만, 히가시노 게이고의 작품을 자주 읽어요.

特に～というわけで
はない는 '특별히 ～라고 하는 것은
아니다'라는 뜻이에요.

A5 好きな作家というより、ベストセラーという言葉(ことば)に弱(よわ)くて、
つられて読んでいます。
> 좋아하는 작가보다는 베스트셀러라는 말에 혹해서 읽어요.

↳ ベストセラーって言(い)われるとなんか読(よ)みたくなりますよね。
> 베스트셀러라고 하면 왠지 읽고 싶어지죠.

Words 本屋 책방 | 書店 서점 | 作家別 작가별 | 五十音順 오십음도 | あいうえお順 아이우에오 순
ベストセラー作家 베스트셀러 작가 | 売れっ子作家 잘나가는 작가 | 言葉 말 | 弱い 약하다

Q119 絵を描くのは好きですか？
그림 그리는 거 좋아하세요?

絵をかくの かくは 한자를 描く로 써요. 描く는 그림을 그릴 때 주로 쓰고, 보통 글씨를 쓸 때는 같은 음독의 書く를 쓰죠.

A1 はい。好きで時々描いています。 > 네. 좋아해서 가끔 그리고 있어요.

絵 スケッチブック 스케치북 | 鉛筆(えんぴつ) 연필 | 絵(え)の具(ぐ) 물감
色鉛筆(いろえんぴつ) 색연필 | クレパス 크레용 | クレヨン 크레파스 | 油絵(あぶらえ) 유화
水彩画(すいさいが) 수채화 | クロッキー 크로키 | 折(お)り紙(がみ) 종이접기
色紙(いろがみ) 색종이 | はさみ 가위 | のり 풀

A2 好きですが、絵はへたくそです。 > 좋아하지만, 그림은 서툴러요.

↳ 私も落書きくらいなら描くんですが…。
> 저도 낙서 정도라면 그리긴 하죠.

A3 上手じゃないんですが、下手の横好きなんです。
> 잘하지는 못하지만 그냥 좋아서 하는 거예요.

下手の横好き
잘하지는 못하지만 그것을 즐기는 것을 말하는 속담이에요.

A4 上手か下手かはさておいて、暇さえあれば絵を描いています。
> 잘하고 못하고를 떠나서 시간만 나면 그림을 그려요.

〜はさておいて 〜はさておいては '〜은 그대로 두고, 〜을 제쳐 두고'라는 뜻이에요.

〜さえ〜ば 〜さえ〜ばは '〜만 〜면'이라는 뜻으로 조건을 나타내는 표현이에요.
あなたさえよければ 너만 괜찮으면 | お金(かね)さえあれば 돈만 있으면

Words 絵を描く 그림을 그리다 | 時々 가끔 | へたくそだ 서툴다 | 落書き 낙서 | 上手だ 능숙하다
下手だ 서툴다

Q120 漫画はよく読むほうですか？
만화는 자주 보는 편인가요?

만화는 漫画, コミック라고 합니다. 漫画本이 잘 되면 アニメ化(か), 映画化(えいがか), 小説化(しょうせつか)되기도 하죠. 만화는 一巻(いっかん), 二巻(にかん), 三巻(さんかん), 全十巻(ぜんじゅっかん)과 같이 巻(かん)으로 세요. 4컷 만화는 4コマ漫画(よんこままんが)라고 해요. 우리말에서 '만화책을 읽다/보다'라고 둘 다 쓰듯이, 일본어도 漫画を読む/見る라고 어느 것을 쓰든 무방해요.

 A1 幼いころから大好きで、よく読みます。
> 어릴 때부터 정말 좋아해서 자주 읽어요.

 A2 はい、漫画が好きで、日本語を勉強するようになったんですよ。
> 네, 만화를 좋아해서 일본어를 배우게 된걸요.

↳ あ、そうだったんですか。漫画がきっかけだったんですね。
> 그랬어요? 만화가 계기였군요.

 A3 漫画本よりアニメーションのほうをよく見ますね。
> 만화책보다 애니메이션 쪽을 자주 봐요.

アニメーション 週刊雑誌(しゅうかんざっし) 주간지 ｜ 月刊雑誌(げっかんざっし) 월간지
電子(でんし)コミック 웹툰

 A4 漫画で描かれた歴史や科学の本など、わかりやすいのでよく読むほうです。
> 만화로 나오는 역사책이나 과학책 등은 알기 쉽기 때문에 자주 읽는 편이에요.

わかりやすい ～하기 쉽다라는 말은 동사 뒤에 ～やすい를 붙이면 됩니다.
わかる 알다 わかりやすい 알기 쉽다 ｜ 読(よ)む 읽다 読みやすい 읽기 쉽다

Words アニメ化 애니메이션화 ｜ 映画化 영화화 ｜ 小説化 소설화 ｜ 一巻 1권 ｜ 二巻 2권 ｜ 三巻 3권
全十巻 전 10권 ｜ 4コマ漫画 4컷 만화 ｜ 幼い 어리다 ｜ きっかけ 계기 ｜ 歴史 역사 ｜ 科学 과학
わかりやすい 알기 쉽다

Real Life conversation

"취미"에 대한 즉문즉답
실전회화트레이닝

민우와 미키의 취미 이야기

ミキ	ミヌさん、ミヌさんの趣味は何ですか？	민우 씨! 민우 씨 취미는 뭐예요?
ミヌ	趣味ですか。 運動も好きだし、音楽も好きだし。	취미 말인가요. 운동도 좋아하고 음악도 좋아하고요.
ミキ	ミヌさんは何でもできますもんね。 買い物とかよく行くんですか？	민우 씨는 뭐든 잘하니까요. 쇼핑은 자주 가요?
ミヌ	あまり行きませんね。 何か欲しいものがあるときだけ行きます。	자주 안 가요. 뭐 필요한 게 있을 때만 가죠.
ミキ	じゃ、ファッションとか興味ありますか？	그럼 패션 같은 데 관심 있어요?
ミヌ	普通かな…。特にこだわりがあるわけでもないし、いいのがあったら買うって感じです。	보통일걸요. 딱히 고수하는 스타일이 있는 것도 아니고 마음에 드는 게 있으면 사는 정도예요.
ミキ	ミヌさんが着ている服を見たら、センスがいいのがわかりますよ。	민우 씨 옷 입는 거 보면 감각이 좋은 거 같아요.
ミキ	ミヌさんは歌上手ですか？	민우 씨는 노래 좋아해요?
ミヌ	上手か下手は抜きにして、歌は好きです。	잘하고 못하고를 떠나서 좋아는 해요.
ミキ	友達とカラオケとかよく行くんですか？	친구와 노래방 같은 데 자주 가요?
ミヌ	たまに行きます。	가끔 가요.

Words こだわり 구애받는 것 | 感(かん)じ 느낌 | 着(き)る 입다 | センスがいい 센스가 좋다

ミキ	よく歌う歌は何ですか？	즐겨 부르는 노래는 뭐예요?
ミヌ	十八番ってやつですね、「ナヌンナビ」です。	애창곡 말이군요. '나는 나비'예요.
ミキ	それ、どんな曲ですか？ 今度ぜひ聞かせてください。	그거, 무슨 노래죠? 나중에 꼭 들려주세요.
ミヌ	じゃ、今度うちに来たとき、ピアノを伴奏に 聞かせてあげますよ。	그럼 다음에 우리 집에 오면 피아노 반주에 맞춰 들려줄게요.
ミキ	わ〜〜い！楽しみですね。	와! 기대할게요.

ミキ	私は本が好きで、よく図書館に行くんです が、ミヌさんは読書、好きですか？	저는 책을 좋아해서 도서관에 자주 가는데 민 우 씨는 독서 좋아해요?
ミヌ	はい、好きですよ。話題の本などはチェック して、一応目を通すようにしてるし。	네, 좋아해요. 화제의 책 같은 건 체크해서 일 단 훑어보고 있고요.
ミキ	最近読んだ本は何かありますか？	요즘 들어 읽은 책은 뭐예요?
ミヌ	最近はちょっと忙しくて。	요즘 좀 바빠서요.
ミキ	好きな作家はいるんですか？	좋아하는 작가 있어요?
ミヌ	はい、ヘルマンヘッセが好きです。 その人の本は全部見ました。	네, 헤르만 헤세를 좋아해요. 그 사람 책은 전부 봤어요.
ミキ	その作家の本はどれもおもしろいですよね。 絵とかは上手ですか？	그 작가 책은 다 재미있죠. 그림 같은 건 잘 그리세요?
ミヌ	下手です。見るほう専門です。	서툴러요. 감상이 전문이에요.
ミキ	じゃ、漫画はよく見ますか？	그럼 만화는 자주 봐요?
ミヌ	はい。よく見ますよ。日本のアニメも好き で、勉強のために字幕なしで見るようにして います。	네. 자주 봐요. 일본 애니메이션도 좋아해서 공부를 위해 자막 없이 보려고 해요.

Words　伴奏(ばんそう) 반주 ｜ 専門(せんもん) 전문

즉문즉답

취향에 대한

好きな色は何ですか？
좋아하는 색은 뭐예요?

信号(しんごう)는 일본어로 赤(あか), 黄(き), 青(あお)예요. 虹色(にじいろ)는
赤, 橙(だいだい), 黄色(きいろ), 緑(みどり), 青(あお), 藍色(あいいろ), 紫(むら
さき) 이렇게 7色(ななしょく)고요. 색을 구분하지 못하는 사람은 色盲(しきも
う), 흑백은 우리와 반대로 白黒(しろくろ)라고 해요.

A1 赤です。 > 빨간색이에요.

赤　赤(あか) 빨강=赤色(あかいろ) 빨간색=レッド 레드 ┃ 黄色(きいろ) 황색, 노랑
　　青(あお) 파랑=ブルー 블루 ┃ 緑(みどり) 초록 ┃ ピンク 핑크 ┃ 紫(むらさき) 보라
　　灰色(はいいろ) 회색=ねずみ色(いろ) 쥐색 ┃ 茶色(ちゃいろ) 갈색 ┃ 藍色(あいいろ) 남색
　　橙(だいだい) 주황색=オレンジ 오렌지색=ミカン色(いろ) 귤색
　　白(しろ) 하양=ホワイト 화이트 ┃ 黒(くろ) 검정

 私も赤色がラッキーカラーなんです。
　> 저도 빨간색이 행운의 색이에요.

A2 空や海が好きなので、ブルーが好きです。
　> 하늘이나 바다를 좋아해서 블루를 좋아해요.

A3 最近、友達の影響で淡いセピア色のピンクが好きになり
ました。
　> 요즘에 친구 영향으로 연한 세피아색 같은 핑크를 좋아하게 되었어요.

Words　信号 신호 ┃ 虹色 무지개 ┃ 7色 7가지 색 ┃ 色盲 색맹 ┃ 白黒 흑백 ┃ ラッキーカラー 행운의 색깔
　　　　空 하늘 ┃ 海 바다 ┃ 影響 영향 ┃ 淡い 연하다 ┃ セピア色 세피아색

Q122 いちばん す はな なん
一番好きな花は何ですか？
가장 좋아하는 꽃이 뭐예요?

한 송이의 花를 피우기 위해서는 씨를 뿌리거나 심어요. 種(たね)를 마쿠. 種を
植(う)える→水(みず)をやる→芽(め)が出(で)る→育(そだ)つ→茎(くき)→草(く
さ)が生(は)える→つぼみになる→花が咲(さ)く→花が散(ち)る와 같은 과정을
거치죠. 이대로 끝나면 슬플 텐데 다행히 種가 できる 과정이 있어 새 생명을 또
준비해요.

A1 **ひまわり**が一番好きです。 > 해바라기를 가장 좋아해요.

ひまわり バラ 장미 | 桜(さくら) 벚꽃 | ツツジ 철쭉 | レンギョウ 개나리 | 菊(きく) 국화
スミレ 제비꽃 | 木蓮(もくれん) 목련 | ホウセンカ 봉숭아 | タンポポ 민들레
むくげ 무궁화 | アジサイ 수국 | 朝顔(あさがお) 나팔꽃 | ライラック 라일락

A2 花なら何でも好きです。 > 꽃이라면 뭐든 좋아해요.

A3 **ホウセンカ**です。韓国ではこれでよくつめを染めるんです。
> 봉숭아예요. 한국에서는 이 꽃으로 자주 손톱에 물을 들여요.

↳ へー、そうなんですか。私もやってみたいです。
> 어머, 그래요? 저도 해 보고 싶어요.

A4 **ラベンダー**です。花言葉は「あなたを待っています」です。
> 라벤더예요. 꽃말은 '당신을 기다리고 있어요'예요.

A5 色が派手できれいな花より、野に咲くタンポポのような花の
ほうが好きです。
> 색이 화려하고 예쁜 꽃보다는 들에 피는 민들레 같은 꽃을 좋아해요.

Words 種をまく 씨를 뿌리다 | 種を植える 씨를 심다 | 水をやる 물을 주다 | 芽が出る 싹이 나다
育つ 자라다 | 茎 줄기 | 草が生える 풀이 자라다 | つぼみになる 봉오리가 생기다
花が咲く 꽃이 피다 | 花が散る 꽃이 지다 | 種ができる 씨가 생기다 | 花言葉 꽃말
派手だ 화려하다 | 野 들

Q123 **一番好きな動物は何ですか？**
いちばん す　　　どうぶつ　　　なん
가장 좋아하는 동물은 뭐예요?

학교 다닐 때 교과서에서 보던 학습 용어들을 일본어로 좀 배워 볼까요? 哺乳類
(ほにゅうるい), 両生類(りょうせいるい), 鳥類(ちょうるい), 爬虫類(はちゅ
うるい), 魚貝類(ぎょかいるい), 昆虫類(こんちゅうるい)… 벌써부터 머리 아
픈 건 아니죠?

 パンダです。 > 팬더예요.

パンダ 熊(くま) 곰 ┃ 狼(おおかみ) 늑대 ┃ ヤギ 양 ┃ ウサギ 토끼 ┃ ライオン 사자 ┃ トラ 호랑이
イルカ 돌고래 ┃ 狸(たぬき) 너구리 ┃ 狐(きつね) 여우 ┃ コアラ 코알라 ┃ 猿(さる) 원숭이

 一般的ですが、**犬**です。 > 일반적이긴 하지만, 개예요.
いっぱんてき　　　　　　いぬ

 人があまり好まない **爬虫類**、特に**蛇**が好きです。
ひと　　　　この　　　　は ちゅうるい　 とく　へび　す
> 사람들이 별로 좋아하지 않는 파충류, 특히 뱀을 좋아해요.

↳ **え〜気持ち悪っ！** > 으윽, 징그러~!
きも　　　わる

悪っ！는 悪い의
ㅣ를 없애고 っ을 넣어
강조한 표현이에요.

気持ち悪い 기분이 나쁠 때 자신의 감정을 드러내는 간단한 말이지만, 같은 뜻으로 気分(きぶん)が悪
(わる)い가 있어 자칫 혼동하기 쉬워요. 예를 들어 어떤 뉘앙스 차이가 있는지 알아봐요.
먼저, 열이 나고 머리가 깨질 듯 아파서 쉬고 싶을 때는 気分が悪いので休(やす)みます. 라고
해요. 차멀미로 속이 메스껍고 토할 것 같을 때는 気持ちが悪いので休みます. 라고 하겠죠.
주로 気持ち悪い는 감각적, 신체적으로 불쾌할 때, 気分が悪い는 정신적으로 불편할 때 쓰
는 표현이에요. 또 좀비, 괴물, 벌레와 같이 소름 끼칠 정도로 징그러운 것들을 보거나 만질
때 気持ち悪い！하죠. 줄여서 キモい라고 해요.

 人に似ているからかもしれませんが、**チンパンジー**が
ひと　に
好きです。
> 사람을 닮아서 그런지 모르겠는데, **침팬지**를 좋아해요.

Words 一番 가장 ┃ 動物 동물 ┃ 哺乳類 포유류 ┃ 両生類 양서류 ┃ 鳥類 조류 ┃ 爬虫類 파충류
魚貝類 어패류 ┃ 昆虫類 곤충류 ┃ 一般的だ 일반적이다 ┃ あまり 그다지, 별로 ┃ 好む 좋아하다
好まない 좋아하지 않다 ┃ 特に 특히 ┃ 蛇 뱀 ┃ 気持ち悪い 징그럽다, 속이 메스껍다
〜に似る 〜를 닮다 ┃ 〜かもしれない 〜지도 모른다 ┃ 〜かもしれませんが 〜지도 모르지만

Q124

ペットは飼っていますか？
애완동물 키우고 있어요?

애완동물은 ペット, 愛玩動物(あいがんどうぶつ)라고 해요. 키우다라는 동사는 飼う를 쓰고, 먹이는 えさ라고 하죠. ペットを飼う, えさをやる라고 말하면 돼요. 강아지 먹이는 ドッグフード, 고양이 먹이는 キャットフード예요.

A1 犬を2匹飼っています。 > 개를 2마리 키우고 있어요.

犬　猫(ねこ) 고양이 | ウサギ 토끼 | ハムスター 햄스터 | グッピー 구피 | インコ 잉꼬 | 鯉(こい) 잉어
金魚(きんぎょ) 금붕어 | カメ 거북이 | 捨(す)て猫 버려진 고양이 | 野良(のら)猫 야생 고양이

A2 いいえ、何も飼っていません。 > 아뇨, 아무것도 안 키워요.

A3 はい、家に犬が2匹います。 > 네, 집에 개가 2마리 있어요.

동물이라서 あります가
아니고 います를 썼어요.

A4 飼いたいんですが、残念ながら今はアパートなので飼えません。
> 키우고 싶지만, 유감스럽게도 지금은 아파트라서 키울 수가 없어요.

飼うと 카메
강아지를 주어서 있어야 돼요.
안 그러면 물건을 사다니
買(か)うが 돼요.

A5 前は猫を飼っていたんですが、今年の春に死んでしまいました。
> 전에 고양이를 키웠었는데, 올봄에 죽어 버렸어요.

～て(で)しまいました　～て(で)しまう는 '～어 버리다, ～고 말다'의 뜻으로, 동사 끝이 ぬ, ぶ, む로 끝나면
～でしまう, 그 외 동사는 ～てしまう로 써요.
死(し)ぬ 죽다　死んでしまう 죽고 말다　死んでしまいました 죽고 말았습니다
忘(わす)れる 잊다　忘れてしまう 잊고 말다　忘れてしまいました 잊고 말았습니다
別(わか)れる 헤어지다　別れてしまう 헤어지고 말다
別れてしまいました 헤어지고 말았습니다

Words　愛玩動物 애완동물 | ～匹 ～마리 | 残念ながら 유감스럽게도 | アパート 아파트 | 前は 이전에는
今年 올해 | 春 봄

Q125 ゆうえんち
遊園地はよく行くんですか？
놀이공원에는 자주 가요？

놀이공원에 가면 乗(の)り物(もの)를 타게 되죠. 놀이기구를 타다는 乗り物에 乗(の)る라고 합니다. ジェットコースター, バイキング, 観覧車(かんらんしゃ), お化(ば)け屋敷(やしき), コーヒーカップ, メリーゴーランド=回転木馬(かいてんもくば)… 어떤 놀이기구를 즐기세요？

A1 こども
子供とよく行きます。 > 아이와 자주 가요.

A2 むすこ だいす
息子が大好きで、ついこの間も行ってきました。
> 아들이 좋아해서 바로 얼마 전에도 갔다 왔어요.

A3 じかんてきよゆう
時間的余裕がなくて、なかなか行けません。
> 시간적 여유가 없어서 좀처럼 갈 수가 없어요.

A4 しょうがっこうろくねんせい とき ともだち
小学校６年生の時に友達と行ったきり、行ってませんね。
> 초등학교 6학년 때 친구와 간 후론 못 갔어요.

～たきり 　～たきり는 어떤 행동을 끝으로 더 이상 그 행동이 다음 행동으로 이어지지 않는 상태를 말해요. 회화에서는 ～たっきり라고 말하기도 해요. 동사 외에도 これっきり(이것뿐, 이것으로), それっきり(그것뿐, 그것으로), あれっきり(그것뿐, 그 이후로)와 같이 자주 써요.
あなたとはこれっきりだ。 너하곤 이것으로 끝이야.
それっきり連絡(れんらく)がない。 그것을 끝으로 연락이 없어.
一度(いちど)手紙(てがみ)が来(き)たきり、連絡がありません。 한 번 편지가 온 후론 연락이 없어요.
一年前(いちねんまえ)に会(あ)ったきり、会っていません。 1년 전에 만난 후론 만나지 못했어요.

Words 　乗り物 놀이기구 ｜ ジェットコースター 제트 코스터 ｜ バイキング 바이킹 ｜ 観覧車 관람차
お化け屋敷 귀신의 집 ｜ コーヒーカップ 커피 잔 ｜ メリーゴーランド=回転木馬 회전목마
息子 아들, 자식 ｜ つい 조금, 바로 ｜ 手紙 편지

Q126

ストレスがたまったらどうするんですか？
스트레스가 쌓이면 어떻게 하세요?

스트레스가 쌓이다라는 표현은 ストレスがたまる라고 해요. 스트레스를 푼다는 말은 ストレスを発散(はっさん)させる, ストレスを晴(は)らす, ストレスを解消(かいしょう)する라는 표현을 써요. 스트레스가 쌓이면 살이 찌게 되죠? 물론 빠지는 사람도 있겠지만 ストレス太(ぶと)り란 말이 있는 거 보면 보통은 찌는 경우가 많나 봐요^^

A1 ストレスがたまったら**めちゃくちゃ食**べます。
> 스트레스가 쌓이면 엄청 먹어요.

A2 **買い物**をしてストレスを晴らします。
> 쇼핑을 해서 스트레스를 풀어요.

A3 私はストレスを解消するために、**思いっきりドラムを叩**きます。
> 저는 스트레스를 해소하기 위해 마음껏 드럼을 쳐요.

A4 **音楽を聴**きます。音楽を聴いていたら心が落ち着きます。
> 음악을 들어요. 음악을 듣고 있으면 마음이 가라앉아요.

A5 マッサージです。体も心も癒されます。
> 마사지예요. 몸도 마음도 위로가 돼요.

癒す 癒す는 병이나 상처 등을 '치유하다, 고치다, 풀다'라는 뜻이에요. 癒し系(けい)는 보기만 해도 위로가 되고 편한 그런 계통의 사람, 물건 등을 통틀어 말해요. 癒し系漫画(まんが), 癒し系音楽(おんがく), 癒し系女子(じょし), 癒し系男子(だんし) 등으로 써요.

Words たまる 쌓이다, 밀리다 | 発散する 발산하다 | はらす 풀다, 해소시키다 | 解消する 해소하다
めちゃくちゃ 마구 | 買い物 쇼핑 | 思いっきり 마음껏 | ドラムを叩く 드럼을 치다
落ち着く 가라앉다

Q127 気晴(きば)らしによく行(い)くところはどこですか？

기분 전환을 위해 자주 찾는 곳은 어디예요?

우리가 즐겨 찾는 장소는 바쁜 삶 속에서 큰 위안이 되어 주죠. 憩(いこ)いの場, お気に入りの場所, 秘密基地(ひみつきち) 같은 말을 그래서 우리가 좋아하는 게 아닐까요. 참, 일드 「ホタルノヒカリ(호타루의 빛)」에서 干物女(ひものおんな)의 憩いの場는 바로, 縁側(えんがわ)였어요.

A1 私(わたし)は本(ほん)が好(す)きで、図書館(としょかん)によく行(い)きます。

> 저는 책을 좋아해서 도서관에 자주 가요.

A2 家(いえ)の近(ちか)くに小(ちい)さな公園(こうえん)があって、子供(こども)とよく行(い)きます。

> 집 근처에 작은 공원이 있어 아이들과 자주 가요.

A3 この道(みち)の奥(おく)に喫茶店(きっさてん)があるんですが、そこが私(わたし)のお気(き)に入(い)りの場所(ばしょ)です。

> 이 길 안쪽에 찻집이 있는데, 그곳이 제 마음에 드는 장소예요.

A4 ハンガンです。ハンガンに行(い)って、ボーッと川(かわ)を眺(なが)めていると心(こころ)が癒(いや)されるんです。

> 한강이에요. 한강에서 멍하니 강을 바라보고 있으면 마음이 위로가 돼요.

心(こころ)が癒(いや)されるんです 気持(きも)ちが落(お)ち着(つ)くんです 기분이 안정돼요
気分(きぶん)が晴(は)れるんです 기분이 풀려요 | すっきりするんです 개운해져요

A5 会社(かいしゃ)の屋上(おくじょう)ですかね。仕事(しごと)の合間(あいま)に一服(いっぷく)できる屋上(おくじょう)が私(わたし)の憩(いこ)いの場(ば)です。

> 회사의 옥상 같네요. 일하다 짬이 날 때 쉴 수 있는 옥상이 저의 안식처예요.

Words 気晴らし 기분 전환 | 憩いの場 휴식처 | お気に入りの場所 마음에 드는 장소 | 秘密基地 비밀 기지
干物女 건어물녀 | 縁側 마루 | 奥 안, 속 | 喫茶店 찻집 | 眺める 바라보다 | 癒される 위로받다
晴れる 풀다 | すっきりする 개운해지다 | 合間 짬, 틈

最近、何か新しく始めたことは ありますか？
요즘에 뭐 새로 시작한 일 있어요?

연초가 되면, 학기나 방학이 시작되면 저마다 결심을 하죠. 하지만 좀처럼 長く 続かないですよね. (길게 이어지지 않아요.) 그 결심이 三日坊主(みっかぼう ず)에 그치지 않는다면 우리는 아마 다른 인생을 살게 될 텐데요. なーんちゃっ て. (농담이에요.)

A1 最近、**ダイエット**を始めました。 > 요즘 **다이어트**를 시작했어요.

ダイエット お店(みせ) 가게 | 事業(じぎょう) 사업 | 絵(え) 그림 | タンゴ 탱고

A2 自動車学校に通い始めました。
> 자동차 학원에 다니기 시작했어요.

> 자동차 학원을 의미하는 自動車学校는 自動車教習所(じどうしゃきょう しゅうじょ)라고도 해요.

通い始める ～始める는 동사의 ます형에 붙어서 '～하기 시작하다'라는 의미로 써요.
日記(にっき)を書(か)き始めました. 일기를 쓰기 시작했어요.
ピアノを習(なら)い始めました. 피아노를 배우기 시작했어요.

> 일기를 쓰다는 동사 書く, つける를 써서 표현해요. 日記を書く는 단순히 쓰다는 의미, 日記をつける는 지속적으로 쓰고 있다는 느낌을 줘요.

A3 友達に誘われてマラソンを始めたのですが、私の性に合って いるようです。
> 친구가 권해서 마라톤을 시작했는데, 제게 잘 맞는 것 같아요.

A4 今まで何度かリタイアしましたが、今度こそ痩せようとダイ エットを始めました。
> 지금까지 몇 번 포기했지만, 이번에야말로 살을 빼려고 다이어트를 시작했어요.

Words 始める 시작하다 | 三日坊主 작심삼일 | 日記を書く＝日記をつける 일기를 쓰다 | 習う 배우다
誘う 권유하다 | 誘われる 권유받다 | 性に合う 성격이나 취향에 맞다 | 何度 몇 번
リタイア 기권, 포기 | 今度こそ 이번에야말로 | 痩せる 살이 빠지다

Q129 今、トライしようとしている
ことがありますか？
지금 시도해 보려고 하는 것이 있어요?

개인의 계획이나 의지를 나타내는 말에는 ～つもりだ(～할 작정이다), ～しよう
と思う(～하려고 생각하다), ～したいと思う(～하고 싶다고 생각하다), ～トラ
イする(～시도하다), ～に挑戦(ちょうせん)する(～에 도전하다), ～にチャレン
ジする(～에 챌린지하다) 등이 있어요.

A1 ネットを使って仕事を始めるつもりです。
> 인터넷을 이용해서 일을 시작할 생각이에요.

A2 グローバル社会に備え、英語の勉強をしようと思っています。
> 글로벌 사회에 맞춰 영어 공부를 하려고 생각하고 있어요.

A3 大学を卒業する前に、いくつか資格を取りたいと思って
います。
> 대학을 졸업하기 전에 몇 가지 자격을 따고 싶어요.

～たいと思います ～たいと思います는 희망 사항을 나타내요. 비슷한 의미로 ～つもりです와 ～しようと
思います가 있는데 ～つもりです는 마음속으로 정한 것이나 계획을 나타내는 것으로 의지
는 담겨 있지 않아요. ～しようと思います는 이전부터 지금까지 그런 의향을 가지고 있었
다는 의지를 나타내요.

↳ がんばってください。 > 열심히 하세요.

A4 日本語Ｎ１にトライしようと思っています。
> 일본어 N1에 도전하려고 생각해요.

Words ネットを使う 인터넷을 쓰다 | 仕事を始める 일을 시작하다 | グローバル社会 글로벌 사회
備える 준비하다, 대비하다 | 大学を卒業する 대학을 졸업하다 | 資格を取る 자격을 따다

Real life conversation

민우와 미키의 취향 이야기

ミキ	ミヌさんって青色が多いですよね。 青が好きなんですか？	민우 씨를 보니 파란색이 많네요. 파란색을 좋아하세요?
ミヌ	はい、僕は空と海の色の青が好きです。	네, 저는 하늘과 바다색인 파란색을 좋아해요.
ミキ	さわやかなミヌさんのイメージとぴったりですね。好きな花なんかは？	산뜻한 민우 씨 이미지와 딱이네요. 좋아하는 꽃은요?
ミヌ	花は青空によく似合うひまわりかな。	꽃은 파란 하늘에 잘 어울리는 해바라기일까요.
ミキ	じゃ、動物、好きですか？ 動物の中で何が一番好きですか？	그럼 동물 좋아해요？ 동물 중에 어떤 동물이 가장 좋아요？
ミヌ	子犬です。かわいいから。	강아지요. 귀엽잖아요.
ミキ	ですよね。子犬ホントかわいいですよね。 では、家で子犬を飼ったことあるんですか？	그죠? 강아지 진짜 귀엽죠. 그럼 집에서 강아지를 키워 본 적 있어요?
ミヌ	子供のころ、犬を飼っていたんですが、死んでしまって…。それからは飼っていません。	어릴 때 개를 길렀는데 죽어 버렸어요…. 그때부터는 안 길러요.
ミキ	そうだったんですか。残念ですね。	그랬군요. 안됐네요.

ミキ	この間、エバーランドに行ってきたんです。面白かったですよ。ミヌさんも行けばよかったのに…。	저번에 에버랜드에 다녀왔는데, 재밌었어요. 민우 씨도 갔더라면 좋았을 텐데….
ミヌ	ああ、楽しかったですか？ よかったですね。	아, 즐거웠어요? 다행이네요
ミキ	ミヌさんは遊園地とか行かないんですか？	민우 씨는 놀이공원 같은 데 안 가죠?
ミヌ	行かなくはないですよ。	안 가는 건 아녜요.
ミキ	ジェットコースターに乗って大声出したら、ストレス解消にもなるしいいですよ。	제트 코스터 타고 큰 소리를 지르고 나면 스트레스도 해소되고 좋아요.
ミヌ	だめですよ、僕は。実はそういう乗り物には弱いんですよ。	못 타요, 저는. 사실 그런 놀이기구에 약해요.
ミキ	え、意外ですね。じゃ、ミヌさんはストレスがたまった時とかどうしてるんですか？	그렇게 안 보이는데 의외네요. 그럼 민우 씨는 스트레스가 쌓였을 때 어떻게 해요?
ミヌ	僕は運動して体を動かしているのが一番ストレス解消になります。	저는 몸을 움직여 운동하면 가장 스트레스가 풀리더라고요.
ミキ	そうか、私はおしゃれなカフェとかで、コーヒーを飲んだり本を読んだり、友達とおしゃべりをするのが一番なんですけどね。ミヌさんはよく行くお気に入りのお店とか、落ち着く場所とかあるんですか？	그렇군요. 저는 멋진 카페에서 커피 마시거나 책 읽거나 친구와 수다 떠는 게 가장 좋던데요. 민우 씨는 마음에 드는 단골 가게라든가, 마음이 편안해지는 장소가 있나요?
ミヌ	ありますよ。僕の場合は山かな。山の上。	있죠. 저 같은 경우엔 산이에요. 산 정상이요.
ミキ	やっぱり、ミヌさんは運動オタクですね。私今度、韓国語の試験受けるんですけど、ミヌさんは最近始めたこととかないんですか？	역시 민우 씨는 못 말리는 운동 매니아로군요. 저는 이번에 한국어 시험을 보는데요, 민우 씨는 요즘 들어 시작한 일 같은 거 없나요?
ミヌ	最近始めたこととかはないけど、やってみたいことならたくさんあります。	최근에 시작한 일 같은 건 없지만, 해 보고 싶은 일이라면 많아요.
ミキ	そうですよね、ミヌさん仕事が忙しいですもんね。	그렇겠네요. 민우 씨는 일이 바쁘니까요.

Words　青空(あおぞら) 파란 하늘 ｜ さわやかだ 상쾌하다, 산뜻하다 ｜ ぴったり 딱, 꼭 ｜ 子犬(こいぬ) 강아지　死(し)ぬ 죽다

학교와 일에 대한

Q130 学生時代、勉強はできましたか？
학창 시절 공부는 잘했어요?

공부를 잘했어요?는 勉強は上手(じょうず)でしたか？라고 上手だ(잘하다)를 쓰지 않고 できるか(잘하는가), できないか(못하는가)로 표현해요. 잘할 때 勉強, 仕事는 よくできる로 답하고 お酒(さけ)는 強(つよ)い로 답합니다.

A1 まあまあできたほうでした。 > 그런대로 잘한 편이었어요.

ままできたほう 　中(ちゅう)の上(じょう)くらい 중상 정도 ｜ 中間(ちゅうかん)くらい 중간 정도
中の下(げ)くらい 중하 정도

A2 全然できませんでした。 > 전혀 못했어요.

A3 暗記科目は苦手でしたが、科学や数学はよかったんです。
> 암기 과목은 잘 못했지만, 과학이나 수학은 잘했어요.

A4 一生懸命勉強しなかった割にはよくできたほうだと思います。
> 열심히 공부하지 않았던 것치고는 잘한 편이었다고 생각해요.

〜割には 　〜割には(〜에 비해서는, 〜치고는)는 생각한 것과 다른 느낌이 들 때 써요.
若(わか)い割には礼儀正(れいぎただ)しいですね。 젊은 사람치고는 예의가 바르네요.
日本人の割には自己主張(じこしゅちょう)が強(つよ)いです。 일본인치고는 자기주장이 강해요.

Words 　学生時代 학창 시절 ｜ 仕事 일 ｜ お酒 술 ｜ 強い 강하다 ｜ まあまあ 그럭저럭 ｜ 全然 전혀
苦手だ 잘 못하다 ｜ 若い 젊다 ｜ 礼儀正しい 예의 바르다 ｜ 自己主張が強い 자기주장이 강하다

Q131 どんな科目(かもく)が好(す)きでしたか？
어떤 과목을 좋아했어요?

똑같이 かがく로 읽는 科学, 化学를 구별할 때는 科学는 かがく, 化学는 化(ば)け学(がく)의 ほうのかがく와 같이 설명해요. 化ける는 '둔갑하다'란 의미예요. 구미호, 요괴 같은 것을 떠올리면 됩니다.

A1
すうがく
数学です。 > 수학이요.

> 초등학교 때는 수학을 算数(さんすう)과목을 理科(りか)라고 하고, 주학교 때는 数学, 理科, 고등학교 때는 数学를 강고, 과학만 科学랑 묶지 아고래 物理, 化学, 生物, 地球科学으로 나눕니다.

数学 国語(こくご) 국어 ┃ 科学(かがく) 과학 ┃ 物理(ぶつり) 물리 ┃ 化学(かがく) 화학
生物(せいぶつ) 생물 ┃ 地球科学(ちきゅうかがく) 지구과학 ┃ 体育(たいいく) 체육
音楽(おんがく) 음악 ┃ 美術(びじゅつ) 미술 ┃ 歴史(れきし) 역사 ┃ 日本史(にほんし) 일본사
世界史(せかいし) 세계사 ┃ 社会(しゃかい) 사회 ┃ 地理(ちり) 지리 ┃ 倫理(りんり) 윤리
道徳(どうとく) 도덕 ┃ 技術(ぎじゅつ) 기술 ┃ 工作(こうさく) 공작

A2
えいご せんせい す
英語の先生が好きだったので、英語が好きでした。
> 영어 선생님을 좋아해서 영어를 좋아했어요.

〜ので/〜から 〜のでは '〜이어서, 이기 때문에'예요. 같은 의미의 〜からは 〜ので와 쓰임이 거의 같아요.
다만 〜ので가 조금 더 부드럽고 객관적인 이유라는 느낌이 있어요.
バスが遅(おく)れたので遅刻(ちこく)しました。 버스가 늦어서 지각했어요.
バスが遅れたから遅刻しました。 버스가 늦었기 때문에 지각했어요.

> 버스가 늦어서 그런 거야니까 나는 나쁘지 않다는 느낌을 주려, 이랴 같이 〜から를 쓰면 변명하는 느낌이도 지각했을 때는 〜の로 쓰기!

A3
りすうけい す とく せいぶつ だいがく せいぶつ
理数系が好きでしたね。特に生物が好きで、大学では生物を
せんこう
専攻しました。
> 이과 계통을 좋아했어요. 특히 생물을 좋아해서 대학에서는 생물을 전공했어요.

Words 科目 과목 ┃ 遅れる 늦다 ┃ 遅刻する 지각하다 ┃ 専攻する 전공하다

Q132 嫌(きら)いな科目(かもく)は何(なん)でしたか？

싫어하는 과목은 뭐였어요?

좋아하면 好きだ, 싫어하면 嫌いだ라고 하죠. 공손하게 표현하고 싶다면 好きです(좋아해요), 嫌(きら)いです(싫어해요)와 같이 써요. 좋으면 いい, 싫으면 嫌(いや)だ도 마찬가지로 いいです(좋아요), 嫌です(싫어요)라고 하면 돼요.

A1 英語(えいご)が嫌(きら)いでした。 > 영어를 싫어했어요.

A2 勉強自体(べんきょうじたい)が好きじゃありませんでした。

> 공부 자체를 좋아하지 않았어요.

A3 暗記科目(あんきかもく)が苦手(にがて)でした。 > 암기 과목을 잘 못했어요.

A4 体育(たいいく)以外(いがい)はみんな嫌(きら)いでした。 > 체육 말고는 다 싫어했어요.

A5 物理(ぶつり)です。物理(ぶつり)と聞(き)いただけで、頭痛(ずつう)がするほどでした。

> 물리예요. 물리란 말만 들어도 두통이 생길 지경이었어요.

물리라 말만 들어도
머리가 아파요라고 할 때는
物理を聞いただけで、
頭が痛くなります.
라고 하면 됩니다.

〜だけで 〜だけで(〜만 해도)는 聞(き)く, 見(み)る, 考(かんが)える와 같은 동사와 어울려 실제 경험하지 않고도 알 수 있다는 의미를 나타내요.

聞く 듣다 聞いただけで、誰(だれ)だかすぐわかります。 듣기만 해도 누군지 금방 알 수 있어요.

見る 보다 見ただけで、性格(せいかく)がわかります。 보기만 해도 성격을 알 수 있어요.

↳ 私(わたし)も物理(ぶつり)と聞(き)くだけでも嫌(きら)いです。 > 저도 물리란 소리만 들어도 싫네요.

Words 勉強自体 공부 자체 | 暗記科目 암기 과목 | 頭痛 두통 | 頭が痛い 머리가 아프다 | 考える 생각하다

Q133 どんな学生でしたか？
어떤 학생이었나요?

오래 전에 TV 외화로 방영되어 인기를 끌었던 「말괄량이 삐삐」의 삐삐, 말괄량이의 대명사가 됐죠. 스웨덴의 유명한 아동문학가인 아스트리드 린드그렌(Astrid Lindgren)의 「내 이름은 삐삐 롱스타킹」이 원작인데요. 일본에서 長(なが)くつ下(した)のピッピ로 번역됐어요. 말괄량이, 왈가닥은 おてんば라고 해요. 혹 여러분의 학창 시절이 おてんば 삐삐와 오버랩되고 있진 않나요?

A1 おとなしくて、目立たない生徒でした。
> 얌전하고 눈에 띄지 않는 학생이었어요.

> 生徒는 초고등학교에서 교육을 받는 사람, 学生는 학교에서 공부하는 사람을 말하지만, 주로 대학에서 공부하는 사람을 가리키는 말이에요.

おとなしくて、目立たない 普通(ふつう)の生徒 평범한 학생 ｜ おとなしい生徒 얌전한 학생
目立つ生徒 눈에 띄는 학생 ｜ 落(お)ちこぼれ 뒤처지는 아이
いたずらっ子(こ) 말썽꾸러기 ｜ 優等生(ゆうとうせい) 우등생
模範生(もはんせい) 모범생

A2 先生の言うことをよく聞く、真面目な生徒でした。
> 선생님 말씀을 잘 듣는 성실한 학생이었어요.

A3 優等生でした。いつも図書館にこもって勉強ばかりしてました。
> 우등생이었어요. 항상 도서관에 틀어박혀 공부만 했어요.

A4 授業をさぼってはよく先生に叱られました。
> 수업을 빼먹어서 선생님께 자주 혼나곤 했어요.

～ては ～ては는 '～하고는, ～했다가는'이란 뜻으로 반복을 나타내요.
ラジオを聞いては、はがきを書いていました。 라디오를 들으며 엽서를 쓰곤 했어요.
幼い頃は雪(ゆき)を見ては喜(よろこ)んでいました。 어릴 때는 눈을 보고 즐거워하곤 했어요.

僕もいたずらっ子でいつも先生に叱られていました。
> 저도 장난꾸러기라서 항상 선생님께 혼났어요.

Words おとなしい 얌전하다 ｜ 目立つ 눈에 띄다 ｜ 目立たない 눈에 띄지 않다 ｜ 生徒 생도, 학생
さぼる 게을리하다 ｜ 叱られる 혼나다 ｜ 幼い 어리다 ｜ 喜ぶ 즐거워하다, 기뻐하다

Q134 アルバイトの経験はありますか？
아르바이트 경험 있어요?

アルバイトをしたことはありますか？(아르바이트를 한 적 있어요?)와 같이 질문할 수도 있어요. お小遣(こづか)い가 넉넉하지 않을 때나 생활비나 학비가 필요할 때 アルバイト, パート(파트타임)를 하게 되죠. 머니머니해도 머니 받는 날이 제일 신나죠. バイト料(りょう)＝バイト代(だい)! 물론 時給(じきゅう)에 따라 기쁨의 차이가 생기겠지만요.

A1 はい、大学時代、色々なアルバイトをしました。
> 네, 대학 시절 여러 가지 아르바이트를 했어요.

A2 はい、学費を稼ぐためにアルバイトをしていました。
> 네, 학비를 벌기 위해서 아르바이트를 했어요.

稼ぐ　稼(かせ)ぐ는 노동의 결과로 돈을 벌다, 儲(もう)ける는 도박 등으로 돈을 벌어들이다, 貯(た)める는 돈을 모으다, 저축하다라는 뜻이에요.
お金を稼ぐ方法(ほうほう)は、やはりコツコツ働(はたら)くのが一番(いちばん)です。
돈을 모으는 방법은 역시 묵묵히 일하는 것이 최고예요.
宝(たから)くじに当(あ)たって100万円儲けました。복권에 당첨되어 100만 엔을 벌었어요.
資格(しかく)を取得(しゅとく)するために、お金を貯めました。
자격증을 취득하기 위해서 돈을 저축했어요.

A3 いいえ、アルバイトはしないで、学業に専念していました。
> 아뇨, 아르바이트는 안 하고 학업에 전념했어요.

A4 ありません。親の仕送りで生活しました。今では後悔しています。
> 없어요. 부모님의 도움으로 생활했거든요. 지금은 후회하고 있어요.

Words お小遣い 용돈 | 時給 시급 | 稼ぐ 벌다 | 儲ける 벌다, 이익을 얻다 | 貯める 저축하다 | 方法 방법
やはり 역시 | コツコツ 꾸준히 | 働く 일하다 | 一番 가장, 제일 | 宝くじ 복권 | 当たる 당첨하다
資格 자격 | 取得する 취득하다 | 専念する 전념하다 | 親 부모님 | 仕送り 생활비나 학비를 보내 줌
後悔する 후회하다

Q135 　**それはどんなアルバイトでしたか？**
그건 어떤 아르바이트였나요?

アルバイ트는 아르바이트, バイト는 알바에 해당해요. 말을 생략하거나 축약해서 쓰면 편리하긴 하죠. 종종 같은 나라 사람들끼리도 소통불능일 때가 있지만요^^ 일본에서는 ファミリーレストラン을 ファミレス, パートタイム를 パート, メールアドレス를 メアド, インターネットカフェ를 ネットカフェ라고 해요.

A1 主に**家庭教師**でした。 > 주로 과외였어요.

家庭教師　コンビニのバイト 편의점 아르바이트 | ファーストフードのバイト 패스트푸드점 아르바이트
スーパーのレジ打(う)ち 슈퍼의 계산대 | 家庭教師(かていきょうし) 가정교사
ファミレスの皿洗(さらあら)い 패밀리 레스토랑의 설거지 | ホールの仕事(しごと) 홀 서빙
交通整理(こうつうせいり)のバイト 교통정리 아르바이트
ティッシュ配(くば)りのバイト 티슈 나눠 주는 알바

A2 コンビニで深夜に働きましたが、**本当に大変でした。**
> 편의점에서 심야에 일했는데 정말 힘들었어요.

A3 いろいろしましたよ。コンビニのバイトに**ファミレスの皿洗**
いに…。
> 여러 가지 했어요. 편의점 알바에 패밀리 레스토랑 설거지에….

 でも、いい経験になったでしょう。 > 그렇지만 좋은 경험이 됐잖아요.

A4 ファミレスでホールの仕事をしました。**まかないが付いてい**
て**とても助かりました。**
> 패밀리 레스토랑에서 홀 서빙을 했어요. 식사가 제공되어 많은 도움이 됐죠.

まかないが付いていて　まかない는 동사 賄(まかな)う에서 온 말로 '조달하다, 밥을 먹게 해 주다'라는 뜻이 있어요. 식사 제공은 まかない付(つ)き＝食事(しょくじ)付きᆸ니다.

Words　ファミリーレストラン 패밀리 레스토랑 | パートタイム 파트타임 | メールアドレス 메일 주소
インターネットカフェ 인터넷 카페 | 主に 주로 | 家庭教師 가정교사 | レジ 계산대 | 打つ 치다
レジ打ち 계산대 입력 | 配る 분배하다 | 深夜 심야 | 働く 일하다 | 大変だ 힘들다 | 洗う 씻다
いい経験になる 좋은 경험이 되다 | 助かる 살아나다, 도움이 되다

Q136 **子供の頃、何になりたかった**
ですか？
어린 시절에는 뭐가 되고 싶었나요?

子供の頃の夢(ゆめ)를 물어보는 질문이에요. 夢는 夢が叶(かな)う, 夢を叶(かな)える를 써서 표현합니다. 꿈을 이룬 경우는 夢が叶ったんですね.(꿈이 이뤄졌군요.)라고 해요.

A1 **パイロット**です。 > 파일럿이요.

パイロット　大統領(だいとうりょう) 대통령 ｜ 消防士(しょうぼうし) 소방관 ｜ コメディアン 코미디언
　　　　　歌手(かしゅ) 가수 ｜ タレント 탤런트 ｜ 画家(がか) 화가 ｜ 作家(さっか) 작가
　　　　　野球選手(やきゅうせんしゅ) 야구 선수 ｜ 社長(しゃちょう) 사장 ｜ プロゲーマー 프로게이머

↳ **パイロットって男の子が一度は憧れますよね。**
　　> 파일럿은 남자아이라면 한 번은 동경하죠.

A2 ありきたりですけど、**看護師**でした。 > 평범하지만 간호사였어요.

ありきたり　ありきたりだ는 '본래부터 흔히 있다, 평범하다'라는 뜻이에요.
　　　　　동사 ありふれる(흔하다)로 바꿔 말해도 돼요.
　　　　　ありきたりな職業(しょくぎょう)ですけど=ありふれた職業ですけど 흔한 직업이지만
　　　　　ありきたりな夢(ゆめ)ですけど=ありふれた夢ですけど 흔한 꿈이지만

A3 **子供の頃は大統領**になりたかったです。
　　> 어릴 때는 대통령이 되고 싶었어요.

A4 **病気の人を救う医師**に憧れていました。
　　> 병에 걸린 사람을 구하는 의사라는 직업을 동경했어요.

Words　夢 꿈 ｜ 叶う 희망대로 되다, 이루어지다 ｜ 叶える 뜻대로 하게 하다 ｜ 憧れる 동경하다, 그리워하다
　　　　　病気 병, 질병 ｜ 救う 구하다, 살리다

Q137 大学(だいがく)での専攻(せんこう)は何(なん)ですか？
대학에서 전공이 뭐예요?

大学은 国立(こくりつ), 私立(しりつ)로 나뉘고, 専門学校(せんもんがっこう), 短期(たんき)大学, 4年制(よねんせい)大学, 大学院(だいがくいん) 과정이 있죠. 학사는 学士(がくし), 석사는 修士(しゅうし), 박사는 博士(はくし) 또는 博士(はかせ)라고 해요. はかせ로 읽을 때는 彼は物知(ものし)り博士(はかせ)です. (그는 척척박사예요.)와 같이 '박식하다'라는 의미로 통해요.

A1 教育学(きょういくがく)です。 > 교육학이요.

A2 教育学を専攻しました。 > 교육학을 전공했어요.

A3 医者(いしゃ)になることを目指(めざ)していたので、医学部(いがくぶ)に進学(しんがく)しました。
> 의사 지망생이었기 때문에 의대에 진학했어요.

> 의사가 되기로 결정했기 때문이라고 하고 싶을 때는 医者になろうと決(き)めていたので라고 말하면 돼요.

A4 世界(せかい)に出(で)て働(はたら)きたかったので、国際関係学(こくさいかんけいがく)を学(まな)びました。
> 세계로 나가서 일하고 싶었기 때문에 국제관계학을 공부했어요.

A5 これからは福祉(ふくし)に力(ちから)を入(い)れなければならないと思(おも)い、社会福祉学(しゃかいふくしがく)を専攻(せんこう)しました。
> 앞으로는 복지에 힘을 써야 한다고 생각해서, 사회복지학을 전공했어요.

A6 料理(りょうり)が好(す)きだったので、調理専門学校(ちょうりせんもんがっこう)に進(すす)みました。
> 요리를 좋아했기 때문에 조리 전문학교에 진학했어요.

Words 専門学校 전문학교 ┃ 短期大学 단기대학 ┃ 大学 대학 ┃ 大学院 대학원 ┃ 修士 석사
博士 박사, 척척박사 ┃ 物知り 박식함, 또는 그런 사람 ┃ 目指す 목표로 하다 ┃ 決める 정하다, 결정하다
働く 일하다 ┃ 学ぶ 배우다, 익히다 ┃ 福祉 복지 ┃ 力を入れる 힘을 주다 ┃ 進む 나아가다, 진학하다

今、どんな仕事をしているんですか？
지금 어떤 일을 하고 있어요?

일반적인 직업에 관한 질문은 お仕事は何ですか？(일은 뭐예요?)로 해요. 정중하게 물어볼 때는 お仕事は何をされてるんですか？(무슨 일을 하고 계신가요?), 어떤 일에 몸담고 있는지 물어볼 때는 どんな仕事に携(たずさ)わっていますか？(어떤 일에 종사하고 있어요?)라고 해요.

A1 営業の仕事です。 > 영업 일이요.

A2 OLをやっています。 > 직장 여성이에요.

A3 商品開発をしています。 > 상품 개발을 하고 있어요.

A4 新しいゲームの製作に携わっています。
> 새로운 게임 제작에 임하고 있어요.

新しいゲームの製作 営業(えいぎょう)の仕事(しごと) 영업 일 | 商品(しょうひん)の開発(かいはつ) 상품 개발
医療関係(いりょうかんけい)の仕事 의료 관계 일

A5 新しい半導体を開発するために研究漬けの毎日です。
> 새로운 반도체를 개발하기 위해서 매일 연구에 절어 있어요.

研究漬け ~漬けは 그것에 열중하거나 그것 없이는 있을 수 없는 것을 나타내요.
朝(あさ)から晩(ばん)まで仕事漬けの毎日です。 아침부터 밤까지 매일 일에 절어 살아요.

↳ それは、大変ですね。体持ちますか。
> 그거 힘들겠네요. 몸이 버티겠어요?

> 몸이 버티겠냐는 질문은 体持ちますか로 해요. 持つ에 '상태가 오래 가다, 지속하다, 견디어 나가다'라는 뜻이 있어요.

Words 携わる 관계하다, 임하다 | OL (office+lady) 여사원 | 半導体 반도체 | 研究 연구

Q139 今の仕事はどのくらいしているんですか？

지금 하는 일은 얼마나 됐어요?

新入社員(しんにゅうしゃいん)으로 입사해서 新米(しんまい), 新人(しんじん) 소리를 듣던 때가 엊그제 같은데 지금은 입사 ～年目(ねんめ)의 社会人(しゃかいじん), 베테랑이 되어 계시죠? 직급이 없는 평사원은 페ー페ー＝平社員(ひらしゃいん)이라고 해요. 페ー페ー는 平를 平々(ぺいぺい)라고 읽는 것에서 시작됐어요.

A1 ちょうど**3年**目です。 > 꼭 3년째예요.

A2 丸**3年**になります。 > 만 3년 됐어요.

A3 早いもので、**5年**が経ちました。 > 순식간에 5년이 지났어요.

> 早いもので는 '어느새, 순식간에'라는 의미로 시간이 빨리 지나간다는 표현이에요.

A4 今年の4月に入社したばかりです。 > 올해 4월에 막 입사했어요.

A5 まだ始めて間がありません。新米です。
> 시작해서 얼마 안 되었어요. 신입이에요.

間がありません 間에 '틈, 짬'이라는 뜻이 있어 間がない를 직역하면 '틈이 없다, 짬이 없다'가 돼요. ～たばかりです(막 ～했어요)와 같은 의미예요.
入社して間がない。＝入社したばかりです。입사한 지 얼마 안 되었어요.

↳ 慣れるの大変でしょう。 > 적응하기가 힘들죠?

Words 新入社員 신입 사원 | 新米 새로운 쌀, 햅쌀, 신참 | 新人 신참, 새로운 얼굴 | ～年目 ～년째
社会人 사회인 | ベテラン 베테랑 | ちょうど 꼭, 정확히 | 丸～ 만～ | 経つ 지나다, 경과하다
入社する 입사하다 | 慣れる 익숙해지다

どうして今の仕事に就いたんですか？

어떤 계기로 지금 일을 하게 되었어요?

就(つ)く라는 단어는 '종사하다, 취직하다'라는 뜻이에요. '일에 종사하다'라는 의미로 職(しょく)에 就く, 仕事に就く와 같이 쓰죠. 就職(しゅうしょく)의 就 자네요. 일본에 있는 일본어 학교에 공부하러 가면 이때는 留学가 아니라 就学(しゅうがく)라고 한답니다.

A1 **子供が好きだったからです。** > 아이를 좋아했기 때문이에요.

A2 **医者になるのが昔からの夢だったからです。**
> 의사가 되는 것이 오래된 꿈이었거든요.

....

↳ **夢が叶ったんですね。** > 꿈을 이루셨네요.

A3 **長男なので親の家業を継いだまでです。**
> 장남이라서 부모님의 가업을 이었을 뿐이에요.

A4 **世の中のためになる仕事がしたかったからです。**
> 세상에 도움이 되는 일을 하고 싶었기 때문이에요.

A5 **特にやりたかった仕事ではないんですが、**

気が付いたらこの仕事をしてました。
> 특별히 하고 싶었던 일은 아닌데, 정신을 차려 보니 이 일을 하고 있었어요.

> 어떻게 하다 보니 이 일을 하고 있었어요. 라고 말하고 싶으면 流(なが)されているうちにしてました。라고 하면 돼요.

Words 夢が叶なう 꿈이 이루어지다 | 親 부모 | 家業を継ぐ 가업을 잇다 | 気が付く 생각이 나다, 주의가 미치다
流される (흐름에) 휩쓸리다, 자주적이지 못하고 주위의 환경이나 조건에 쉽게 좌우되다 | ～うちに ～하는 중에

Q141 仕事でミスしたことはありますか？
일하다 실수한 적 있어요?

실수하다는 ミスする라고 하는데, 줄여서 ミスる라고 말하기도 해요. 틀리면 間違(まちが)える, 가벼운 실수나 일반적인 실수는 失敗(しっぱい)する, 큰 실수는 失態(しったい)를 犯(おか)す라고 합니다.

A1 たまに、あります。 > 가끔 있어요.

A2 いつもミスして上司に怒られています。
> 항상 실수를 해서 상사에게 혼나요.

〜に怒られる　怒(おこ)る 화내다, 꾸짖다　〜に怒られる 〜에게 화냄을 당하다 → 혼나다
　　　　　　　叱(しか)る 꾸짖다, 혼내다　〜に叱られる 〜에게 혼남을 당하다 → 혼나다
　　　　　　　怒鳴(どな)る 야단치다　　〜に怒鳴られる 〜에게 야단맞다 → 야단맞다
　　　　　　　どやす 호통치다　　　　〜にどやされる 〜에게 호통침을 당하다 → 버럭 혼나다
　　　　　　　叩(たた)く 치다　　　　〜に叩かれる 〜에게 맞음을 당하다 → 맞다

 見かけによらず、そそっかしいんですね。
> 보기와 다르게 덜렁대는군요.

A3 いいえ、ありません。常にミスのないように気をつけています。
> 아뇨, 없어요. 늘 실수를 하지 않으려고 신경 쓰고 있어요.

A4 細心の注意を払っているので、まず、ミスすることはありません。
> 세심한 주의를 기울이고 있어서 거의 실수할 일은 없어요.

Words　たまに 가끔 | 上司 상사 | 見かけによらず 보기와는 다르다 | そそっかしい 덜렁대다
常に 늘, 항상, 언제나 | 気をつける 신경 쓰다 | 細心 세심 | 注意 주의
払う 제거하다, 내다, 마음을 기울이다

Q142 仕事を辞めたいと思ったことはありますか？
일을 그만두고 싶은 적 있어요?

직역하면 일을 그만두고 싶다고 생각한 적 있어요?로 일을 그만두다는 辞(や)める, 退職(たいしょく)する를 써요. 원하지 않는데 잘리는 것은 首(くび)になる, 辞(や)めさせられる이고, 자르는 입장에서는 首にする, 辞めさせる를 씁니다.

A1 毎日のように思っています。 > 매일같이 생각하고 있어요.

A2 いいえ、一度も。この仕事が私の天職だと思っています。
> 아뇨, 한번도요. 이 일을 저의 천직이라고 생각해요.

A3 辞めたいのは山々なんですが、家族のことを考えると辞められません。
> 그만두고 싶은 마음은 굴뚝 같은데, 가족을 생각하면 못 그만두는 거죠.

山々なんですが는 그렇게 하고 싶은데 할 수 없다는 안타까움을 담은 말이에요.

A4 あ、分かっちゃいました？本気で辞めようかと思っているんですよ。
> 앗, 어떻게 알았어요? 진심으로 그만둘까 생각하고 있었거든요.

分かっちゃいました | 分かっちゃいました는 分かってしまいました(알아 버리다)로, 어떻게 알았냐고 질문할 때 써요. 分かっちゃいましたか?에서 의문을 나타내는 か를 빼고 끝을 올려서 말하면 의문문을 만들 수 있어요. 하지만 윗사람에게 쓰면 버릇없이 느껴질 수 있으니 주의!

↳ 顔見たらすぐ分かりますよ。 > 얼굴에 쓰여 있어요.

Words | 辞める 그만두다 | 退職する 퇴직하다 | 首になる 잘리다 | 辞めさせられる 해고되다
首にする 자르다 | 辞めさせる 그만두게 하다 | 天職 천직 | 本気 진심, 본심 | 顔 얼굴

Q143 仕事をしていてやりがいを感じた
ことはありますか？
일을 하면서 보람을 느낀 적이 있어요?

やりがいは '일을 하면서 얻은 보람'이란 뜻으로, ~甲斐(がい)를 쓰면 행동한
효과, 노력한 결과가 나타나는 것이에요. 사는 보람은 生きがい, 부탁한 보람은
頼(たの)みがいが 되는 거죠.

A1 お客さんに喜んでもらえた時です。 > 손님이 기뻐하셨을 때예요.

お客さんに喜んでもらえた時　給料(きゅうりょう)をもらった時 월급을 받았을 때
ボーナスをもらった時 보너스를 받았을 때
給料が上(あ)がった時 월급이 올랐을 때
昇進(しょうしん)した時 승진했을 때
仕事(しごと)がうまくいった時 일이 잘됐을 때
尊敬(そんけい)する先輩(せんぱい)が認(みと)めてくれた時
존경하는 선배가 인정해 줬을 때

A2 自分の思いがうまく形として表現できた時にやりがいを感じ
ます。
> 제 생각이 뜻대로 완벽하게 표현됐을 때 보람을 느껴요.

A3 はい、ありますよ。患者さんが完治して退院する時、この仕
事をしていてよかったと思います。
> 네, 있어요. 환자가 완치되어 퇴원할 때, 이 일을 하길 잘했구나 하고 생각해요.

Words 喜ぶ 즐거워하다, 기뻐하다, 좋아하다 | 給料 월급 | 上がる 오르다 | 昇進する 승진하다
うまく 목적한 대로 | 仕事がうまくいく 일이 잘되다, 일이 잘 풀리다 | 尊敬する 존경하다
認める 인정하다 | 形 형태 | 患者 환자 | 完治する 완치하다 | 退院する 퇴원하다

Q144 夏休(なつやす)みはいつからいつまでですか？
여름휴가는 언제부터 언제까지예요?

일본에서는 휴가와 방학을 통틀어 休(やす)み라고 해요. 여름휴가, 여름방학은 夏休(なつやす)み, 겨울휴가, 겨울방학은 冬(ふゆ)休み, 봄방학은 春(はる)休み라고 합니다. 휴가가 끝나고 다음 날은 休み明(あ)け라고 하는데, ~明け라고 하면 어떤 시기가 끝난 것, 끝난 직후를 의미해요. 연휴가 끝난 다음 날은 連休(れんきゅう)明け, 장마가 끝난 다음 날은 梅雨(つゆ)明け라고 하죠.

A1 夏休(なつやす)みは8月(はちがつ)10日(とおか)から三日間(みっかかん)です。
> 여름휴가는 8월 10일부터 3일간이에요.

A2 8月(はち)の8、9(きゅう)、10(じゅう)、11日(じゅういちにち)の四日間(よっかかん)です。
> 8월 8, 9, 10, 11일로 4일간이에요.

A3 夏休みは7月31日(しちがつさんじゅういちにち)から8月5日(はちがついつか)までです。
> 여름휴가는 7월 31일부터 8월 5일까지예요.

A4 学校の夏休みは7月の中旬(ちゅうじゅん)から8月の終(お)わりまでです。
> 학교 여름방학은 7월 중순부터 8월 말까지예요.

時期
~月(がつ)の頭(あたま) ~월 초 | ~月の始(はじ)め ~월 시작, ~월 초
上旬(じょうじゅん) 초순 | 中旬(ちゅうじゅん) 중순 | 下旬(げじゅん) 하순
~月の辺(あた)り ~월께, ~월쯤 | ~月ごろ ~월경, ~월쯤
~月の末(すえ) ~월 말 | ~月の終(お)わり ~월 마지막, ~월 말 | 月末(げつまつ) 월말

A5 今年(ことし)は仕事(しごと)が忙(いそが)しくて、8月9、10の二日(ふつか)しかもらえないかもしれません。
> 올해는 일이 바빠서 8월 9, 10 이틀밖에 못 받을지 몰라요.

Words 今年(ことし) 올해 | 忙(いそが)しい 바쁘다 | ~かもしれません ~지도 모릅니다

Q145 仕事はいつが休みですか？
일은 언제 쉬나요？

휴일이 언제인지를 묻는 질문으로 休みはいつですか？(휴일이 언제예요?), 定休日(ていきゅうび)はいつですか？(정기 휴일은 언제예요?), 仕事は何曜日(なんようび)が休みですか？(일은 무슨 요일에 쉬나요?)와 같이 질문할 수 있어요.

A1 土曜日と日曜日です。 > 토요일과 일요일이에요.

A2 うちの会社は週休二日制なので土日が休みです。
> 우리 회사는 주 5일제라서 토일이 쉬는 날이에요.

A3 サービス業なので、週末は仕事をして平日に交替で休みます。
> 서비스업이라 주말에 일하고 평일에 돌아가면서 쉬어요.

A4 一ヶ月に2回休みます。第2、第4月曜日です。
> 한 달에 2번 쉬어요. 둘째, 넷째 주 월요일이요.

↳ それは大変ですね。 > 그거 힘들겠네요.

A5 私は自営業なので、休みは特に決まっていません。
> 저는 자영업이라서 휴일은 특별히 정해져 있지 않아요.

Words うち 우리 | 週休二日制 주 5일제 | 土日 토요일과 일요일 | サービス業 서비스업 | 週末 주말
平日 평일 | 交替 교체, 교대 | 第2月曜日 제2 월요일, 둘째 주 월요일 | 大変だ 힘들다
自営業 자영업 | 決まる 결정되다, 정해지다

Q146 **休みはいつも何をしますか?**
평소 휴일에는 뭐 하고 지내나요?

열심히 일한 당신 즐겨라~ 휴일에 뭐 하며 보내는지 질문하고 싶을 때는 休日
(きゅうじつ)、いつも何をして過ごしますか?(휴일에 항상 뭐 하며 지내
요?), お休みの日にはいつも何をして過ごしていますか?(휴일에는 늘 뭐 하
며 지내고 있어요?)라고 말해요.

A1 **家でゆっくり休みます。** > 집에서 푹 쉬어요.

家でゆっくり休みます   丸一日(まるいちにち)寝(ね)ます 하루 종일 자요
デートします 데이트해요
子供(こども)と出(で)かけます 아이와 외출해요
テレビを見ます TV를 봐요
休日(きゅうじつ)もバイトです 휴일에도 아르바이트 있어요

A2 **テレビを見たり本を読んだりして過ごします。**
> TV를 보거나 책을 보거나 하고 지내요.

A3 **休みの日は、朝から大好きな山登りに出かけます。**
> 휴일에는 아침부터 가장 좋아하는 등산을 가요.

A4 **スポーツが好きなので、休みの日はスポーツを楽しんでいます。**
> 스포츠를 좋아해서 쉬는 날에는 스포츠를 즐기고 있어요.

A5 **溜まった家事を一気に片付けます。**
> 밀린 집안일을 한꺼번에 정리해요.

Words   過ごす 지내다 | 休日 휴일 | 山登り 등산 | 溜まる 쌓이다, 밀리다

Q147 部屋の掃除はよくするほうですか？
へ や　　　そう じ

집 청소는 자주 하는 편인가요?

청소를 해 볼까요. 먼저 지저분하다는 散(ち)らかっている, 정리하다는 片付(か
たづ)ける, 비로 쓸다는 ほうきで掃(は)く, 쓰레받기를 쓰다는 ちりとりを使
(つか)う예요. 청소기를 돌리다는 掃除機(そうじき)をかける, 물걸레로 닦다는
雑巾(ぞうきん)で拭(ふ)く예요. 部屋がピカピカ! 기분이 산뜻해졌어요.

A1 はい、よくします。 > 네, 자주 해요.

A2 毎日しています。 > 매일 하고 있어요.

A3 いいえ、あまりしません。 > 아뇨, 별로 안 해요.

A4 平日はできませんが、休日には必ずしています。
へいじつ　　　　　　　　　　きゅうじつ　　かなら
> 평일에는 못하지만 휴일에는 꼭 해요.

A5 私はきれい好きなので、どんなに忙しくても掃除は欠かし
ず　　　　　　　　　　いそが　　　　　　　　　か
ません。
> 저는 깨끗한 것을 좋아해서 아무리 바빠도 청소는 빼놓지 않아요.

A6 全然していません。ゴミ屋敷寸前です。
ぜんぜん　　　　　　や しきすんぜん
> 전혀 안 해요. 쓰레기장이 되기 직전이에요.

寸前은 '직전, 바로 앞'
이라는 뜻으로 破産(はさん)
寸前です。(파산 직전이에요.),
倒(たお)れる 寸前です。
(쓰러지기 직전이에요.)와 같이 써요.

Words 散らかる 흩어지다, 어질러지다 | 片付ける 정리하다 | ほうき 비 | 掃く 쓸다 | ちりとり 쓰레받기
使う 쓰다, 사용하다 | 掃除機 청소기 | かける 걸다, 기계를 움직여 작동시키다 | 雑巾 걸레
拭く 닦다 | 平日 평일 | 必ず 꼭 | 欠かす 빠뜨리다, 거르다 | ゴミ屋敷 쓰레기장
破産 파산 | 倒れる 쓰러지다, 넘어지다

Q148 週末には何をして過ごしましたか？
주말에는 뭐 하며 보냈어요?

주말에 무엇을 했는지를 과거형으로 말하는 연습이에요. 앞에서 배운 표현을 다시 한번 실전처럼 해 보세요.

A1 仕事をしていました。 > 일했어요.

A2 試験前なので、図書館で勉強しました。
> 시험 전이라 도서관에서 공부했어요.

A3 恋人と映画を見たり食事をしたりしました。
> 애인과 영화를 보거나 밥을 먹거나 했어요.

A4 特にすることもなく、家でゴロゴロしていました。
> 특별히 하는 일 없이 집에서 뒹굴뒹굴했어요.

↳ せっかくの週末なのに…。 > 모처럼 맞는 주말인데….

A5 家族と一緒に遊園地に遊びに行きました。
> 가족과 함께 놀이공원에 놀러 갔어요.

Words 恋人 애인 | 食事をする 밥을 먹다 | 実家 친정, 생가

Q149 こん ど やす なに よ てい
今度の休みは何をする予定ですか？
이번 휴일은 뭐 할 예정이에요?

휴일에 무엇을 할 예정인지를 미래형으로 말하는 연습이에요. 여기서 今度는 今度うちの学校に転校(てんこう)してきた友達(이번에 우리 학교에 전학 온 친구)와 같이 '이번에'라는 의미와 今度会いましょう。(다음에 만나요.)와 같이 '다음에'라는 의미가 있어요.

A1 とく よ てい
特に予定はありません。 > 특별한 예정은 없어요.

A2 し けんべんきょう よ てい
試験勉強をする予定です。 > 시험공부를 할 예정이에요.

試験勉強をする　釣(つ)りに行(い)く 낚시를 가다, 낚시를 갈
　　　　　　　　旅行(りょこう)に行く 여행을 가다, 여행을 갈
　　　　　　　　友達(ともだち)に会う 친구를 만나다, 친구를 만날
　　　　　　　　映画を見る 영화를 보다, 영화를 볼
　　　　　　　　美容院(びよういん)に行く 미용실에 가다, 미용실에 갈

A3 ともだち えい が み やくそく
友達と映画を見に行く約束をしています。
> 친구와 영화 보러 가기로 약속했어요.

いっしょ い おも ざんねん
一緒にどこかに行こうかと思ったんですが… 残念です。
> 함께 어딘가 갈까 했는데… 아쉽네요.

A4 いえ ざんねん こん ど やす し ごと
家でのんびりしたいけど…、残念ながら、今度の休みは仕事をしなければなりません。
> 집에서 쉬고 싶은데 유감스럽게도 이번 휴일에는 일을 해야만 해요.

Words 釣り 낚시 | 残念だ 유감이다 | のんびり 유유히, 한가로이

Real Life conversation

Scene #12

"학교와 일"에 대한 즉문즉답
실전회화트레이닝

민우와 미키의 학교 이야기

ミキ	ミヌさんは、学生時代勉強がよくできたほうですか？	민우 씨는 학창 시절 공부를 잘한 편이었나요?
ミヌ	全然！運動部だから時間がなくて、あまり勉強できませんでした。	전혀요! 운동부라 시간이 없어서 그다지 공부를 잘하지 못했어요.
ミキ	そんなことないんじゃないんですか？	그럴 리가 있나요?
ミキ	どんな科目が好きだったんですか？	어떤 과목을 좋아했어요?
ミヌ	体育です。運動が好きでしたから。	체육이요. 운동을 좋아했거든요.
ミキ	やっぱり！	역시!
ミキ	嫌いな教科は？	싫어한 과목은요?
ミヌ	化学。化け学のほうの… 化学式が特に嫌いでした。	화학이요. 科学가 아니라 化け学 쪽 말예요. 특히 화학식이 싫었어요.
ミキ	私も化学と聞いただけで頭が痛くなります。	저도 화학이란 말만 들어도 머리가 아파 오네요.

ミキ	じゃ、どんな学生だったんですか？	그럼 어떤 학생이었나요？
ミヌ	普通でしたよ。いたずらっ子でした。	그저 평범한 장난꾸러기였어요.
ミキ	やっぱりね。	역시 그랬군요.

ミキ	ところで、学生時代アルバイトとかしたりしたんですか？	그런데 학창 시절에 아르바이트 같은 건 해 봤나요？
ミヌ	はい、いろいろしましたよ。コンビニのバイトにファミレスの皿洗いに、今ではいい経験をしたと思っていますよ。	네. 여러 가지 해 봤죠. 편의점 아르바이트에 패밀리 레스토랑 설거지에… 지금 생각하면 좋은 경험이었던 것 같아요.
ミキ	なるほど。すごいです。	과연! 굉장하네요.

ミキ	子供の頃は何になりたかったんですか？	어린 시절에는 뭐가 되고 싶었어요？
ミヌ	子供の頃はパイロットに憧れていました。	어릴 적에는 파일럿을 동경했어요.
ミキ	パイロットですか。かっこいいですね。	파일럿이요! 멋진데요.

ミキ	じゃ、専攻は何だったんですか？	그럼 전공은 뭐였나요？
ミヌ	経済学部に進みました。	경제학을 전공했어요.
ミキ	全然違うんですね。	전혀 다른데요.

ミキ	じゃ、今は？	그럼 지금은요？
ミヌ	今はサラリーマンです。	지금은 샐러리맨이에요.
ミキ	へえ、社会人ってやっぱり大変ですか？	아 네, 사회생활은 역시 힘든가요？
ミヌ	はい、大変ですよ。	네, 힘들어요.

Words 化学(かがく) 화학 | 化(ば)け学(がく) 화학의 다른 말. 化学(かがく)가 科学(かがく)와 발음이 같아 구분하기 쉽게 붙인 말 | 化(ば)ける 둔갑하다 | 化学式(かがくしき) 화학식 | 頭(あたま)が痛(いた)くなる 머리가 아파 오다 | いたずらっ子(こ) 장난꾸러기 | 皿洗(さらあら)い 접시닦이 | 経験(けいけん) 경험

민우와 미키의 일 이야기

ミキ	仕事、長いんですか？	일은 오래되었나요？
ミヌ	いいえ、まだ新米です。	아뇨, 아직 신입이에요.
ミキ	一番下は大変だって聞きますけど…。	맨 밑은 정말 힘들다고들 하던데요.

ミキ	どうして今の仕事に就いたんですか？	어떻게 지금 일을 하게 되었나요？
ミヌ	いろいろな国と関わりあう仕事がしてみたかったんです。	여러 나라와 관련된 일을 해 보고 싶었어요.
ミキ	グローバル時代ですもんね。	글로벌 시대니까요.

ミキ	仕事は面白いですか？ 仕事でミスしたこととかあるんですか？	일은 재미있어요？ 일하다 실수한 적은 없나요？
ミヌ	いつもミスってばかりです。	늘 실수투성이인걸요.

ミキ	転職しようと思ったことはないんですか？	이직을 생각해 본 적은 없나요？
ミヌ	ありますよ。でも、石の上にも3年！と思って頑張ってるんですよ。	있죠. 그렇지만 참고 견디면 좋은 날이 올 거라고 믿고 열심히 하고 있어요.

ミキ	仕事をしていてやりがいを感じたこととかは？	일을 하면서 보람을 느낀 적은요？
ミヌ	やっぱり自分に任せられた仕事がうまくいったときは、やった！って感じです。	역시 저한테 주어진 일을 잘 끝냈을 때는 해냈구나 싶죠.
ミキ	頑張ってるんですね。	열심이시네요.

ミキ	お休みとかはもらえるんですか？ 今年の夏休みはいつだったんですか？	휴가는 쓸 수 있죠? 올여름 휴가는 언제였나요?
ミヌ	8月10日から三日間でした。	8월 10일부터 3일 동안이었죠.
ミキ	短かったんですね。	짧았네요.
ミヌ	はい、あっという間に終わってしまいました。	네. 눈 깜짝할 새에 끝나 버리더군요.

ミキ	会社の休みはいつですか？	회사 휴일은 언제예요?
ミヌ	一応、土日です。 でも、忙しい時は休日出勤もありますよ。	원래는 토일이에요. 그렇지만 바쁠 땐 휴일 출근도 하죠.
ミキ	そうなんですか。	그렇군요.

ミキ	休みの日はいつも何をして過ごすんですか？	휴일엔 늘 뭐 하며 지내나요?
ミヌ	天気の日は外によく出かけますが、天気の悪い日はずっと家にいてゴロゴロしてます。	날씨가 좋을 땐 종종 외출을 하지만 날씨가 나쁠 땐 줄곧 집에서 뒹굴뒹굴하며 보내요.
ミキ	私と一緒です。 それに私は休みの日にまとめて掃除洗濯をするので、あっという間に休みが終わってしまいます。 ミヌさんは掃除はマメにするほうですか？	저와 같네요. 더구나 저는 휴일에 한꺼번에 청소와 세탁을 하니까 쉬는 날이 눈 깜짝할 새에 지나가요. 민우 씨는 청소를 꼼꼼히 하는 편인가요?
ミヌ	僕もずぼらで、まとめてするほうです。	저도 깔끔하지 못한 성격이라 한꺼번에 몰아서 하는 편이에요.

ミキ	ところで、あさっての休みは何をする予定なんですか？	그건 그렇고, 모레 휴일엔 뭐 할 거예요?
ミヌ	特に予定はありません。お天気次第ですね。	특별한 예정은 없어요. 날씨에 따라 달라지죠.
ミキ	天気がよければ、一緒に遊びに行きませんか？	날씨 좋으면 함께 놀러 갈래요?
ミヌ	いいですね。	좋죠.

Words　新米(しんまい) 신입 ｜ 一番下(いちばんした) 맨 밑 ｜ 関(かか)わりあう 관련이 있다. 서로 관계되어 있다
石(いし)の上(うえ)にも3年(さんねん) 돌 위에도 3년, 차가운 돌 위에라도 3년 있으면 따뜻하게 된다라는 뜻으로 참고 노력하면 좋은 날이 온다는 속담. 쥐구멍에도 볕 들 날 있다 ｜ それに 게다가, 더욱이
あっという間(ま) 눈 깜짝할 새 ｜マメに 꼼꼼하게 ｜ ずぼら 흐리터분하다
～次第(しだい)だ ～에 달려 있다. 나름이다

생활과 습관에 대한

Q150

最近、忙しいですか？

요즘 바빠요?

일반적으로 바쁘다는 말은 忙しい를 쓰고, 한가하다는 말은 暇(ひま)だ를 써요. 채팅으로 말을 걸 때 지금 바빠? 하잖아요. 이때는 今(いま)、忙しい？라고 해요. 또는 지금 괜찮아?라는 표현으로 今、大丈夫(だいじょうぶ)？라고 합니다.

A1 はい、毎日忙しいです。 > 네, 매일 바빠요.

A2 猫の手も借りたいほど忙しいです。 > 정신없이 바빠요.

猫の手も借りたいほど 직역하면 '고양이의 손이라도 빌리고 싶을 정도'예요.
ばたばた 벌이 날갯짓하듯 분주하게 움직이는 모양
締(し)め切(き)り時で 마감 때라 | 書(か)き入(い)れ時で 대목 때라서
目(め)が回(まわ)るほど 눈이 돌 정도로

A3 最近はてんてこ舞いの忙しさです。 > 요즘엔 눈코 뜰 새 없이 바빠요.

> てんてこ舞い는 바빠서 이리 뛰고 저리 뛰는 모습을 나타내요.

A4 仕事に追われて寝る暇もありません。 > 일에 쫓겨서 잘 시간도 없어요.

A5 前は忙しかったんですが、最近は不景気で閑古鳥が鳴いています。
> 전에는 바빴는데 요즘은 불경기라서 파리 날리고 있어요.

Words 借りる 빌리다 | ばたばた 벌이 날갯짓하듯 분주하게 움직이는 모양 | 締め切り 마감 | 書き入れ時 대목 때
目が回る 눈이 돌다, 눈이 빙글빙글 돌 정도로 바쁨을 비유 | 〜に追われる 〜에 쫓기다
閑古鳥 뻐꾸기, 두견새 | 鳴く 울다

Q151 体の調子はどうですか？
컨디션은 괜찮아요?

体の調子는 '몸의 상태'를 말해요. 体調(たいちょう)=体の調子이기 때문에 体調がいい(몸 상태가 좋다), 悪い(나쁘다)라고도 써요. 調子(ちょうし), 具合(ぐあい), 컨디션도 비슷한 말로, 体の調子がいい・悪い, 体の具合がいい・悪い, 컨디션がいい・悪い라고 말할 수 있어요.

A1 おかげさまで大丈夫です。 > 덕분에 괜찮아요.

A2 少し風邪気味で、体がだるいです。
> 감기 기운이 좀 있어서 몸이 나른해요.

風邪気味 ~気味는 그러한 경향이나 모습이 있다는 말이에요.
風邪気味 감기 기운 | 焦(あせ)り気味 초초해하는 기미 | 太(ふと)り気味 살찌는 기미

A3 昨日飲み過ぎて、今日は二日酔いです。
> 어제는 과음해서 오늘은 숙취 상태예요.

A4 昔は病気がちでしたが、今はいたって健康です。
> 옛날에는 병치레를 많이 했지만, 지금은 매우 건강해요.

病気がち ~がち는 '~가 많다, ~하는 경향이 많다'는 뜻이에요. 病気がち는 병에 걸린 횟수가 많다는 말이 됩니다.
最近(さいきん)、バスが遅(おく)れがちです。 요즘 버스가 늦는 일이 많아요.
娘(むすめ)は無駄遣(むだづか)いしがちです。 딸은 낭비가 늘었어요.

Words 体調 몸의 상태, 컨디션 | 悪い 나쁘다 | 具合 형태, 상태 | 風邪 감기 | だるい 나른하다
焦る 초조해하다 | 太る 살찌다 | 飲み過ぎる 지나치게 마시다, 과음하다 | 二日酔い 숙취 | 病気 병
健康 건강 | いたって 매우, 대단히 | 遅れる 늦다 | 娘 딸 | 無駄遣い 낭비

Q152 癖(くせ)とかあるんですか？
버릇 같은 거 있어요?

일본에 なくて七癖(ななくせ), 즉 없어도 7가지 버릇이라는 말이 있어요. 아무리 없다 해도 누구나 버릇 하나쯤은 가지고 있다는 말이에요. 癖는 버릇, 癖毛(くせげ)는 곱슬머리로 癖(くせ)ッ毛(け)라고도 해요.

A1 貧乏(びんぼう)ゆすりです。 > 발을 떠는 것이에요.

A2 緊張(きんちょう)すると貧乏ゆすりをする癖があります。
> 긴장하면 발을 떠는 버릇이 있어요.

貧乏ゆすりをする つめを噛(か)む 손톱을 깨무는 | 鼻(はな)くそをほじる 코를 후비는
鼻をこする 코를 만지는 | 髪(かみ)をくるくるする 머리를 돌돌 마는
頭(あたま)をかく 머리를 긁적이는 | 指(ゆび)をしゃぶる 손가락을 빠는
すぐ舌(した)を出(だ)す 바로 혀를 내미는 | かさぶたをはがす 딱지를 떼는
指(ゆび)をポキポキならす 손마디를 꺾어 소리를 내는
考(かんが)え事(ごと)をしながら、ペンをクルクル回(まわ)す 생각을 하면서 펜을 돌리는

A3 いらいらすることがあると、無意識(むいしき)につめを噛(か)んだりします。
> 초초한 일이 있으면 무의식적으로 손톱을 깨물거나 해요.

A4 私は失敗(しっぱい)すると、つい舌(した)を出(だ)しちゃうんです。
> 저는 실수하면 저도 모르게 혀를 내밀게 돼요.

> ~ちゃうと ~てしまう의 회화체 표현으로 つい舌を出してしまうんです 라는 말이에요.

Words 癖 버릇 | 癖がある 버릇이 있다 | 貧乏 가난함 | ゆする 흔들다 | 噛む 깨물다 | ほじる 후비다, 쑤시다
こする 문지르다 | くるくるする 돌돌 말다 | かく 긁다 | しゃぶる 핥다, 빨다 | 出す 내다, 내밀다
はがす 벗기다, 떼다 | ポキポキ 똑똑 | ならす 소리를 내다 | クルクル 뱅글뱅글 | 回す 돌리다

Q153 <ruby>何<rt>なに</rt></ruby><ruby>利<rt>き</rt></ruby>きですか？
어느 쪽 손잡이예요?

> 왼손잡이인지 오른손잡이인지 질문할 때는 '잘 움직이다, 가능하다'라는 의미의 利(き)く를 써요. もしかして左利きですか？(혹시 왼손잡이예요?), 利き手は右と左のどちらですか？(잘 쓰는 손은 오른손과 왼손 중 어느 쪽인가요?)라고요.

A1 <ruby>右<rt>みぎ</rt></ruby><ruby>利<rt>き</rt></ruby>きです。 > 오른손잡이예요.

右利き 左利(ひだりき)き 왼손잡이 ｜ 両利(りょうき)き 양손잡이

A2 右利きですが、<ruby>左<rt>ひだり</rt></ruby>でもできます。 > 오른손잡이인데 왼손도 쓸 수 있어요.

A3 <ruby>食<rt>た</rt></ruby>べるのは右ですが、<ruby>他<rt>ほか</rt></ruby>は<ruby>全<rt>ぜん</rt></ruby><ruby>部<rt>ぶ</rt></ruby>左です。
> 먹을 때는 오른손이지만 다른 때는 모두 왼손이에요.

A4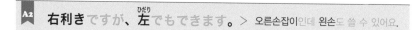
左利きですが、<ruby>直<rt>なお</rt></ruby>せと<ruby>言<rt>い</rt></ruby>われて、<ruby>今<rt>いま</rt></ruby>直しているところです。
> 왼손잡이인데 고치라고 해서 고치는 중이에요.

~ところです ところ는 때를 나타내요. ~ところ, ~ているところ, ~たところ처럼 형태에 따라 시제가 달라져요.
今、食事(しょくじ)をするところです。
지금 막 밥 먹으려고 한 참이에요. (밥 먹기 시작한 지 얼마 안 됨)
今、食事しているところです。지금 밥 먹고 있어요. (밥 먹는 중)
今、食事したところです。 지금 막 먹었어요. (밥을 다 먹은 상태)

A5 左利きですが、<ruby>特<rt>とく</rt></ruby>に<ruby>不<rt>ふ</rt></ruby><ruby>便<rt>べん</rt></ruby>なことはありません。
> 왼손잡이인데, 특별히 불편한 점은 없어요.

Words もしかして 혹시 ｜ 両 양 ｜ 直せ 고쳐 (명령) ｜ 直す 고치다, 바로잡다 ｜ 食事 식사 ｜ 不便だ 불편하다

Q154 寝(ね)ているときの癖(くせ)ってありますか?
잠버릇은 좋은 편이에요?

직역하면 '자고 있을 때의 버릇이 있어요?'로 잠버릇을 물어볼 때 쓸 수 있는 표현이에요. 잠버릇에 해당하는 일본어는 寝癖(ねぐせ)지만, 코를 골거나 이를 가는 잠버릇까지 전부 포함하지는 않고 잘 때 돌아다니며 자거나 자고 나면 삐쳐 있는 머리를 말할 때가 많아요. 寝癖がつく(머리가 뻗치다)처럼요. 또 寝相(ねぞう)라는 말이 있는데 이 단어 역시 똑바로 위를 보고 자는지 옆으로 자는지 하는 잠자는 자세만을 나타내요.

A1 **イビキ**がひどいです。> 코를 심하게 골아요.

イビキ イビキ 코골이　　　イビキをかく 코를 골다
歯軋(はぎし)り 이갈이　　歯軋りをする 이를 갈다
寝言(ねごと) 잠꼬대　　寝言を言(い)う 잠꼬대를 하다

A2 私(わたし)は知(し)らないけど、歯軋(はぎし)りをするそうです。
> 저는 잘 모르겠는데 이를 간대요.

A3 前(まえ)は歯軋りをしなかったのに、最近(さいきん)になってするようになったみたいです。
> 전에는 이를 안 갈았는데 요즘 들어 갈게 된 것 같아요.

A4 寝癖がひどくて、朝起(あさお)きたら髪(かみ)の毛(け)が鳥(とり)の巣(す)になっています。
> 잠버릇이 심해서 아침에 일어나면 머리카락이 까치집 모양으로 헝클어져 있어요.

↳ 寝癖って、朝寝坊(あさねぼう)した時(とき)に限(かぎ)ってひどい、しかもなかなか直(なお)らないですもんね。
> 자다가 뻗친 머리는 늦잠 잔 날따라 유독 심하고, 게다가 좀처럼 잡히지도 않는다니까요.

Words 髪の毛 머리카락 | 鳥の巣 새둥지 | 朝寝坊する 늦잠 자다 | ～に限って ～에 한해서 | ひどい 심하다
しかも 게다가 | なかなか 좀처럼 | 直る 고쳐지다, 바로잡히다

Q155 車の<ruby>運転<rt>うんてん</rt></ruby>はできますか？
<ruby>車<rt>くるま</rt></ruby>の運転はできますか？

차 운전할 줄 알아요?

운전을 할 수 있는지 없는지에 관한 질문이므로 できる(가능하다)를 써서 묻고 있어요. 면허를 따다는 免許(めんきょ)を取(と)る로 면허 딴 지 얼마 안 됐을 때는 若葉(わかば)マーク=初心者(しょしんしゃ)マーク를 붙이고 다니고, 장롱에 넣어 두면 종이딱지에 불과한 ペーパードライバー가 되죠. 그리고 5년간 사고가 없으면 ゴールド免許를 받게 됩니다.

A1 はい、できます。 > 네, 할 줄 알아요.

A2 できますよ、<ruby>車<rt>くるま</rt></ruby>の<ruby>運転<rt>うんてん</rt></ruby>なら私に<ruby>任<rt>まか</rt></ruby>してください。
> 가능해요, 차 운전이라면 제게 맡겨 주세요.

> 네, 운전은 자신 있어요.
라고 하고 싶을 때는
はい、運転には自信(じしん)があります。
라고 하면 됩니다.

運転 한국과 일본은 運転席(うんてんせき)가 반대예요. 당연히 자동차 도로도 左側通行(ひだりがわつうこう)입니다. 좌회전은 左折(させつ), 우회전은 右折(うせつ)라고 해요.
ハンドルを切(き)る 핸들을 꺾다 | ウィンカーをつける 깜박이를 켜다
ワイパーをつける 와이퍼를 켜다 | クラクションを鳴(な)らす 클랙슨을 울리다
エンジンをかける、切る 엔진을 켜다, 끄다 | シートベルトをする、はずす 안전벨트를 하다, 풀다
アクセルを踏(ふ)む 액셀을 밟다 | ブレーキをかける 브레이크를 걸다

A3 <ruby>免許<rt>めんきょ</rt></ruby>は<ruby>持<rt>も</rt></ruby>っているんですが、ペーパードライバーなんです。
> 면허는 가지고 있지만, 장롱면허예요.

A4 <ruby>免許<rt>めんきょ</rt></ruby><ruby>自体<rt>じたい</rt></ruby>ありません。 > 면허 자체가 없어요.

> 면허를 가지고 있지 않아요.
라고 하고 싶을 때는
免許を持っていません。
이라고 하면 됩니다.

Words 若葉 어린잎, 새싹 | 初心者 초심자 | 任す 맡기다 | 免許 면허 | 自体 자체

Q156 職場^{しょく ば}には毎日何^{まいにちなに}で通^{かよ}っていますか？
직장에는 매일 뭘로 다녀요?

직장에 무엇으로 다니는지 交通手段(こうつうしゅだん)을 묻고 있어요. 職場には毎日どうやって通っていますか？(직장에는 매일 어떻게 다녀요?)로 물어 볼 수도 있어요.

A1 歩^{ある}きです。 > 걸어서요.

歩き 徒歩(とほ) 도보 ｜ 自転車(じてんしゃ) 자전거 ｜ 電車(でんしゃ) 전철 ｜ 地下鉄(ちかてつ) 지하철
バス 버스 ｜ 車(くるま) 자동차

A2 地下鉄^{ち か てつ}とバスで通^{かよ}っています。 > 지하철과 버스로 다녀요.

A3 職場^{しょく ば}には以前^{い ぜん}からマイカーで通勤^{つうきん}しています。
> 직장에는 이전부터 자가용으로 통근해요.

⤷ 私^{わたし}は道^{みち}が込^こむから電車^{でんしゃ}で通勤しています。
> 저는 길이 막히니까 전철로 통근해요.

A4 前^{まえ}は地下鉄^{ち か てつ}で通^{かよ}っていましたが、今^{いま}は健康^{けんこう}のため自転車^{じ てんしゃ}で通っています。
> 전에는 지하철로 다녔지만, 지금은 건강을 위해 자전거로 다녀요.

Words 交通手段 교통수단 ｜ 通う 다니다 ｜ 通勤する 통근하다 ｜ 道が込む 길이 막히다

Q157 交通事故を起こしたことが
ありますか？
교통사고를 낸 적이 있어요?

자신이 사고를 당하게 된 경우에는 事故に遭(あ)うを 쓰고, 사고를 낸 경우에는
事故を起(お)こす라고 해요. 이 말을 줄여서 事故る라고도 해요. 遭う(만나다)
는 すりに遭う(소매치기를 당하다)처럼 별로 좋지 않은 일을 당할 때 쓰죠. 여러
분은 交通事故に遭ったことはありますか？(교통사고를 당한 적 있어요?)

A1 幸い無事故です。 > 다행히도 무사고예요.

A2 一度も事故を起こしたことがありません。
> 한번도 사고를 낸 적이 없어요.

A3 まだ免許取り立てで、あちこちぶつけたり、かすったりして
います。
> 아직 면허 딴 지 얼마 안 되어 여기저기 박거나 긁히거나 했어요.

あちこちは 직역하면
저기 여기로 우리말과 반대예요.
흑백 TV는 白黒(しろくろ)
テレビ라고 백흑으로,
영광을 光栄(こうえい)라고
광영으로 씁니다.

取り立て 取り立ては 딴 지 얼마 안 된 것으로, ~立て ~한 지 얼마 안 됐음을 나타내요.
'딴 지 얼마 안 되어, 막 ~한'으로 말하고 싶을 때 써요.
炊(た)き立てのご飯(はん)はおいしいです。 갓 지은 밥은 맛있어요.
このパンは焼(や)き立てで香(こう)ばしいです。 이 빵은 막 구워서 고소해요.

A4 運転中、突然子どもが飛び出してきて轢きそうになったこ
とがあります。
> 운전 중 갑자기 어린아이가 뛰어 나와서 칠 뻔한 적이 있어요.

사람을 친 거면
人を轢いてしまった,
자동차에 치였으면
自動車(じどうしゃ)に
轢かれる라고 표현해요.

Words 幸い 다행히 | 無事故 무사고 | 免許 면허 | ぶつける 부딪다 | かする 긁히다 (긁힌 정도가 약함), 스치다
焼く 굽다 | 突然 돌연, 갑자기 | 飛び出してくる 뛰어 나오다 | 轢く (차가) 치다

Q158 ほうこうかんかく **方向感覚はあるほうですか？**
방향감각이 있는 편이에요?

音痴(おんち)는 노래를 못하는 사람, 方向音痴(ほうこうおんち)는 방향감각이 없는 사람, 機械音痴(きかいおんち)는 기계를 못 다루는 사람, 味覚音痴(みかくおんち)는 미각이 둔한 사람을 말해요. 가끔 音痴를 うんち라고 잘못 읽는 사람이 있는데 그럼 '응아'라는 뜻이 되니 조심하세요.

A1 あるほうです。 > 있는 편이에요.

A2 いいえ、実は地図が読めないんです。 > 아뇨, 실은 지도를 못 읽어요.

↳ 私もナビがなければどこにも行けません。
> 저도 내비게이션이 없으면 아무데도 갈 수가 없어요.

A3 私は地図さえあれば、どこへでも行けます。
> 저는 지도만 있으면 어디든 갈 수 있어요.

〜さえ〜ば ～さえ～ば(~만 ~이면)는 한 가지 조건만 갖춰지면 모두 만족한다는 말을 하고 싶을 때 써요.
あなたさえいれば、幸(しあわ)せです。 당신만 있으면 행복해요.
お金(かね)さえあれば、何(なん)でもできます。 돈만 있으면 뭐든 가능해요.

A4 いいえ、ありません。すごい方向音痴なんです。
> 아뇨, 없어요. 방향감각이 전혀 없어요.

Words 実は 실은 | 地図が読めない 지도를 못 읽다 | ナビ 내비게이션 | 幸せだ 행복하다 | お金 돈
すごい 굉장하다

Q159 乗り物酔いするほうですか？
멀미하는 편이에요？

멀미에는 여러 가지 종류가 있어요. 車酔い, 船酔い가 대표적이죠. 그냥 멀미는
일본어로 乗り物酔い라고 하고, 놀이기구를 탈 때 하는 멀미까지도 포함해요. 멀
미약은 酔(よ)い止(ど)め, 酔い止め薬(ぐすり)라고 해요. 酔(よ)う가 '취하다'라
는 뜻이 있다고 해서 술 마신 다음 날 酔い止め 사서 마시면 안 돼요.

A1 はい、車酔いします。 > 네, 차멀미해요.

車酔い 船酔い(ふなよい) 뱃멀미 ｜ 乗(の)り物(もの)酔(よ)い 놀이기구 탈 때 하는 멀미

船酔い를
ふねよい라고
읽지 않도록 주의하세요!

A2 いいえ、酔ったことがありません。 > 아뇨, 멀미한 적이 없어요.

A3 はい、バスに弱くて、すぐ酔ってしまいます。
> 네, 버스에 약해서 바로 멀미해 버려요.

↳ じゃあ、電車は大丈夫なんですか？ > 그럼, 전철은 괜찮아요?

A4 電車は大丈夫なんですが、車は駄目なんです。
> 전철은 괜찮은데, 차는 안 돼요.

A5 はい、それで乗り物に乗るときは、前もって酔い止め薬を
飲んでおきます。
> 네, 그래서 차나 배를 탈 때는 미리 멀미약을 먹어 둬요.

Words 乗り物酔い 멀미 ｜ 車酔い 차멀미 ｜ 船酔い 뱃멀미 ｜ 酔い止め 멀미약 ｜ 酔う 취하다
弱い 약하다 ｜ 大丈夫だ 괜찮다 ｜ 駄目だ 안 된다 ｜ 前もって 미리, 사전에

Q160

スマートフォンで何<ruby>何<rt>なに</rt></ruby>をよくしますか？

스마트폰으로 주로 뭘 해요?

스마트폰은 スマートフォン, 줄여서 スマホ라고 해요. 요즘은 좋은 アプリ가 많죠? 일본어 학습에 도움이 되는 アプリ도 많으니 잘 선택해서 ダウンロード 하세요. '스마트폰으로 어떤 것을 해요?'라고 질문할 때는 スマートフォンでどんなことをしますか？라고 합니다.

 友達<rt>ともだち</rt>とカカオトークをします。 > 친구와 카카오톡을 해요.

 わからないことはすぐ検索<rt>けんさく</rt>して調<rt>しら</rt>べます。
> 모르는 것은 바로 검색해서 알아봐요.

 ゲームアプリをダウンロードして、ゲームを楽<rt>たの</rt>しんでいます。
> 게임 어플을 받아서 게임을 즐기고 있어요.

 ツイッターやフェイスブックをしていると時間<rt>じかん</rt>が経<rt>た</rt>つのも忘<rt>わす</rt>れてしまいます。
> 트위터나 페이스북을 하면 시간이 가는 줄도 몰라요.

ユーチューブで日本のドラマを見<rt>み</rt>たり、人気<rt>にんき</rt>動画<rt>どうが</rt>をチェックしています。
> YouTube에서 일본 드라마를 보거나 인기 동영상을 체크하고 있어요.

동영상은 動映像라고 하지 않고 動画(どうが)라고 해요.

Words アプリ 어플 | ダウンロード 다운로드 | 検索する 검색하다 | 調べる 조사하다 | 楽しむ 즐기다
経つ (시간이나 때가) 지나다, 경과하다 | 忘れる 잊다 | 動画 동영상

Q161 ゲームはよくしますか？
게임은 자주 해요?

게임은 ゲーム예요. 게임을 하다는 ゲームする, 게임에 빠지다는 ゲームにはまる, TV로 게임을 즐기면 テレビゲーム, 인터넷으로 즐기면 ネットゲーム, オンラインゲーム, 카드로 즐기면 カードゲーム입니다. 게임 센터는 ゲームセンター, アミューズメント施設(しせつ)=AM 施設라고 하고, 인형뽑기는 UFO CATCHER를 일본어로 발음해서 ユーフォーキャッチャー라고 해요.

A1 はい、よくします。 > 네, 자주 해요.

A2 たまにします。 > 가끔 해요.

A3 時間(じかん)がありさえすればしています。 > 시간만 있으면 해요.

↳ ゲームをして時間がもったいないと思わない？
> 게임 하면 시간이 아깝다는 생각 안 들어?

A4 好きというより中毒状態(ちゅうどくじょうたい)で、今(いま)ではやめたくてもやめられません。
> 좋아한다기보다 중독 상태로 이제는 끊을래야 끊을 수가 없어요.

A5 めったにしません。ゲームは一度(いちど)やり始(はじ)めたらやめられないから。
> 거의 안 해요. 게임은 한 번 하면 멈출 수가 없어서요.

Words もったいない 아깝다 | **中毒状態** 중독 상태 | やめる 중지하다, 끊다 | めったに 거의, 좀처럼
やり始める 시작하다

Q162 **ギャンブルをしたことがありますか?**
도박을 한 적 있어요?

도박은 ギャンブル라고 하고, 도박을 하다는 ギャンブルをする, 걸다는 賭(か)ける라고 해요. 그래서 도박을 賭(か)け事(ごと)라고도 합니다. 맞다는 当(あ)たる, 빗나가다는 外(はず)れる, 돈을 따다는 儲(もう)かる, 돈을 밀어 넣다는 お金(かね)をつぎ込(こ)む, 전 재산을 탕진하다는 全財産(ぜんざいさん)を使(つか)い果(は)たす라고 해요.

 いいえ、一度(いちど)もありません。 > 아뇨, 한번도 없어요.

 ラスベガスに行(い)ったとき、カジノへ行ってしました。
> 라스베이거스에 갔을 때 카지노에 가서 했어요.

 ギャンブルは中毒(ちゅうどく)になると聞(き)いたので、しないようにしています。
> 도박은 중독이 된다고 들어서 안 하려고 해요.

ギャンブル 賭(か)け事(ごと) 내기, 도박, 노름 ┃ カジノ 카지노 ┃ パチンコ 파칭코 ┃ スロット 슬롯
花札(はなふだ) 화투 ┃ 競馬(けいば) 경마 ┃ 競輪(けいりん) 경륜 ┃ 宝(たから)くじ 복권

A4 **日本(にほん)でパチンコに行ったことがあります。そこで一度大儲(おおもう)けしてとても楽(たの)しかったです。**
> 일본에서 파칭코에 간 적 있어요. 거기서 한 번 걸었던 것이 터져서 정말 재밌었어요.

↳ **ビギナーズラックってやつですね。**
> '비기너스 럭'이라는 거네요.

> ビギナーズラック는 영어 beginner's luck으로 개임이나 도박 같은 것에 처음 하는 사람이 이상하게 이기게 되는 것을 말해요.

Words つぎ込む 부어 넣다, 쏟아 넣다 ┃ 使い果たす 다 써 버리다 ┃ 中毒になる 중독이 되다
大儲けする 터지다

Q163 タバコは吸^すいますか？

담배 피워요?

요즘은 담배를 피우는 사람이 설 자리가 많이 줄었어요. 걸어 다니면서 피우는 담배는 歩(ある)きタバコ라고 하는데, 담배를 손에 들고 흔들면 그 위치가 유모차를 타고 있는 아이의 얼굴에 닿을 수가 있어서 위험하대요. ポイ捨(す)て도 안 돼요, 안 돼!

 A1 はい、吸^すいます。> 네, 피워요.

 A2 いいえ、タバコは吸いません。> 아뇨, 담배는 안 피워요.

 A3 はい、ヘビースモーカーです。一日一箱^{いちにちひとはこ}を超える^こときが多い^{おお}です。
> 네, 골초예요. 하루에 한 갑을 넘을 때가 많아요.

一箱 담배 한 개비는 本을 써서 いっぽん, にほん, さんぼん, よんほん, ごほん…이라고 하고, 담배 한 갑은 箱를 써서 ひとはこ, ふたはこ, さんぱこ, よんはこ, ごはこ…라고 읽어요. 이와 같이 ひと〜, ふた〜로 읽는 것은 역을 셀 때의 〜駅(えき), 피자 1조각, 2조각 할 때의 〜切(き)れ, 물방울을 셀 때의 〜粒(つぶ), 방의 개수의 〜部屋(へや), 꽃다발을 셀 때의 〜束(たば)가 있어요.

 A4 以前^{いぜん}は吸っていましたが、子供^{こども}が生^うまれたので思^{おも}い切^きって禁煙^{きんえん}しました。
> 전에는 피웠는데 아이가 태어나서 맘먹고 끊었어요.

禁煙しました 직역하면 '금연했어요'로, '끊었어요'라는 정확한 표현은 やめました예요.

タバコ 吸(す)う 피우다 | 喫煙(きつえん)する 흡연하다 | 喫煙室(きつえんしつ) 흡연실
吸(す)わない 피우지 않다 | 禁煙(きんえん)する 금연하다 | やめる 끊다
禁煙室(きんえんしつ) 금연실 | 自販機(じはんき) 자판기
タバコの煙(けむり) 담배 연기 | ライター 라이터 | 灰皿(はいざら) 재떨이

Words 歩く 걷다 | ポイ 가볍게 던지는 모양, 홱 | 捨てる 버리다 | 超える 넘다 | 〜駅 〜역, 〜정거장
〜切れ 〜조각 | 〜粒 〜방울 | 〜部屋 〜방 | 〜束 〜다발 | 生まれる 태어나다
思い切って 과감히, 큰맘 먹고

Q164 健康(けんこう)のために気(き)を付(つ)けていることはありますか？

건강을 위해서 신경 쓰고 있는 거 있어요?

每(まい)〜は 毎日, 毎晩(まいばん), 毎月(まいつき), 毎年(まいねん), 毎度(まいど), 毎週(まいしゅう)の日曜日와 같이 반복을 나타내요. 매일매일의 습관에 대한 질문은 毎日必(かなら)ずしていることはありますか？(매일 꾸준히 하고 있는 거 있어요?), 毎日欠(か)かさずにしていることはありますか？(매일 빼놓지 않고 하는 게 뭐예요?)라고 하면 돼요.

A1 バランスのよい食事(しょくじ)に気を付けています。

> 균형 잡힌 식사에 신경 쓰고 있어요.

A2 健康(けんこう)のため、野菜(やさい)を摂(と)るようにしています。

> 건강을 위해 채소를 섭취하려고 하고 있어요.

A3 どんなに忙(いそが)しくても一日一万歩(いちにちいちまんぽ)、歩くようにしています。

> 아무리 바빠도 하루에 만 보 걸으려고 하고 있어요.

A4 夜中(よなか)には夜食(やしょく)を食(た)べないようにしているんだけど、つい食(く)っちゃうんだよね。

> 밤중에 야식을 먹지 않으려고 하는데, 가끔 참지 못하고 먹어 버려요.

食っちゃいます 食(く)うは 飯食(めしく)う？(밥 먹어?), 食え！(먹어라!)와 같이 거친 느낌이 나는 食(た)べる의 속어라고 보면 돼요. 여자보다는 남자가 쓰고, 격이 좀 낮은 느낌이니까 조심해서 써야 해요. 다만, 나이든 남자가 쓸 때는 괜찮아요.
〜ちゃいますと 〜してしまいます의 회화체 표현이에요.

Words   〜のために 〜를 위해 | 気を付ける 신경 쓰다, 주의하다 | 毎晩 매일 밤 | 毎月 매월 | 毎年 매년
毎度 매번 | 毎週の日曜日 매주 일요일 | 必ず 꼭 | 欠かさず 빼놓지 않고 | 摂る 섭취하다
夜中 밤중 | 夜食 야식 | つい 그만, 무심결에

Real Life conversation

"생활과 습관"에 대한 즉문즉답
실전회화트레이닝

민우와 미키의 생활 이야기

ミキ	最近どうですか？ 忙しいですか？	요즘 어떠세요? 바빠요?
ミヌ	いいえ。それほど忙しくありません。	아뇨, 그렇게 바쁘지 않아요.
ミキ	そうですか？ 体の方は大丈夫ですか？	그래요? 몸은 괜찮아요?
ミヌ	はい、元気です。	네, 건강해요.

ミキ	ミヌさんってよくペンを回してますよね。	민우 씨는 펜을 곧잘 돌리네요.
ミヌ	はい。学生時代の癖で…。	네, 학교 다닐 때 생긴 버릇이라서요.
ミキ	そうなんですか。すごく上手ですね。 そういえばミヌさん、左利きなんですね。	그렇군요. 정말 능숙한데요. 그러고 보니 민우 씨 왼손잡이네요.
ミヌ	あ、右も使えますよ。両利きなんです。 でも、ペン回しは、左でやる癖がついてます。	어, 오른손도 써요. 양손잡이예요. 하지만 펜 돌리기는 왼손으로 하는 버릇이 들었어요.
ミキ	他に癖とかあるんですか？ 寝言を言うとか。	그거 말고 다른 버릇이 있나요? 잠꼬대를 한다든지.
ミヌ	そうですね、僕は寝相はいいほうだと思いますよ。 朝起きてもふとんがきれいなままだから。	글쎄요, 저는 잠버릇이 좋은 편이라고 생각하는데요. 아침에 일어나도 이부자리가 그대로니까요.
ミキ	私は結構動いてるみたいです。	저는 꽤 돌아다니며 자나 봐요.

Words 癖(くせ)がつく 버릇이 되다 ┃ 朝起(あさお)きる 아침에 일어나다 ┃ ふとん 이불 ┃ きれいなまま 깨끗한 채
まま 그대로, ~채 ┃ 結構(けっこう) 꽤, 제법

ミキ	ミヌさんって車の運転できますか？	민우 씨는 운전할 줄 알아요?
ミヌ	はい、できますよ。 大学の時、免許取りました。	네, 할 줄 알아요. 대학 다닐 때 면허를 땄어요.
ミキ	じゃ、車持ってたり、運転したりするんですか？	그럼 차도 있고 운전도 하고 하나요?
ミヌ	車は持ってますけど、普段はあまり乗りません。地下鉄の方が便利で楽です。	차는 있지만 평상시엔 안 타고 다니죠. 지하철이 편하고 좋아요.
ミキ	じゃ、通勤は車じゃなくて地下鉄なんですか？	그럼 출퇴근은 차가 아니라 지하철인가요?
ミヌ	そうです。車のほうがロスが多いんです。	네. 차로 다니는 게 더 손해예요.
ミキ	それはそうですね。ミヌさんは運転していて事故したことはないんですか？	그건 그래요. 민우 씨는 운전하면서 사고를 낸 적은 없나요?
ミヌ	一度もありませんよ。無事故です。	한번도 없어요. 무사고예요.
ミキ	ミヌさん、運転するなら方向感覚とかある方でしょう？	민우 씨 운전할 줄 알면 방향감각이 있는 편이겠네요?
ミヌ	そうでもないですよ。 いつもナビに頼ってます。	그렇지도 않아요. 늘 내비게이션에 의지해서 다녀요.
ミキ	車といえば、私バスに乗ったら酔っちゃうんですけど、ミヌさんは、乗り物酔いするんですか？	차라고 하니까 말인데요. 저는 버스만 탔다 하면 멀미를 하는데 민우 씨는 멀미해요?
ミヌ	僕もバスは弱いです。	저도 버스는 하네요.
ミキ	ミヌさんもですか。	민우 씨도 그렇군요.

ミキ	ミヌさんはスマホでいつも何をしていますか？	민우 씨는 스마트폰으로 주로 뭐 하나요?
ミヌ	そうですね、いろいろ検索してみてることが多いですね。	음, 이것저것 검색해 볼 경우가 많아요.
ミキ	ゲームはしますか？	게임은 하나요?
ミヌ	ゲームもしますよ。時間つぶしによくしたりします。	게임도 하죠. 시간 때우기로 자주 해요.
ミキ	賭け事とかは？ したことあるんですか？	내기 같은 건요? 해 본 적 있나요?
ミヌ	宝くじなら一度したことあります。外れましたけど。	복권이라면 한 번 해 봤어요. 꽝이었지만요.
ミキ	それは残念でしたね。そういえば、ミヌさんはタバコ吸わないんですね。	그건 유감이네요. 그러고 보니 민우 씨는 담배를 안 피우시네요.
ミヌ	ちょっと吸っていた時もあるんですが、やめました。	잠깐 피웠던 적도 있는데 끊었어요.
ミキ	どうしてですか？	왜요?
ミヌ	やっぱり、健康に良くないので。	역시 건강에 나쁘니까요.
ミキ	そうですね。健康のためには吸わないほうがいいですね。他に何か毎日気を付けてることって何かあるんですか？	그래요. 건강을 위해서는 안 피우는 게 나아요. 달리 뭔가 매일 신경 쓰고 있는 게 있나요?
ミヌ	肉ばかり食べないで、野菜を食べるようにしてます。	고기만 먹지 않고 채소도 먹으려고 해요.
ミキ	そうですね。健康が一番ですよね。では、今日は野菜を食べに行きましょうか？	그래요. 건강이 우선이죠. 그럼 오늘은 채소를 먹으러 갈까요?

Words　ロス 로스, 손해, 손실, 낭비 ｜ 暇(ひま)つぶし 시간 때우기

연애와 결혼에 대한

Q165 はつこい
初恋はいつですか？
첫사랑은 언제였어요?

일본에서는 첫사랑을 初愛(はつあい)라고 하지 않고 初恋라고 합니다. 물론 사랑한다는 고백을 할 때는 愛しています。라고 해요. 하지만 사랑한다는 말은 낯간지러운 표현이라 보통은 好きです。ミキちゃんのことが大好きです。(좋아해요. 미키 씨를 많이 좋아해요.) 정도로 표현하죠.

A1 私は保育園に通っていた頃です。 > 저는 어린이집 다닐 때였어요.

↳ ええー、早かったですね。 > 어머, 빨랐네요.

A2 私は遅くて、大学の友達が初恋です。
> 저는 늦어서 대학 친구가 첫사랑이에요.

A3 中学の時、先輩に憧れていました。それが初恋ですかね。
> 중학교 때 선배를 동경했어요. 그게 첫사랑일지 모르겠네요.

A4 幼稚園の時ですが、それは恋と呼んでもいいものか、って感じですけど。
> 유치원 때였는데요, 그걸 사랑이라고 불러도 되는 걸까, 하는 느낌이긴 해요.

恋 　片思(かたおも)い 짝사랑 ｜ 両思(りょうおも)い 서로 사랑하는 것
　　恋文(こいぶみ)＝ラブレター 연애편지 ｜ 口付(くちづけ)＝キス 입맞춤

> 같은 사람이라도
> 恋(こい)는 과정을 담은 느낌,
> 愛(あい)는 恋를 하다가 愛로
> 깊어지는 느낌이 들어요. 恋 보다는 愛가
> 무겁죠. 첫사랑 같은 단어에 愛가
> 안 들어가는 걸 보면 이해되죠?

Words 初恋 첫사랑 ｜ 保育園 어린이집 ｜ 頃 때, 경, 쯤 ｜ 早い 빠르다 ｜ 遅い 늦다 ｜ 先輩 선배
憧れる 동경하다 ｜ 幼稚園 유치원 ｜ 恋 사랑 ｜ 感じ 느낌

Q166 その恋は実りましたか?
그래서 잘됐어요?

직역하면 '그 사랑은 열매를 맺었나요?'로 実る는 '열매를 맺다, 결실을 거두다'의 뜻이에요. 일본의 한 연애 설문 조사 기관에서는 20~30대 500명에게 何回目(なんかいめ)のデートで告白(こくはく)をされたいですか?(몇 번째 데이트에서 고백받고 싶어요?)를 조사했다고 합니다. 그 결과 3번째 만남 정도에 고백받고 싶어 하는 사람이 많았다네요. ^^

A1 **はい、その相手が今の彼です。** > 네, 그 상대가 지금의 남자 친구예요.

彼 彼女(かのじょ) 여자 친구 | 主人(しゅじん)=旦那(だんな) 남편
家内(かない)=妻(つま) 부인

A2 **いいえ、片思いで終わりました。** > 아뇨, 짝사랑으로 끝났어요.

A3 **いいえ、付き合っていたんですが、すぐに別れました。**
> 아뇨, 사귀긴 했는데, 바로 헤어졌어요.

A4 **打ち明けることもできずに、終わってしまいました。**
> 고백하지도 못하고 끝나 버렸어요.

↳ **私はコクったけど、ふられました。**
> 저는 고백했지만 퇴짜 맞았어요.

> 대개 사랑을 고백할 때는 告白(こくはく)する를 쓰고 줄여서 コクる라고 돼요. 打ち明ける는 告白する의 의미를 포함, 마음속에 있는 내용, 비밀 등을 털어놓고 이야기한다라고는 뜻도 있어요.

Words 実る 열매를 맺다 | 相手 상대 | 片思い 짝사랑 | 終わる 끝나다 | 付き合う 사귀다 | すぐに 바로
別れる 헤어지다 | ~こともできず 하지도 못하고 | ふられる 퇴짜 맞다

Q167 　**理想のタイプはどんな人ですか？**
りそう　　　　　　　　　　　　ひと

이상형은 어떤 사람이에요?

이상형을 물어볼 때의 질문으로 どんな人が理想のタイプですか？(어떤 사람이 이상형이에요?), どんな人が好きですか？(어떤 사람을 좋아해요?), 好きなタイプは？(좋아하는 타입은?), 芸能人で言うと誰がタイプ？(연예인으로 말하면 누가 타입?)로도 질문할 수 있어요.

A1 やさしい人が好きです。 > 자상한 사람이 좋아요.
　　　　　　　　す

> やさしい 에는 자상하다, 상냥하다, 부드럽다 등 많은 뜻이 있어요.

やさしい人　楽(たの)しい人 즐거운 사람 ｜ 背(せ)が高(たか)い人 키가 큰 사람
　　　　　　ユーモアのある人 유머가 있는 사람 ｜ おしゃれな人 멋있는 사람
　　　　　　飾(かざ)り気(け)のない人 꾸미지 않는 사람

A2 話してて楽しい人がいいですね。
　　　はな　　　たの

> 얘기해 봤을 때 즐거운 사람이 좋아요.

A3 理想はイ・ミンホのようなイケメンの人です。
　　　りそう

> 이상형은 이민호같이 잘생긴 사람이요.

↳ 面食いですね。 > 얼굴을 따지는군요.
　　めんく

A4 外見は問いません。私と気が合う人であればいいです。
　　　がいけん　と　　　　　き　あ

> 외모는 안 봐요. 저와 마음이 맞는 사람이면 좋겠어요.

Words　理想 이상 ｜ タイプ 타입 ｜ 芸能人 연예인 ｜ ～で言うと ～으로 말하면 ｜ 話す 말하다
　　　　　楽しい 즐겁다 ｜ ～のような ～같은 ｜ イケメン 잘생긴 남자 ｜ 面食い 얼굴을 따지는 사람
　　　　　外見 외견, 외모 ｜ 問う 묻다 ｜ 問いません 묻지 않습니다 ｜ 気が合う 마음이 맞다

Q168 付き合うなら年下と年上とどちらがいいですか？

사귄다면 연하와 연상 중 어느 쪽이 좋아요?

위 질문을 반말로 하면 年上と年下、どっちがいい？(연상, 연하 어느 쪽이 좋아?)가 됩니다. どちら는 보통 회화에서 どっち라고 말해요. 여러분은 年上派(としうえは)세요? 아니면 年下派(とししたは)세요? 최근에 20~30대 일본 여성을 상대로 한 앙케트 결과에서는 87%나 넘게 年上派가 나왔다고 하네요.

A1 年下がいいです。 > 연하가 좋아요.

A2 どちらでも、特に気にしません。 > 어느 쪽이라도 특별히 신경 안 써요.

A3 別にこだわりません。 > 별로 구애받지 않아요.

A4 私は甘えたいタイプなので、年上がいいです。
> 저는 응석부리는 타입이라서 연상이 좋아요.

A5 年上です。年上だと、色々と分かってくれるので、付き合うのが楽です。
> 연상이요. 연상이면 여러 가지로 이해해 주니까 편하게 사귈 수 있잖아요.

A6 年下の方が話しやすいからいいです。年上だと気を使ってしまって疲れます。
> 연하 쪽이 얘기하기도 편하고 좋아요. 연상은 신경이 쓰여서 피곤해요.

Words   どちらでも 어느 쪽이라도 | 特に 특별히 | 気にする 신경 쓰다 | 気にしない 신경 쓰지 않다
こだわる 구애되다 | 甘える 응석부리다 | 色々 여러 가지 | 分かる 알다 | 分かってくれる 알아주다
付き合う 사귀다 | 楽だ 편안하다, 안락하다 | ～だと ～이면 | 気を使う 신경 쓰다 | 疲れる 피곤하다

Q169 年の差は気になりますか？
나이 차는 상관 있어요?

직역하면 '나이 차는 신경 써요?'로 나이 차는 年の差, 年齢差(ねんれいさ)라고
해요. 세대 차는 世代の差, ジェネレーションギャップ라고 하고요. 나이 차이
가 많은 커플에게는 世代の差を感じるんですか？(세대 차를 느끼나요?)와 같
이 질문할 수 있겠네요. 여러분은 年の差は気になりませんか？(나이 차는 신경
쓰이지 않나요?)

A1 全く気になりません。 > 전혀 신경 쓰지 않아요.

A2 10才ぐらいまでなら大丈夫です。 > 10살 정도까지라면 괜찮아요.

A3 ぜんぜん。愛があれば年の差なんて関係ありません。
> 전혀요. 사랑이 있으면 나이 차 같은 건 상관없어요.

↳ 愛の力は偉大ですね。 > 사랑의 힘은 위대하네요.

A4 そうですね、若いうちはいいと思いますが、年を取ったら
問題が起こるような気がします。
> 글쎄요. 젊을 때는 괜찮겠지만, 나이 들면 문제가 생길 것 같아요.

若いうちは ～うちは는 지금 상태에 어떠한 변화가 일어나기 전까지, 즉 '그 상태가 지속되는 동안, 그 시간 내에'라
는 뜻이에요.
学生のうちは一生懸命(いっしょうけんめい)勉強したほうがいいです。
학생일 때 열심히 공부하는 것이 좋아요.
独身(どくしん)のうちは遊(あそ)んでおいたほうがいいです。
독신일 때 놀아 두는 것이 좋아요.

Words 年の差 나이 차 | 年齢差 연령 차 | 感じる 느끼다 | 全く 전혀 | 気になる 신경 쓰이다, 마음에 걸리다
大丈夫だ 괜찮다 | 愛 사랑 | ～なんて ～같은 거, ～따위 | 関係 관계 | 力 힘 | 偉大 위대
若い 젊다 | うち 사이, 동안 | 年を取る 나이를 먹다 | 問題 문제 | 起こる 일어나다, 발생하다

Q170 ごう
合コンをしたことはありますか？
단체 미팅 해 본 적 있어요?

合同(ごうどう)コンパを縮めて 合コン(단체 미팅)이라고 해요. 合コン보다 넓은 의미인 コンパ(파티)라는 말이 있는데 이는 독일어 Kompane에서 온 말로, 친목을 다지기 위한 술자리를 말해요. 이 コンパ 안에 合コン, 환영 파티인 歡迎(かんげい)コンパ, 졸업 파티인 追(い)出(だ)しコンパ, 줄여서 追(お)いコン이 있습니다. 여러분은 合コン에 행った것이 있습니까?(단체 미팅 간 적 있어요?)

A1 とく　かんしん
特に関心がないのでありません。 > 별로 관심이 없어서 안 해 봤어요.

A2 たい
3対3でしたことがあります。 > 3 대 3으로 한 적이 있어요.

A3 にんずう　　た　　　　　ともだち　さそ　　　　　いっしょ　い
人数が足りないと、友達に誘われて一緒に行きました。
> 인원수가 모자란다고 친구가 꼬셔서 함께 갔어요.

A4 こう き しん　　いちど　　　　　さん か
好奇心で一度だけ参加したことがあります。
> 호기심으로 딱 한번 참가한 적이 있어요.

A5 いっかい　　　　　　かえ　ぎわ　とつぜんこくはく　　　　　　つ　あ
1回あります。帰り際に突然告白されて付き合うことになりました。
> 한 번 있어요. 미팅이 끝난 자리에서 갑자기 고백받고는 사귀게 되었어요.

帰り際に 미팅이 끝난 자리에서로 의역한 帰り際に는 帰ろうとしているときに(돌아가려고 할 때에)로, ~際(ぎわ)는 '~하려고 할 때에, ~하려고 할 무렵'이라는 뜻이에요.
帰(かえ)る 돌아가다　　帰り際 돌아가려고 할 때
別(わか)れる 헤어지다　　別れ際 헤어지려고 할 때

Words 歡迎 환영 | 追い出す 내쫓다, 몰아내다 | 追う 쫓다 | 特に 특별히 | 関心がない 관심이 없다
~ので ~므로, ~때문에 | 対 대 | 足りる 족하다, 충분하다 | 足りない 모자라다
~に誘われる ~에게 꼬심을 당하다 | 一緒に 함께 | 好奇心 호기심 | ~で ~으로 | だけ 만
参加する 참가하다 | 帰り際 돌아가는 길 | 突然 갑자기 | 告白する 고백하다 | 告白される 고백받다
付き合う 사귀다 | ~ことになる ~게 되다

Q171

こいびと なに いちばんもと
恋人に何を一番求めますか?
애인에게 가장 바라는 것이 뭐예요?

직역하면 '애인에게 무엇을 가장 바라나요?'로 求める는 '바라다, 구하다'라는 뜻이에요. 사랑을 유지하기 위해서 思いやり를 손꼽죠. 거짓말은 嘘(うそ), 비밀은 隠(かく)し事(ごと), 한눈 파는 것은 よそ見(み)예요. 嘘をつかない, 隠し事はしない, よそ見しない, 浮気(うわき)도 안 돼요. 一途(いちず)는 좋아요, 좋아^^

A1 思(おも)いやりです。 > 배려예요.

思いやり 愛(あい) 사랑 | 信頼(しんらい) 신뢰 | 経済力(けいざいりょく) 경제력 | 気配(きくば)り 배려
やさしさ 자상함, 상냥함

A2 どんなことがあっても、お互(たが)いを信頼(しんらい)することです。
> 어떠한 일이 있어도 서로 신뢰하는 것이에요.

A3 私(わたし)だけを本気(ほんき)で愛(あい)してくれることです。
> 저만을 진심으로 사랑해 주는 것이에요.

A4 私(わたし)は結婚(けっこん)を前提(ぜんてい)に付(つ)き合(あ)うつもりなので、経済力(けいざいりょく)です。
> 저는 결혼을 전제로 사귈 생각이라서 경제력이에요.

↳ 現実(げんじつ)は厳(きび)しいですもんね。 > 현실은 만만치 않죠.

~もんね도
~ものね! 표현이에요.
표현이에요.

A5 特(とく)に…。そばにいてくれるだけでいいです。
> 특별히…. 옆에 있어 주기만 하면 돼요.

Words 恋人 연인, 애인 | 思いやり 배려 | 嘘をつく 거짓말하다 | 嘘をつかない 거짓말하지 않다
隠し事をする 비밀로 하다 | 隠し事はしない 비밀로 하지 않다 | よそ見する 한눈 팔다
よそ見しない 한눈 팔지 않다 | 浮気 바람 | 一途 외곬, 한결같은 모양 | お互い 서로
信頼する 신뢰하다 | 本気 본심 | ~てくれる ~해 주다 | こと 것 | 前提 전제 | つもりだ 생각이다
そば 옆 | いてくれる 있어 주다

Q172 草食系(そうしょくけい)ですか？ 肉食系(にくしょくけい)ですか？

초식남이세요? 육식남이세요?

草食系는 초식동물처럼 온순하고 섬세한 남자를 비유한 말, 肉食系는 육식동물처럼 적극적이고 터프한 행동을 보이는 남자를 비유한 말이에요.

A1 私は肉食系です。 > 저는 육식남이에요.

A2 私はいつも待(ま)つタイプなので草食系です。
> 저는 항상 기다리는 타입이라서 초식남이겠네요.

そんなんじゃ는 そんなのでは(그러면)의 회화체예요.

↳ そんなんじゃ、いつまでたっても恋人(こいびと)できないよ。
> 그러면 언제까지고 애인 안 생겨요.

A3 肉食系に見(み)られがちですが、本当(ほんとう)は心(こころ)のやさしい草食系男子なんです。
> 육식남으로 보이기 쉽지만, 사실은 마음이 따뜻한 초식계 남자예요.

A4 僕(ぼく)は草食でもなく、肉食でもなく、雑食(ざっしょく)ですかね。
> 저는 초식도, 육식도 아닌 잡식 같아요.

A5 草食系、肉食系って何(なん)ですか？ よく分(わ)からなくて。
> 초식남, 육식남이 뭔가요? 잘 모르겠어서요.

일본인이 하는 말의 뜻을 잘 모를 때는 이런 식으로 대답하면 돼요.

Words いつも 항상 | 待つ 기다리다 | ～に見られる ～로 보일 수 있다 | ～がち 그러한 경향이 많을 것을 나타냄
～でもなく ～도 아니고 | ～って(=～というのは) ～라는 것은

Q173 今、付き合っている人はいますか？
지금 사귀는 사람이 있어요?

다른 말로는 恋人(こいびと)はいますか？(애인이 있어요?)라고 질문할 수 있어요. 또 気(き)があ다라는 말이 있는데 이 말은 '관심을 가지고 있다, 좋아하는 마음이 있다'는 뜻이에요. お前(まえ)、ミキちゃんに気があるのか？(너, 미키에게 관심 있어?) 이런 식으로 써요^^

A1 **はい、います。** > 네, 있어요.

A2 **残念ながら今は、いません。** > 유감스럽게도 지금은 없어요.

A3 **ご想像にお任せします。** > 상상에 맡길게요.

A4 **いるように見られますが、まだいません。**
> 있을 것처럼 보이겠지만 아직 없네요.

A5 **いませんが、気になってる人はいます。**
> 없지만, 마음이 가는 사람은 있어요.

A6 **いません。出会う機会がまずありません。**
誰かいい人を紹介してください。
> 없어요. 만날 기회가 거의 없네요. 누구 좋은 사람 좀 소개해 주세요.

まずには '먼저, 우선'이라는 뜻 외에도 '거의'라는 뜻이 있어요.

Words 付き合う 사귀다 | お前 너 (남자가 사용) | 残念だ 유감스럽다 | 想像 상상 | 任せる 맡기다
気になる 걱정이 되다, 마음이 쓰이다

Q174 彼氏(彼女)はどんな人ですか？
かれ し かのじょ ひと

남자 친구(여자 친구)는 어떤 사람이에요?

애인이 있다고 전제를 하고 대답을 해 보는 거예요. 그 사람이 赤(あか)い糸(いと)で結(むす)ばれているっていう運命(うんめい)의 人(빨간 실로 묶여 있다는 운명의 사람)인가요? ロマンチックな話ですね。(로맨틱한 이야기네요.)

A1 かわいい人ですよ。> 귀여운 사람이에요.
　　　ひと

かわいい人　男　かっこいい人 멋진 사람 ｜ まじめな人 성실한 사람 ｜ やさしい人 자상한 사람
　　　　　　　　能力(のうりょく)がある人 능력이 있는 사람　お金持(かねも)ち 부자
　　　　　　　　背(せ)が高(たか)い人 키가 큰 사람 ｜ 無愛想(ぶあいそう)な人 무뚝뚝한 사람
　　　　　　　　無口(むくち)な人 말수가 없는 사람
　　　　　　女　かわいい人 귀여운 사람 ｜ きれいな人 예쁜 사람 ｜ チャーミングな人 매력적인 사람
　　　　　　　　愛嬌(あいきょう)のある人 애교가 있는 사람
　　　　　　　　綾瀬(あやせ)はるか似(に)のかわいい人 아야세 하루카 닮은 귀여운 사람
　　　　　　　　ぽっちゃりした人 통통한 사람

A2 真面目で、かっこいい人です。> 성실하고 멋진 사람이에요.
　　　まじめ

A3 写真があるんですが、見ますか？> 사진 있는데 보실래요?
　　　しゃしん　　　　　　　み

↳ ええ、見せて見せて。> 네, 보여 줘요. 보여 줘.
　　　　　み

A4 見た目は恐そうですが、すごくシャイでやさしい人です。
　　　み め　こわ
　　> 보기엔 무서워 보이지만 수줍음 많고 자상한 사람이에요.

↳ 今度紹介してください。> 다음에 소개해 주세요.
　　こん ど しょうかい

Words 赤い糸 빨간 실 ｜ 結ぶ 묶다. 잇다 ｜ 結ばれる 묶여 있다 ｜ 運命 운명 ｜ 似る 닮다 ｜ 写真 사진
　　　　　見た目 겉보기 ｜ 恐い 무섭다 ｜ シャイ(shy)だ 부끄러움을 타다 ｜ 今度 이 다음 ｜ 紹介する 소개하다

Q175 # どこで知り合ったんですか？
어디서 알게 됐어요?

직역하면 '어디서 알게 되었나요?'로 知り合う는 '알게 되다, 아는 사이가 되다' 란 뜻이에요. どうやって知り合ったんですか？(어떻게 알게 되었어요?)라고도 말할 수 있어요. 또 만나다라는 뜻을 지닌 出会(であ)う를 써서 二人はどうやって出会ったんですか？(둘은 어떻게 만났어요?)라고도 물을 수 있어요.

A1 あ、幼馴染です。 > 아, 소꿉친구예요.

A2 大学のサークルで知り合いました。 > 대학 서클에서 알게 됐어요.

A3 友達に紹介されて初めて会いました。
> 친구에게 소개받아서 처음 만났어요.

友達に紹介されて 友達の紹介で 친구 소개로 | 友達が紹介してくれて 친구가 소개해 줘서

A4 よく行く図書館で一目ぼれして、僕から声をかけました。
> 자주 가는 도서관에서 첫눈에 반해서 제가 대시했어요.

↳ 積極的ですね。 > 적극적이네요.

A5 お兄さんを通して出会ったのが最初ですね。もう10年くらいになります。
> 오빠를 통해 처음 만났어요. 벌써 10년 정도 됐네요.

Words 幼馴染 소꿉친구 | 初めて 처음으로 | 一目ぼれする 첫눈에 반하다 | 声をかける 말을 걸다
~を通して ~을 통해서 | 最初 처음

Q176 **どれくらい付き合っているんですか？**
사귄 지 얼마나 됐어요?

직역하면 '어느 정도 사귀고 있어요?'로 付き合ってどのくらいになるんです
か？도 같은 표현이에요. 付き合って、どれくらいですか？(사귀고, 어느 정도
예요?)라고도 물어볼 수 있어요. 남자가 결혼을 전제로 사귀자고 말할 때는 結婚
(けっこん)を前提(ぜんてい)に付き合ってください。라고 합니다.

A1 **一ヶ月**ぐらいです。 > 1개월 정도예요.

A2 付き合い始めたばかりです。 > 막 사귀기 시작했어요.

A3 **付き合い始めて**まだ少ししか経っていません。
> 사귀기 시작한 지 아직 조금밖에 안 지났어요.

A4 まだ**3ヶ月**にもなりません。 > 아직 3개월도 안 됐어요.

A5 **来月で1年**になります。**喧嘩しつつも仲良く**やってます。
> 다음 달로 1년이 돼. 싸우면서도 잘 지내고 있어요.

~しつつも ～しつつも는 '～하는 줄 알면서도'라는 뜻으로 ～つつ는 '～면서, ～하고는 있지만'이라는 의미로 써요.
知(し)る 알다 悪いこととは知りつつもやってしまいました。
나쁜 일인 줄 알면서도 하고 말았어요.
思(おも)う 생각하다 勉強しなければいけないと思いつつ、毎日遊んで過ごしています。
공부해야지 생각하면서도 매일 놀고만 있어요.

A6 **かれこれ**もう**3年**になります。 > 그럭저럭 벌써 3년이 됐어요.

Words 結婚前提 결혼 전제 │ ～たばかりだ 막 ～하기 시작하다 │ 経つ 지나다, 경과하다 │ 喧嘩する 싸우다
仲良く 사이 좋게 │ かれこれ 이러니저러니, 대강, 대충

結婚についてどう考えますか?
결혼에 대해 어떻게 생각해요?

~については '~에 대해'라는 뜻으로 相手(あいて)について(상대에 대해), 勉強(べんきょう)について(공부에 대해)와 같이 써요. 생각하다는 思う, 考(かんが)える가 있는데 쓰임새를 구별할 필요가 있어요. 思う는 마음속 감정이나 의지에 대한 생각이라면 考える는 지적으로 판단하고 사고하는 것을 말해요. 여러분은 結婚についてどう思いますか?(결혼에 대해 어떻게 생각해요?)

A1 早く結婚したいです。 > 빨리 결혼하고 싶어요.

A2 当然するものだと思います。 > 당연히 하는 거라고 생각해요.

A3 結婚のけの字も考えたことがありません。
> 결혼의 '결' 자도 생각해 본 적이 없어요.

A4 私は結婚という形式にあまり囚われたくありません。
> 저는 결혼이라는 형식에 별로 얽매이고 싶지 않아요.

囚われたくありません을
こだわりたくありません
(구애받고 싶지 않아요.)으로
말할 수 있어요.

A5 「結婚は人生の墓場!」じゃありませんか?
> '결혼은 인생의 무덤!' 아닌가요?

結婚　お見合い結婚 중매결혼 | 恋愛結婚 연애결혼 | できちゃった結婚=でき婚=おめでた婚 속도위반 결혼
婚約(こんやく) 약혼 | 結納(ゆいのう) 혼수 | 顔合(かおあ)わせの食事会(しょくじかい) 상견례
結婚指輪(けっこんゆびわ) 결혼반지 | 結婚式(けっこんしき) 결혼식
新郎(しんろう)=婿(むこ) 신랑 | 新婦(しんぷ)=花嫁(はなよめ) 신부

Words　相手 상대 | 勉強 공부 | 形式 형식 | あまり 그다지, 별로 | 囚われる 얽매이다 | こだわる 구애되다
墓場 무덤

Q178 結婚したいですか？
けっこん

결혼하고 싶어요?

결혼을 하고 싶은 사람은 結婚したい人, 결혼하지 않는 사람은 結婚しない人,
결혼을 하고 싶은데 못하는 사람은 結婚できない人, 결혼에 흥미가 없는 사람은
結婚に興味(きょうみ)がない人라고 합니다.

A1 早く結婚して温かい家庭を築きたいです。
あたた　　か てい　　きず

> 빨리 결혼해서 따뜻한 가정을 이루고 싶어요.

温かい家庭を築きたい 子供(こども)を作(つく)りたい 아이를 갖고 싶다
落(お)ち着(つ)きたい 자리 잡고 싶다
親(おや)を安心(あんしん)させたい 부모님을 안심시키고 싶다

A2 早くしたいんですが、相手がいないんです。誰かいい人いま
あい て　　　　　　　　　　だれ
せんか。

> 빨리 하고 싶은데 상대가 없어요. 누구 좋은 사람 없을까요?

⤷ 目が高すぎるんじゃないですか。 > 눈이 너무 높은 거 아닌가요?
め たか

A3 今年中には結婚できたらいいなと思います。
こ としじゅう　　けっこん　　　　　　　　おも

> 올해 안에 결혼할 수 있음 좋겠어요.

A4 結婚はまだ考えていません。 > 결혼은 아직 생각하고 있지 않아요.
かんが

Words 興味がない 흥미가 없다 ┃ 温かい 따뜻하다 ┃ 家庭 가정 ┃ 築く 이루다, 구축하다
子供を作る 아이를 갖다 ┃ 親 부모 ┃ 安心する 안심하다 ┃ 安心させる 안심시키다
目が高い 눈이 높다

Q179 子供は欲しいですか？

아이를 원해요?

일본에서는 コウノトリが赤(あか)ちゃんを運(はこ)んで来(き)てくれるんだよ. (황새가 아이를 데려와 주는 거야.)라는 말을 해요. コウノトリ가 아이를 데려온다는 말은 독일의 동화에서 유래되었다고 하네요.

A1 はい、3人くらい欲しいです。 > 네. 3명 정도 원해요.

A2 はい、欲張りかもしれませんが、5人が理想です。
> 네. 욕심쟁이일지 모르겠지만, 5명을 꿈꿔요.

A3 いいえ、仕事と育児の両立が心配なので、今はまだいいです。
> 아뇨. 일과 육아를 병행하는 게 걱정이라 지금은 생각 안 하고 있어요.

A4 そうですね。一人ではさみしいと思うので、せめて二人は欲しいです。
> 그렇죠. 혼자는 외로울 것 같아서 적어도 둘은 있었으면 좋겠어요.

A5 はい、育てるのは大変でしょうけど、たくさん欲しいです。
> 네. 키우기는 힘들겠지만 많았으면 좋겠어요.

↳ 野球チームが作れるくらいですか？ それともサッカーチーム？
> 야구 팀(9명)을 만들 정도로요? 아니면 축구 팀(11명)인가요?

Words コウノトリ 황새 | 赤ちゃん 아이 | 運ぶ 운반하다, 옮기다 | 両立 양립, 병행 | 心配だ 걱정이다
せめて 적어도 | 育てる 기르다, 양육하다 | 大変だ 힘들다

Q180 男の子と女の子とどちらが
いいですか？
남자아이와 여자아이 중 어느 쪽이 좋아요?

結婚をしたら妊娠、出産、育児が待っていますね。妊娠(にんしん)、つわり、臨月(りんげつ)、出産(しゅっさん)、自然分娩(しぜんぶんべん)、帝王切開(ていおうせっかい)、育児(いくじ)、働(はたら)くママ…. マタニティという単語도 많이 듣게 돼요. マタニティウェア, マタニティグッズ 등이요. 여러분은 何人(なんにん)くらい欲しいですか？(몇 명 정도 원하세요?)

A1 両方欲しいですね。 > 둘 다 원해요.

↳ 一姫、二太郎ってよくいいますよね。
> 첫째는 여자아이, 둘째는 남자아이가 좋다고 하죠.

姫는 곧, 太郎는 예전에 남자아이에게 잘 붙이는 이름이네요. 원래 우리는 여자아이면 여자가 사이였이 가만 데다 동생을 잘 돌봐 주니까 이상적이라고 하죠.

A2 男の子でも女の子でも、どちらでもかまいません。
> 남자아이든 여자아이든 어느 쪽이라도 좋아요.

A3 元気であれば性別なんて関係ないです。
> 건강하기만 하면 성별 같은 건 관계없어요.

A4 跡継ぎの問題があるので、男の子がいいですね。
> 집안 대를 잇는 문제도 있으니까 남자아이가 좋겠어요.

↳ 今どき、跡継ぎなんて古いですよ。
> 요즘 시대에 대를 이을 걱정을 하다니 구시대적인데요.

Words   妊娠 임신 | つわり 입덧 | 臨月 막달 | 出産 출산 | 自然分娩 자연분만 | 帝王切開 제왕절개
育児 육아 | 働くママ 일하는 엄마 | マタニティ 임산부 | マタニティウェア 임부복
マタニティグッズ 임부용품 | 欲しい 원하다 | 跡継ぎ 후계자 | 今どき 요즘, 요새

Q181 恋愛結婚とお見合い結婚とどちらがいいですか？

연애결혼과 중매결혼 중 어느 쪽이 좋아요?

맞선을 봐서 하는 중매결혼을 お見合い結婚이라고 해요. 결혼 정보 회사는 結婚相談所(けっこんそうだんじょ), 結婚仲介所(けっこんちゅうかいじょ)라고 하고, 중매인은 仲介人(ちゅうかいにん)이라고 해요.

A1 もちろん恋愛結婚です。 > 물론 연애결혼이에요.

A2 私は結婚相談所で紹介してもらうつもりです。
> 저는 결혼 정보 회사에서 소개받을 생각이에요.

↳ ええ、結婚相談所ですか？ > 네? 결혼 정보 회사요?

A3 お見合いかな。条件のいい人を知り合いの人に紹介してもらいます。
> 맞선인 거 같아요. 조건이 좋은 사람을 아는 사람에게 소개받을 거예요.

> 条件のいい人에서의 는 が(이/가)로 돼있었고 바꿔서 말할 수도 있어요.

A4 両親がお見合い結婚だったので、私もお見合いでもいいかなと思っています。
> 부모님이 중매결혼하셔서 저도 중매로도 괜찮지 않을까 생각하고 있어요.

↳ お見合いも面白いかもね。 > 중매결혼도 재밌을지도 모르겠네요.

Words　〜つもりだ 〜할 생각이다 | 知り合い 아는 사람 | 両親 양친, 부모 | 面白い 재미있다

Q182 両親との同居についてどう思いますか?
부모님과 같이 사는 것에 대해 어떻게 생각해요?

며느리는 嫁(よめ), 시댁은 嫁(とつ)ぎ先(さき), 시어머니는 しゅうとめ, 시아버지는 しゅうと, 시부모님은 쓸 때는 義理(ぎり)の両親(りょうしん), 말할 때는 両親, 主人(しゅじん)の両親이라고 해요. 처가살이는 婿養子(むこようし), 각자 살던 집, 부모님이 계신 집은 実家(じっか)가 돼요.

A1 できれば二人っきりがいいです。 > 가능하면 둘만 사는 것이 좋아요.

↳ ですね。できれば遠慮したいものですね。
> 그죠? 웬만하면 거절하고 싶죠.

遠慮すると
사양하다, 꺼리다'라는 뜻으로,
피하고 싶다고 말하고 싶을 때는
避(さ)ける를 써서
避けたいです라고 하면 돼요.

A2 ゆくゆくは同居であっても、新婚は二人がいいです。
> 나중에는 같이 살더라도 신혼 때는 둘이 좋아요.

ゆくゆくは는 やがては
(곧/머지않아), いつかは(언젠가는),
将来的(しょうらいてき)には는
(장래에는)랄 뜻이에요.

A3 家族はにぎやかなほうがいいと思うので、同居を希望します。
> 가족은 북적대며 사는 게 좋을 거 같아서 같이 살았으면 좋겠어요.

A4 子供のためには、おじいちゃんおばあちゃんと一緒がいいと思います。
> 아이를 위해서는 할아버지 할머니와 함께 지내는 게 좋다고 생각해요.

A5 さあ、長男の嫁だったら、考えます。
> 글쎄요, 장남과 결혼하는 거라면 생각해 볼 거예요.

Words　義理 의리, 혈연 관계는 아니지만 결혼 등으로 혈족 관계를 맺음 | 二人っきり 단둘 | 希望する 희망하다
長男 장남 | 嫁 며느리, 신부

Q183 こくさいけっこん
国際結婚についてどう思いますか？
국제결혼에 대해 어떻게 생각해요?

요즘 주변에 離婚(りこん)한 사람이 참 많아졌어요. 일본에서 이혼한 사람은 バツ(いち)라고 해요. バツ는 엑스(x) 표시로, 이혼을 하면 호적에 x표시를 해서 생긴 말이죠. バツ女(おんな), バツ男(おとこ)라는 말도 쓰네요. 再婚(さいこん)해서 다시 이혼하면 バツ二(に). 어렵게 결혼했는데 이런 일은 없어야겠죠.

A1
いいと思います。 > 좋은 것 같아요.

A2
考えたことがありません。 > 생각해 본 적이 없어요.

A3
国際化の時代なので、いいと思います。
> 국제화 시대라서 좋다고 생각해요.

↳ 最近、多いですよね。 私の友達にもいます。
> 요즘, 많죠? 제 친구도 있어요.

A4
文化の違いなど大変なこともあると思いますが、でも面白そうです。
> 문화 차이 같은 힘든 점도 있겠지만, 그래도 재미있을 것 같아요.

A5
自信がないです。 喧嘩するときとか、言葉の壁があって大変じゃないかと思います。
> 자신 없어요. 싸울 때라든가 말도 잘 안 통할 테고 정말 힘들 것 같은데요.

Words 離婚 이혼 | バツ女 돌싱녀 | バツ男 돌싱남 | 再婚 재혼 | 壁 벽

Real Life conversation

"연애와 결혼"에 대한 즉문즉답
실전회화트레이닝

민우와 미키의 연애와 결혼 이야기

ミキ	ミヌさんの初恋っていつだったんですか？	민우 씨의 첫사랑은 언제였어요?
ミヌ	初恋ですか？ 何ですか？ 藪から棒に…。 そうですね。小学の頃、いいなって思う子が いました。	첫사랑 말인가요? 뭐예요? 아닌 밤중에 홍두 깨처럼…. 글쎄요, 초등학교 때 좋은 감정을 느낀 친구 가 있었어요.
ミキ	その初恋は実ったんですか？	그 첫사랑은 이루어졌나요?
ミヌ	残念ながら…。	유감스럽게도….
ミキ	そうなんですか、どんな子だったんですか？	그랬군요. 어떤 친구였어요?
ミヌ	活発ですごく元気な子でした。	굉장히 활발하고 건강한 친구였어요.
ミキ	ヘェー、ミヌさんの理想は、明るくて元気な 人なんだ。	아하! 민우 씨 이상형은 밝고 건강한 사람이 구나.
ミヌ	子供の頃の話ですよ。	어릴 때 얘기예요.
ミキ	じゃ、今は？	그럼 지금은요?
ミヌ	やさしい子がいいかな。	상냥한 사람이면 좋겠네요.
ミキ	ふうん、じゃ、年上と年下だったら？	오호, 그럼 연상과 연하 중에서는요?
ミヌ	うーん、別にこだわりません。	글쎄, 별로 상관없어요.
ミキ	ふーん、そうなんですか？じゃ、年の差は？	그래요? 그럼 나이 차는요?
ミヌ	考えたことないけど、年齢は関係ないと思い ますよ。	생각해 본 적은 없지만 연령은 상관없다고 생각해요.
ミキ	そうなんだ。	그렇구나.

ミキ	ミヌさんは合コンをしたことあるんですか？	민우 씨는 단체 미팅 해 본 적 있어요？
ミヌ	ああ、友達に誘われて一度行ったことがあります。面白かったですよ。	아, 친구가 가자고 해서 한 번 갔었죠. 재밌었어요.
ミキ	そうなんですか。 ミヌさんは恋人に何を望みますか？	그랬군요. 민우 씨는 여자 친구에게 바라는 게 있나요？
ミヌ	そうですね、やっぱりやさしさとか、思いやりですかね。	글쎄요, 역시 상냥함이나 배려하는 마음이겠죠.
ミキ	ミヌさんは草食系ですか？ 肉食系ですか？	민우 씨는 초식남인가요？ 육식남인가요？
ミヌ	えー、難しいですね、半々ですかね。	아, 어렵네요. 반반이랄까요.

Words 活発(かっぱつ)だ 활발하다 | 別(べつ)に 별로 | 半々(はんはん) 반반

미키와 우영 언니의 결혼 이야기

ミキ	ウヨンお姉さんは付き合っている人はいるんですか？	우영 언니는 사귀는 사람이 있어요？
ウヨン	いるよ。	있지.
ミキ	どんな人ですか？	어떤 사람이에요？
ウヨン	そうね、やさしい人かな？	글쎄, 자상하다고 해야 할까.
ミキ	やっぱりやさしい人が一番ですよね。 どこで知り合ったんですか？	역시 자상한 사람이 최고예요. 어디서 만났어요？
ウヨン	友達の紹介で会ったの。	친구 소개로 만났어.
ミキ	どのくらい付き合ってるんですか？	얼마나 사귀었나요？

ウヨン	**2年くらいかな？**	2년 정도 됐을걸.
ミキ	**ヘェ、いいですね。** **結婚考えているんですか？**	와, 대단해요. 결혼까지 생각해요?
ウヨン	**そうね、早くしようって言われてるの。**	그러게. 빨리 하자긴 해.
ミキ	**わあ、うらやましいです。** **結婚したら子供は何人ぐらい欲しいと思って** **るんですか？**	우와, 부러워요. 결혼하면 아이는 몇 정도 생각하세요?
ウヨン	**そうね、二人くらいかな。**	음, 둘 정도면 될까.
ミキ	**男、女だったら、どっちがいいですか？**	남자아이, 여자아이 어느 쪽이 좋아요?
ウヨン	**うーん。子供のことを考えると、同性がいい** **のかもしれないけど。** **私は両方欲しいわね。**	글쎄, 아이를 생각하면 동성이 좋을지 몰라도, 난 둘 다 있었으면 해.
ミキ	**私もそう思います。** **じゃ、お姉さんは恋愛結婚ですね。** **私の理想です。** **結婚したら、二人で住むんですか？**	저도 그래요. 그럼 언니는 연애결혼이네요. 제가 꿈꾸는 결혼이에요. 결혼하면 둘이서 살 건가요?
ウヨン	**そうね。そう言ってるよ。**	응. 그럴 거래.
ミキ	**そうですよね、新婚なんだから二人で住みた** **いですね。** **あの、お姉さんは、国際結婚はどう思います** **か? 反対ですか？**	당연한 거예요, 신혼인데 둘이서 살고 싶겠죠. 저기, 언니! 국제결혼은 어떻게 생각해요? 반 대인가요?
ウヨン	**別に。いいと思いますよ。** **ミキちゃんもがんばりなさいね。**	뭐, 괜찮다고 생각해. 미키도 힘을 내.

Words　　～お姉(ねえ)さん ～언니 ｜ 早(はや)くしよう 빨리 하자
　　　　　　～って言(い)われてる＝～と言われている ｜ ～らと 하다(～라고 말하여지다) ｜ うらやましい 부럽다

여행에 대한

Q184 旅行によく行きますか？
여행 자주 가요?

旅行はよくしますか？(여행은 자주 해요?), 旅行は好きですか？(여행은 좋아해요?)라고 질문할 수도 있어요. 여행은 旅行, 旅(たび)라고 거의 구분 없이 쓰는데, 굳이 구별 짓는다면 旅行는 개인이나 단체가 일정이나 목적지를 정하고 가는 장면을, 旅는 개인이 정처 없이 훌쩍 떠나는 장면을 떠올리면 돼요.

A1 はい、よく行きます。 > 네, 자주 가요.

A2 いいえ、行きたいんですが、なかなか休みが取れません。
> 아뇨, 가고는 싶은데 좀처럼 휴가를 낼 수가 없어요.

A3 はい、お金と時間さえあれば、世界中を旅行したいです。
> 네, 돈과 시간만 있으면 온 세계를 여행하고 싶어요.

世界中を旅行したい 旅行(りょこう)したい 여행하고 싶다
一人旅(ひとりたび)をしたい 홀로 여행을 떠나고 싶다
温泉(おんせん)めぐりがしたい 온천을 돌고 싶다
パッケージツアーで行きたい 패키지 투어로 가고 싶다
家族旅行(かぞくりょこう)がしたい 가족 여행을 하고 싶다

A4 海外旅行が大好きですが、最近、忙しくて行けないんです。
> 해외여행을 아주 좋아하는데 요즘 바빠서 못 가고 있어요.

Words 休みが取れない 휴가를 낼 수 없다 | お金 돈 | 時間 시간 | ～さえあれば～したい ～만 있으면 ～하고 싶다
パッケージツアー 패키지 투어 | ツアー(tour) 투어

Q185 海外旅行はしたことありますか？
かいがいりょこう
해외여행 해 본 적 있어요?

경험을 물어볼 때는 ~たことありますか？로 질문하죠. 구체적인 지명을 넣어
ニューヨークへ行ったことがありますか？(뉴욕에 가 본 적 있어요?)와 같
이 질문해도 괜찮아요. 여행은 日帰(ひがえ)り나 泊(とま)り를 하고 오죠.

A1 はい、夏休みに日本に行きました。
> 네, 여름방학에 일본에 갔어요.

A2 はい、お小遣いを貯めては、海外旅行しています。
> 네, 용돈을 모아서 해외여행을 하고 있어요.

↳ うぁ～、自由でうらやましいです。 > 우와, 자유로워 좋겠어요.

A3 ええ。2、3度行ったことがあります。
> 네, 2, 3번 간 적이 있어요.

> 2、3度を 2、3回로 바꿔 말할 수 있어요.

A4 いいえ、まだ一度も海外に行ったことがありません。
> 아뇨, 아직 한번도 해외에 간 적이 없어요.

海外旅行 パスポート 여권 | 手続(てつづき) 수속 | 保険(ほけん) 보험 | 両替(りょうがえ) 환전

Words　日帰り 당일치기 | 泊まる 묵다 | 泊り 숙박 | お小遣い 용돈 | 貯める 모으다 | 自由で 자유로워서 |
うらやましい 부럽다 | 度 번

Q186 最近、どこか旅行に行きましたか？
최근에 여행 다녀온 적 있어요?

> 직역하면 '최근 어딘가 여행 갔었어요?'로, 여행 경험을 묻는 질문이에요. 간단하
> 게는 最近、旅行しましたか？(요즘 여행했어요?), 여행 간 곳을 물을 때는 最
> 近、旅行に行ったのはどこですか？(최근에 여행 간 곳은 어디예요?)라고 하
> 면 됩니다.

A1 友達3人で大阪に行ってきました。
> 친구 3명이서 오사카에 다녀왔어요.

A2 日帰りでしたが、家族でカンウォンドに遊びに行きました。
> 당일치기긴 했지만, 가족과 강원도에 놀러 갔었어요.

A3 大学の友達と5泊6日で国内をあちこち旅行しました。
> 대학 친구들과 5박 6일로 국내 여기저기를 여행했어요.

～泊～日　～泊(はく)～日(か)는 '～박 ～일'이에요.
　　　　1泊2日(いっぱくふつか) 1박 2일 ┃ 2泊3日(にはくみっか) 2박 3일
　　　　3泊4日(さんぱくよっか) 3박 4일 ┃ 4泊5日(よんぱくいつか) 4박 5일
　　　　5泊6日(ごはくむいか) 5박 6일 ┃ 1週間(しゅうかん) 1주일간 ┃ 10日間(とおかかん) 10일간
　　　　1ヶ月間(いっかげつかん) 1개월간 ┃ 半年間(はんとしかん) 반년간

A4 ハワイです。ぜひまた行ってみたいです。
> 하와이 다녀왔어요. 꼭 다시 가 보고 싶어요.

A5 沖縄です。沖縄は海もきれいで、楽しかったです。
> 오키나와 다녀왔어요. 오키나와는 바다도 예쁘고 즐거웠어요.

Words　日帰り 당일치기 ┃ 遊びに行く 놀러 가다 ┃ 海 바다 ┃ 楽しい 즐겁다

Q187 旅行中(りょこうちゅう)、何(なに)か困(こま)ったことが ありますか？

여행 중에 뭐 힘들었던 일 있었어요?

困ったことは エピソード, 大変(たいへん)な目(め)にあったこと, 事故(じこ) 같은 것을 묻는 질문이에요. 여권을 잃어버렸다거나 소매치기를 당했다거나 하는 예상치도 못한 일 있잖아요. 나중에는 그것도 좋은 얘깃거리가 되지만요.

A1 話(はなし)が通(つう)じなくて、本当(ほんとう)に困(こま)りました。
> 말이 안 통해서 정말 곤란했어요.

話が通じなくて トイレがどこか聞(き)けなくて 화장실이 어딘지 물어볼 수 없어서
伝(つた)えたいことが上手(うま)く言(い)えなくて 하고 싶은 말을 속 시원하게 할 수 없어서

A2 外国(がいこく)で道(みち)に迷(まよ)ってしまって、どうなることかと思(おも)いました。
> 외국에서 길을 잃어버려서 어찌할 바를 모르고 당황했어요.

道に迷ってしまって すりにあって 소매치기를 당해서 | ひったくりにあって 날치기를 당해서

A3 海外(かいがい)でパスポートをなくしてしまった時(とき)は、頭(あたま)の中(なか)が真(ま)っ白(しろ)になりました。
> 해외에서 여권을 잃어버렸을 때는 머릿속이 새하얘졌어요.

パスポート 財布(さいふ) 지갑 | 飛行機(ひこうき)のチケット 비행기 티켓

A4 飛行機(ひこうき)でアクシデントがあり、空港(くうこう)に戻(もど)った時(とき)は、死(し)ぬかと思(おも)いました。
> 비행기에서 사고가 생겨 공항에 되돌아오게 됐을 때는 죽는 줄 알았어요.

Words 困ったこと 곤란했던 일 | 困る 곤란하다 | 大変な目にあったこと 힘든 일을 겪은 것 | 大変だ 힘들다
目にあう 당하다 | 事故 사고 | 通じない 통하지 않다 | 聞けない 물을 수 없다 | 伝える 전달하다
道に迷う 길을 헤매다 | 頭の中が真っ白になる 머릿속이 새하얘지다 | 戻る 되돌아가다 (오다) | 死ぬ 죽다

Q188 行ってみたい国はどこですか？
가 보고 싶은 나라는 어디예요?

~てみたい는 '~고 싶은'이란 뜻으로 行ってみたい(가고 싶다), 食べてみたい (먹고 싶다)와 같이 써요. 해외여행 하면 당연 ヨーロッパ죠. 빼어난 경치에 관광 유적지까지 풍부하니까요. 海外旅行(かいがいりょこう)するなら、行ってみ たい国はどこですか？(해외여행을 한다면, 가 보고 싶은 나라는 어디예요?)

A1 **スイス**に行ってみたいです。 > 스위스에 가 보고 싶어요.

スイス イタリア 이탈리아 | ドイツ 독일 | スペイン 스페인 | イギリス 영국 | カナダ 캐나다
ハワイ 하와이 | アメリカ 미국 | フランス 프랑스 | クロアチア 크로아티아
ポルトガル 포르투갈 | フィンランド 핀란드 | オーストラリア 호주 | インド 인도
モンゴル 몽골 | 台湾(たいわん) 타이완 | 香港(ほんこん) 홍콩 | 中国(ちゅうごく) 중국

A2 機会があったら、**中国に行って万里の長城**を見てみたいです。
> 기회가 되면 중국에 가서 만리장성을 보고 싶어요.

A3 ニューヨークの近代美術館に行って大好きな作家の作品をず ーっと見ていたいです。
> 뉴욕의 근대 미술관에 가서 정말 좋아하던 작가의 작품을 원없이 보고 싶어요.

A4 ヨーロッパに行って、歴史的な場所を見て回りたいですね。
> 유럽에 가서 역사적인 장소를 둘러보고 싶어요.

A5 数年前からずっと行ってみたいなあと思っているのは、 **アメリカとフィンランドです。**
> 몇 년 전부터 계속 가 보고 싶었던 곳은 미국과 핀란드예요.

Words 機会があったら 기회가 있으면 | 歴史的な場所 역사적인 장소 | 見て回る 구경하며 돌아다니다
数年前 수년 전

Q189 誰と旅行に行きたいですか？
누구와 여행 가고 싶어요?

여행은 학교 다닐 때는 친구와, 회사 다닐 때는 회사 동료와, 결혼해서는 가족과 가는 것이 제일 편하죠. 서로 나눌 얘기도 많고 마음도 편하고요. 여러분은 旅行に行くとしたら誰と行きたいですか？(여행을 간다면 누구와 가고 싶어요?)

A1 恋人と行きたいです。> 애인과 가고 싶어요.

恋人と 友達(ともだち)と 친구와 | 家族(かぞく)と 가족과 | 家族3人(かぞくさんにん)で 가족 3명이서
夫婦(ふうふ)水入(みずい)らずで 부부끼리 | 一人(ひとり)で 혼자서
女同士(おんなどうし)で 여자끼리 | 男同士(おとこどうし)で 남자끼리

A2 家族と一緒に行きたいです。> 가족과 함께 가고 싶어요.

A3 気の合う友達と行きたいです。女同士でわいわい言いながら…。
> 마음이 맞는 친구와 가고 싶어요. 여자끼리 왁자지껄 떠들면서….

A4 年を取ってからは夫婦水入らずで旅行したいです。
> 나이를 먹고 나서는 부부끼리만 여행하고 싶어요.

↳ ロマンチックですね。> 로맨틱하네요.

A5 誰かと一緒ではなく、着のみ着のままの一人旅がしてみたいです。
> 누구와 함께가 아니라 기분 내키는 대로 혼자 여행하고 싶어요.

> 着のみ着の
> ままの一人旅는
> 지금 입고 있는 옷 이외는 아무것도 가지고
> 있지 않는 것을 말해요.
> 그야말로 훌쩍 떠나는 여행을
> 의미합니다.

Words 水入らずで (남이 끼지 않은) 집안끼리 | 同士 끼리 | 気の合う 마음이 맞다 | わいわい 왁자지껄
年を取る 나이를 먹다 | 一人旅 혼자 여행

Q190 外国_{がいこく}に行_いって、カルチャーショックを
受_うけたことはありますか？
외국에 가서 문화적 충격을 받은 적 있어요?

일본에서 받은 문화적 충격은, 갓 결혼한 새댁 친구가 집 안에서 마스크를 쓰고 있어
물어보니 남편에게 감기 옮기니까 쓰고 있어야 한다는 것이었어요. 그런 그녀가 시
댁 어른 앞에서는 아무렇지도 않게 맞담배를 피우는 거 있죠. 여행에서 맞닥뜨리는
문화적 충격은 무엇이 나쁘다기보다는 우리와 다름에서 오는 신선한 자극 같아요.

A1 インドに行_いったとき、手_てで食事_{しょくじ}をしているのを見_みてショック
を受_うけました。
> 인도에 갔을 때 손으로 밥을 먹는 것을 보고 충격을 받았어요.

A2 ヨーロッパの食堂_{しょくどう}では水_{みず}が有料_{ゆうりょう}で、びっくりしました。
> 유럽 식당에서 물이 유료여서 깜짝 놀랐어요.

A3 中国_{ちゅうごく}で、食_たべ物_{もの}の種類_{しゅるい}の多_{おお}さに驚_{おどろ}かされました。
> 중국에서 음식의 종류가 많은 것에 놀랐어요.

A4 日本_{にほん}に行_いったとき、親子_{おやこ}でタバコを吸_すってるのを見_みたときは
驚_{おどろ}きました。韓国_{かんこく}ではあり得_えません。
> 일본에 갔을 때 부자지간에 담배를 피우고 있는 것을 봤을 때 놀랐어요.
> 한국에서는 있을 수 없어요.

あり得ません あり得(え)ない, あり得(え)ません은 '있을 수 있다'는 뜻을 가진 あり得(え)る의 부정형이에요.
옛날에는 あり得(う)라고 했어요. 이 말은 버젓이 살아남아 あり得(え)る와 함께 쓰이고 있어요.
十分(じゅうぶん)あり得(う)る話(はなし)です。충분히 있을 수 있는 이야기예요.
そんなのあり得ない！그런 거 있을 수 없어!

Words　カルチャーショックを受ける 컬쳐쇼크를 받다 │ 有料 유료 │ 多さ 많음 │ 驚く 놀라다
驚かされる 놀래다 │ 親子 부자지간

Q191 **旅行先を決めるときの条件は何ですか？**

여행지를 정할 때 가장 중요하게 생각하는 것이 뭐예요?

여행지는 旅行先라고 하죠. 大切(たいせつ)だ는 '중요하다, 소중하다, 필요하다'라는 뜻으로, 重要(じゅうよう)だ로 바꿔 쓸 수 있어요. 다만 大切だ는 심정적, 심리적으로 중요한 느낌, 重要だ는 물리적으로 중요한 느낌이 들어요. 그래서인지 감정을 얘기할 때는 大切だ를 더 많이 쓰는 것 같아요.

 ホテルの施設ですね。 > 호텔의 시설이에요.

 温泉があるかどうかです。 > 온천이 있는지 없는지예요.

温泉があるかどうか
町(まち)がきれいかどうか 마을이 깨끗한지 어떤지
英語(えいご)が使(つか)えるかどうか 영어를 쓸 수 있는지 없는지
治安(ちあん)がよいかどうか 치안이 잘 되어 있는지 어떤지
人種差別(じんしゅさべつ)がないかどうか 인종차별이 없는지 어떤지

 景色がきれいで、交通が便利なところです。
> 경치가 좋고 교통이 편리한 점이에요.

 旅館の食事がおいしいかどうかが絶対外せない条件です。
> 여관의 식사가 맛있는지 어떤지가 꼭 챙기는 조건이에요.

旅館の食事がおいしいかどうか
露天風呂(ろてんぶろ)があるかどうか 노천온천이 있는지 없는지
子供(こども)たちが遊(あそ)べるかどうか 아이들이 놀 수 있는지 없는지
キャンプができるかどうか 캠프를 할 수 있는지 없는지
登山(とざん)ができるかどうか 등산을 할 수 있는지 없는지
海水浴(かいすいよく)ができるかどうか 해수욕을 할 수 있는지 없는지

Words 旅行先 여행처, 여행지 | 決める 정하다 | 重要だ 중요하다 | 景色 경치 | 絶対 절대
外す 빼다, 놓치다 | 外せない 뺄 수 없다, 놓칠 수 없다

Q192 りょこうさき いちばん たの
旅行先での一番の楽しみは
なん
何ですか？
여행지에서의 가장 큰 즐거움은 뭐라고 생각해요?

일본인들은 여행을 가면 항상 그 고장의 토산물인 お土産(みやげ)를 사 오죠. 가족이나 지인, 회사 동료들을 생각하면서겠죠. 이런 お土産를 買(か)う楽しみ(선물을 사는 즐거움)도 여행에서의 큰 즐거움 중 하나가 아닐까요?

A1 やっぱり、**ショッピング**でしょう。 > 역시 쇼핑이지요.

ショッピング 観光(かんこう) 관광 ┃ 食事(しょくじ) 식사 ┃ 触(ふ)れ合(あ)い 접촉, 교류

A2 その土地の**おいしい食べ物**です。 > 그 지방의 맛있는 음식이에요.

A3 旅先での人との出会いが一番楽しみです。
> 여행지에서의 사람과의 만남이 가장 큰 즐거움이에요.

旅先 ～先(さき)는 '목적지, 장소, 곳'을 나타내요. 旅先와 旅行先는 같은 말이에요.
行(ゆ)き先(さき) 행선지 ┃ 連絡先(れんらくさき) 연락처 ┃ 宛先(あてさき) 받을 곳
送(おく)り先(さき) 보내는 곳 ┃ お届(とど)け先(さき) 보낼 곳 ┃ 取引先(とりひきさき) 거래처

 人との出会いが財産ですよね。 > 사람과의 만남이 재산이죠.

A4 気分転換です。日常からの開放感ですかね?!
> 기분 전환이에요. 일상으로부터의 해방감이라고나 할까요?!

Words 楽しみ 즐거움 ┃ 土地 토지, 그 지방 ┃ 食べ物 먹을거리, 음식 ┃ 出会い 만남 ┃ 財産 재산
気分転換 기분 전환 ┃ 日常 일상 ┃ 開放感 해방감

Q193 海外で暮らすとしたら、どこが
いいですか？

해외에서 살게 된다면 어디가 좋아요?

해외에 살게 된다면… 여기서 ~としたら는 '~라고 가정한다면'을 의미해요.
海外よりは言葉や治安の面では韓国が一番いいんじゃないですかね。(언어
나 치안 면에서는 한국이 가장 좋지 않을까요?)

A1 ヨーロッパがいいですね。> 유럽이 좋겠네요.

A2 そうですね。ハワイがいいかなと思います。

> 글쎄요. 하와이가 좋지 않을까 생각해요.

いいかなの かなを
아직 의구심이 들 때 사용해요.
いいかな。どうかな。
(좋을까? 어떨까?)와 같이요.

A3 いつかオーストラリアに住んでみたいです。

> 언젠가 오스트레일리아에 살아 보고 싶어요.

A4 せっかく日本語を勉強したので、日本でしばらく暮らして
みたいです。

> 모처럼 일본어를 공부했으니까, 일본에 당분간 살아 보고 싶어요.

せっかく日本語を勉強したので　日本語が上手になりたいので 일본어를 잘하고 싶으니까
　　　　　　　　　　　　　　友達がいるので 친구가 있으니까
　　　　　　　　　　　　　　おもしろそうなので 재미있을 것 같아서

A5 気候が温暖で、治安がいいところがいいですね。

> 기후가 온난하고 치안이 좋은 곳이 괜찮겠네요.

Words　暮らす 생활하다 | 言葉 말 | 治安 치안 | いつか 언젠가 | せっかく 모처럼 | 気候 기후

Real Life conversation

Scene #15

"여행"에 대한 즉문즉답
실전회화트레이닝

민우와 미키의 여행 이야기

ミキ	ミヌさん、旅行はよくするんですか？	민우 씨, 여행은 자주 하나요?
ミヌ	はい、よく行きますよ。	네, 자주 다녀요.
ミキ	日本以外で、どこか他の国に行ったことあるんですか？	일본 말고 어디 다른 나라에 가 본 적 있나요?
ミヌ	ありますよ。中国にも行ったことあります。	있죠. 중국에도 가 본 적 있어요.
ミキ	最近はどこか行きました？	최근에는 어딜 갔었나요？
ミヌ	ついこの間も大阪に行って来たんですよ。	바로 얼마 전에도 오사카에 다녀왔어요.
ミキ	ほんとによく行くんですね。そんなにしょっちゅう行ってたら、いろんなことがあったんじゃないんですか？	정말 자주 가는군요.그렇게 자주 다녔다면 많은 일들이 있었겠네요?
ミヌ	ありましたよ、飛行機が揺れたときが一番恐かったですよ。	있었죠. 비행기가 흔들렸을 때가 가장 무서웠어요.
ミキ	私も飛行機が揺れると恐いです。	저도 비행기가 흔들리면 무섭던데요.
ミキ	ミヌさん、一度行ってみたい国とか、もう一度行ってみたい国ってどこですか？	민우 씨가 꼭 가 보고 싶은 나라라든가, 또다시 가고 싶은 나라는 어딘가요？
ミヌ	そうですね。ヨーロッパ、いいですね。一度はいってみたいですね。	글쎄, 유럽이 좋겠네요.한 번은 꼭 가 보고 싶어요.
ミキ	ヨーロッパですか。いいですね、誰と行きたいですか？	유럽이라, 좋은데요.누구와 가고 싶어요？

ミヌ	誰と？ うーん。気の合う人と！	누구냐고요? 음, 마음 맞는 사람!
ミキ	そうですか。 外国に行って、カルチャーショックを受けた こととかありますか？	그렇군요. 외국에 가서 문화적 충격 같은 걸 받은 적이 있나요?
ミヌ	ありますよ。色々。それが面白いんですよ。 例えば、日本の割り勘も最初はびっくりしま した。	있어요. 많았죠. 그게 재미잖아요. 예를 들면 일본식 계산법도 처음엔 깜짝 놀랐 어요.
ミキ	ああ、割り勘ですね。	아, 와리깡(각자내기) 말이죠.
ミヌ	今はもう慣れましたけど。	지금이야 익숙하지만요.
ミキ	そうですか。 ミヌさんが旅行先を決める時、外せない条件 って何ですか？	그랬군요. 민우 씨가 여행지를 정할 때 양보할 수 없는 조건은 뭔가요?
ミヌ	こだわりですか。そうですね。 ホテルはきれいな方がいいですが、特にこれ といってありませんよ。 トラブルも旅行の楽しみですから。	신경 쓰는 것 말인가요, 글쎄요. 호텔이야 깨끗한 게 좋겠지만, 특별히 이렇다 할 만한 건 없네요. 트러블도 여행의 즐거움이니까요.
ミキ	ですね。じゃ、旅行先での一番の楽しみは？	맞아요. 그럼 여행지에서의 가장 큰 즐거움은 요?
ミヌ	出会いですね。人だったり、景色だったり、 出来事だったり。	만남이에요. 사람일 수도 풍경일 수도 사건일 수도 있죠.
ミキ	旅の醍醐味ですね。 じゃ、旅行だけじゃなくて暮らしてみたい国 なんてありますか？	여행의 묘미죠. 그렇다면 여행으로 그치는 게 아니라 직접 살 아 보고 싶은 나라가 있나요?
ミヌ	そうですね。 日本でも暮らしてみたいし、ヨーロッパもい いかな。	글쎄요. 일본에서도 살아 보고 싶고 유럽도 좋을 거 같아요.
ミキ	私もヨーロッパ行ってみたいです。	저도 유럽 가 보고 싶어요.

Words　ついこの間(あいだ) 바로 얼마 ｜ そんなに 그렇게 ｜ しょっちゅう 늘, 언제나
　　　　　飛行機(ひこうき)が揺(ゆ)れる 비행기가 흔들리다 ｜ 一番恐(いちばんこわ)い 가장 무섭다
　　　　　割(わ)り勘(かん) 더치페이, 각자내기 ｜ びっくりする 놀라다
　　　　　外(はず)せない条件(じょうけん) 빼놓을 수 없는 조건, 양보할 수 없는 조건
　　　　　出来事(できごと) 일, 사건 ｜ 醍醐味(だいごみ) 묘미

친구와 술에 대한

Q194

友達は多いほうですか？
친구가 많은 편인가요?

친구는 友達라고 하고 친한 친구는 親友(しんゆう)라고 해요. 벗이란 말도 있죠? 이 말은 友(とも)라고 해요. 죽마고우라는 말 하잖아요. 이 말이 竹馬(ちくば)の友예요. 그러고 보니 동료, 소꿉친구도 있네요. 동료는 仲間(なかま), 소꿉친구는 幼馴染(おさななじみ)입니다.

A1 親友と言えるのは3人です。 > 친한 친구라고 할 수 있는 것은 3명이에요.

A2 数え切れません。友達は多いほうだと思います。
> 셀 수가 없어요. 친구는 많은 편이라고 생각해요.

数え切れません 　〜切れない(〜할 수 없다)는 양이 많아서 못하는 것을 말해요.
　数(かぞ)える 셀 수 있다　　数え切れない 셀 수 없다
　食(た)べる 먹다　　　　　食べきれない 먹을 수 없다
　覚(おぼ)える 기억하다　　 覚えきれない 기억하지 못하다

A3 そうですね。いつも集まる仲のよい友達は10人ほどです。
> 글쎄요, 항상 모이는 사이가 좋은 친구는 10명 정도에요.

A4 いいえ、友達は多くても親友と呼べるような友達はあまりいません。
> 아뇨, 친구는 많아도 친한 친구라고 할 만한 친구는 별로 없어요.

Words　言う 말하다 | 言える 말할 수 있다 | 数え切れる 셀 수 있다 | 数え切れない 셀 수 없다
集まる 모이다 | 仲のよい 사이가 좋다 | ほど 정도 | 呼ぶ 부르다 | 呼べる 부를 수 있다

Q195 友達とよくどんな話をするんで
すか？
친구와 주로 어떤 이야기를 해요?

> 보통 친구하고 그냥 말을 할 때는 話をする이고, 수다를 떨 때는 おしゃべりを
する, 속마음을 터놓고 이야기할 때는 打(う)ち解(と)ける를 써요. 험담할 때는
悪口(わるぐち)を言(い)う라고 합니다.

A1 日常茶飯事のたわいのない話です。
> 평범하고 소소한 얘기예요.

A2 ファッションかな。いつもファッションの話で盛り上がります。
> 패션일까요. 항상 패션 얘기로 이야기꽃을 피워요.

A3 仕事などの愚痴をこぼして、お互い慰め合っています。
> 일 같은 거 푸념도 늘어 놓으면서, 서로 위로해 줘요.

A4 そうですね。あまり堅い話はしませんね。たわいのない話です。
> 글쎄요. 별로 딱딱한 얘기는 안 해요. 시시콜콜한 얘기예요.

A5 別に大した話はしていませんよ。ただ、一緒にいるだけで
楽しい仲間です。
> 별로 특별한 이야기는 안 해요. 그냥 같이 있는 것만으로 즐거운 사이예요.

Words　おしゃべりをする 수다를 떨다 ┃ 打ち解ける 터놓고 이야기하다 ┃ 悪口を言う 험담하다
日常茶飯事 일상다반사 ┃ たわいない 하잘 것 없다 ┃ 盛り上がる 부풀어 오르다, 고조되다
愚痴をこぼす 푸념을 하다 ┃ お互い 서로 ┃ 慰める 위로하다 ┃ 慰め合う 서로 위로하다

Q196 友達<ruby>友達<rt>ともだち</rt></ruby>といつも何<rt>なに</rt>をして過<rt>す</rt>ごしますか？

友達(ともだち)といつも何(なに)をして過(す)ごしますか？

친구와 주로 뭐 하며 보내요?

悩(なや)み事(ごと)가 생기면 보통 친구를 찾아 相談(そうだん)을 하겠죠. 내가 하면 相談을 하는가 돼요. 그 친구는 相談されたら相談に乗(の)る고요. 상담을 받고 나면 助(たす)けてあげる 이런 액션을 취하겠죠. 그래서 친구는 大切(たいせつ)な, かけがえのない存在(そんざい)인가 봐요.

A1 友達<rt>とも</rt>と会<rt>あ</rt>っておしゃべりをします。 > 친구와 만나서 수다를 떨어요.

A2 休<rt>やす</rt>みの日<rt>ひ</rt>には必<rt>かなら</rt>ず集<rt>あつ</rt>まって一緒<rt>いっしょ</rt>にサッカーをします。

> 쉬는 날에는 꼭 모여서 함께 축구를 해요.

A3 仕事帰<rt>しごとがえ</rt>りに会<rt>あ</rt>って、一緒<rt>いっしょ</rt>に食事<rt>しょくじ</rt>に行<rt>い</rt>ったり飲<rt>の</rt>みに行<rt>い</rt>ったりします。

> 일 마치고 만나서 함께 밥 먹으러 가거나 술 마시러 가거나 해요.

A4 特<rt>とく</rt>に何<rt>なに</rt>をするでもなく、ゲームなどをしてなんとなく時間<rt>じかん</rt>を過<rt>す</rt>ごしています。

> 특별히 뭘 하는 것은 아니고, 게임 같은 거 하면서 아무 생각 없이 시간을 보내고 있어요.

なんとなく なんとなくは '아무 생각 없이'라는 뜻, それとなくは '넌지시'라는 뜻이에요. なんとなく가 아무 목적이 없다면 それとなく는 목적이 살짝 보이네요. 단지 티가 나지 않게 떠보는 거니까요.
彼女(かのじょ)に気(き)があるかどうか、それとなく聞(き)いてみました。
그녀에게 마음이 있는지 없는지 넌지시 물어봤어요.

↳ 日本<rt>にほん</rt>とあまり変<rt>か</rt>わらないんですね。 > 일본과 별로 다르지 않네요.

Words 過ごす 지내다 | 悩み事 고민 | 相談 상담 | 相談に乗る 상담에 응하다 | 大切だ 소중하다
かけがえのない 둘도 없는, 소중한 | おしゃべりをする 수다를 떨다 | 休みの日 휴일 | 必ず 꼭
集まる 모이다 | 一緒 함께 | 仕事帰り 일을 마치고 돌아옴 | なんとなく 이렇다 할 것도 없이, 평범하게

Q197 **飲（の）み物（もの）は何（なに）が好（す）きですか？**
음료는 뭐 좋아해요?

음료는 飲み物라고 합니다. 음료에는 水(みず)=ミネラルウォーター 물, ソフトドリンク=清涼飲料水(せいりょういんりょうすい) 청량음료, 炭酸(たんさん)飲料 탄산음료, コーヒー飲料 커피 음료, 果実(かじつ)飲料 과실음료, お茶飲料 차 음료 등이 있어요. 여러분은 好きな飲み物は何ですか?(좋아하는 음료가 뭐예요?)

A1 **牛乳（ぎゅうにゅう）をよく飲（の）みます。** > 우유를 자주 마셔요.

牛乳　コーヒー 커피 | 緑茶(りょくちゃ)=お茶(ちゃ) 녹차 | 紅茶(こうちゃ) 홍차 | ジュース 주스
ヨーグルト 요구르트 | ウーロン茶(ちゃ) 우롱차

A2 **お酒（さけ）です。友達（ともだち）と一晩中（ひとばんじゅう）飲（の）んだりします。**
> 술이에요. 친구와 밤새 마시기도 해요.

A3 **コーヒーです。少（すく）なくても一日（いちにち）に5杯（ごはい）は飲（の）みますから。**
> 커피예요. 적어도 하루에 5잔은 마시니까요.

↳ **5杯（はい）は飲（の）みすぎじゃないんですか。**
> 5잔은 너무 많은 거 아니에요?

A4 **コーラが好（す）きなんですが、体（からだ）によくないのでできるだけ飲（の）まないようにしています。**
> 콜라를 좋아하지만, 몸에 안 좋으니까 되도록 마시지 않으려고 해요.

Words　飲み物 마실 것, 음료 | お酒 술 | 一晩中 밤새 | 一日 하루 | 体によくない 몸에 좋지 않다

Q198 ## 嫌いな飲み物は何ですか？
싫어하는 음료는 뭐예요?

음료를 대접할 때, 마실지 어떨지 물을 때는 何(なに)か飲みますか?(뭐 마실래요?), 구체적으로 뭐 마시고 싶은지 묻고 싶을 때는 何を飲みますか?(뭐를 마실래요?), 何が飲みたいですか?(뭐 마시고 싶어요?)라고 하면 됩니다. 여러분은 何か嫌いな飲み物はありますか?(뭐 싫어하는 음료 있어요?)

A1 トマトジュースが嫌いです。 > 토마토 주스를 싫어해요.

嫌い　싫어한다는 표현을 할 때 쓰는 말 중 苦手(にがて)だ, 嫌(きら)いだ, だめだ가 있는데, 苦手だ는 별로 안 좋아하고, 嫌いだ는 싫어하고, だめだ는 전혀 안 된다는 것을 의미해요.

A2 梅がダメなので、梅ジュースは飲めません。
> 매실을 못 먹어서 매실 주스는 못 마셔요.

A3 信じられないかもしれませんが、お酒は一滴も飲めません。
> 믿지 못할지 모르지만 술은 한 방울도 못 마셔요.

↳ 私はコーヒーがダメですね。飲むと心臓がドキドキします。
> 저는 커피를 못 마셔요. 마시면 심장이 두근두근거려요.

A4 嫌いな飲み物は特にありません。 > 싫어하는 음료는 특별히 없어요.

Words　梅 매실 | ダメだ 안 된다, 소용없다 | 信じる 믿다 | 信じられる 믿을 수 있다
信じられない 믿을 수 없다 | ～かもしれない ～지도 모른다 | 一滴 한 방울 | 心臓 심장
ドキドキする 두근거리다

Q199

お酒は飲めますか？
술을 할 줄 알아요?

술을 마실 수 있는지 없는지 묻기를 飲める로 하고 있어요. 술을 잘 마시는지를 묻고 싶다면 いける口(くち)ですか？(술은 잘 마시나요?), お酒は強(つよ)いですか？(술은 센가요?), お酒は弱(よわ)いですか？(술은 약한가요?)를 써서 질문하면 됩니다.

A1 もちろん、飲めます。 > 물론 마셔요.

↳ じゃあ、今度一緒にどうですか？ > 그럼, 다음에 함께 한잔 어때요?

A2 少しなら飲めます。 > 조금이라면 괜찮아요.

A3 はい、お酒は強いです。大の酒好きなんです。
> 네, 아주 잘 마셔요. 술을 정말 좋아해요.

A4 見た目とは違って、お酒は全然飲めないんです。
> 보기와는 다르게 술을 전혀 못 마셔요.

> 술을 전혀 마실 때는
> 私、お酒は全然飲めないんです。
> 또는 私、下戸(げこ)なんです。
> 를 쓰기도 해요.

A5 まだ、一度も飲んだことがありません。
> 아직 한번도 마신 적이 없어요.

Words いける口 술을 상당히 잘하다, 술을 마실 줄 알다 | 少しなら 조금이라면 | 見た目 겉보기
見た目とは違って 보기와는 다르게 | 全然 전혀

Q200

お酒はどのくらい飲めるんですか？
주량은 어떻게 되세요?

일본에서는 주량이란 말을 一日(いちにち)のお酒の量(りょう)로 표현해요. 하루 술의 양이네요. 하지만 물어볼 때는 お酒はどのくらい飲めるんですか?라고 해요.

A1 私はちょっと飲んだだけで、すぐ赤くなるんです。

> 저는 조금만 마셔도 바로 빨개져요.

어질어질해진다고 말하고 싶을 때는 くらくらするんです。라고 하면 돼나다.

A2 ビール一杯ぐらいです。あまり飲めないんですが、雰囲気が好きなんです。

> 맥주 1잔 정도요. 술은 잘 못하지만 술자리 분위기를 좋아해요.

A3 焼酎二本ぐらいなら軽くいけます。

> 소주 2병 정도라면 가볍게 마실 수 있어요.

↳ お酒、強いですね。 > 술을 잘하시네요.

A4 雰囲気に酔ってついつい飲みすぎてしまいます。

> 분위기에 취해 그만 과음하곤 해요.

A5 さあ。まだ記憶がなくなるほど酔ったことはありません。

> 글쎄요. 아직 기억이 안 날 정도로 취해 본 적이 없어요.

정신을 잃을 정도라고 말하고 싶을 때는 正体(しょうたい)をなくすほど라고 해요.

Words どのくらい 어느 정도 | 量 양 | 赤い 빨갛다 | 赤くなる 빨개지다 | くらくらする 어질어질하다
~杯(はい) ~잔 | 一杯 한 잔 | ~本 ~병 | 軽く 가볍게 | いける 상당히 잘하다 | 酔う 취하다
ついつい 그만, 무심코 | 飲みすぎる 너무 마시다 | 記憶 기억

Q201 どんなお酒^{さけ}をよく飲^のむんですか？

어떤 술을 즐겨 마셔요?

일본에서는 양주나 소주를 연하게 희석해서 마셔요. 그것을 ~割(わ)り라고 해요.
양주나 소주에 물을 넣고 희석하면 水割(みずわ)り가 되고, お湯(ゆ)를 넣으면
お湯割り가 돼요. 얼음만을 넣을 때는 ロック라고 하죠.

A1 ビール^{おお}が多いですね。 > 맥주를 많이 마셔요.

일본에도 막걸리라
비슷한 술이 있는데
이는 どぶろく라고 해요.

ビール 焼酎(しょうちゅう) 소주 │ ワイン 와인 │ マッコリ 막걸리 │ ウイスキー 위스키 │ テキーラ 테킬라
カクテル 칵테일 │ シャンペン 샴페인 │ 梅酒(うめしゅ) 매실주 │ 日本酒(にほんしゅ) 일본 술, 정종

A2 僕^{ぼく}はアルコールっていうとだいたいビールしか飲まないん
ですよ。
> 저는 알코올이라고 하면 대개 맥주밖에 안 마셔요.

A3 夏^{なつ}はビールを飲^のんで、冬^{ふゆ}は焼酎^{しょうちゅう}を飲みます。
> 여름에는 맥주를 마시고, 겨울에는 소주를 마셔요.

A4 どっちかと言^いうと、甘^{あま}いお酒が好きですね。飲みやすいの
で、飲みすぎるとマズイですが…。
> 어느 쪽이냐 하면 달달한 술을 좋아해요. 마시기 쉬워서 과음하면 곤란하지만요.

A5 雰囲気^{ふんいき}で飲むタイプなので、あまり種類^{しゅるい}は選^{えら}ばないんです。
> 분위기로 마시는 타입이라서 종류를 별로 안 가려요.

Words 割る 나누다, 묽게 하다 │ お湯 따뜻한 물 │ ~しか~ない ~밖에 ~안 하다 │ 雰囲気 분위기
種類 종류 │ 選ぶ 선택하다 │ 選ばない 선택하지 않다

Q202 **酔ったらどうなりますか？**
술에 취하면 어때요?

직역하면 '술에 취하면 어떻게 돼요?'라는 뜻으로 酒癖(さけぐせ)를 묻는 질문이
에요. 酒癖はいいほうですか？(술버릇은 좋은 편이에요?)라고 바꿔 물어도 OK.
술에 취하면 酔う, 술 취한 사람은 酔っ払い, 술 취해서 이리저리 비틀비틀 걷는
걸음을 千鳥足(ちどりあし)라고 말해요.

A1 **顔が真っ赤になります。** > 얼굴이 빨개져요.

真っ赤 真っ赤(새빨감)으로 真(ま)っ〜는 '새〜'라는 뜻으로 강조를 나타내요.
赤(あか) 빨강　真っ赤(まっか) 새빨감 | 青(あお) 파랑　真っ青(まっさお) 새파람
白(しろ) 하양　真っ白(まっしろ) 새하얌 | 黒(くろ) 검정　真っ黒(まっくろ) 새까맘

A2 **酔うとすぐ眠ってしまいます。** > 취하면 바로 잠들어 버려요.

A3 **酔うと笑い上戸になります。** > 취하면 자꾸 웃게 돼요.

笑い上戸 〜上戸는 술에 취하면 그렇게 되는 사람을 말해요.
笑(わら)う 웃다　笑い上戸 술 취하면 웃는 사람 | 泣(な)く 울다　泣き上戸 술 취하면 우는 사람

A4 **酔っ払うと何も覚えてないんです。** > 취하면 아무 기억이 없어요.

A5 **お酒は強いので、どんなに飲んでもぜんぜん平気です。**
> 술이 강해서 아무리 마셔도 끄떡없어요.

> 平気だ는
'끄떡없다, 아무렇지도 않다'라는
뜻이에요.

↳ **本当に強いんですね。** > 정말 강하시네요.

Words 酔う 취하다 | 酒癖 술버릇 | 酒癖がいい 술버릇이 좋다 | 酒癖が悪い 술버릇이 나쁘다 | 顔 얼굴
真っ赤になる 빨갛게 되다 | 眠い 졸리다 | 笑い上戸になる 술에 취하면 웃게 되다
酔っ払う 술 취하다 | 記憶 기억

Q203 お酒を飲むときのおつまみは？
술 마실 때 안주는요?

항상 있는 것, 누구나가 하는 것을 말할 때는 定番(ていばん)이란 단어를 써요. 일본에서 안주는 おつまみ, 肴(さかな)라고 하는데, 특히 日本酒(にほんしゅ) 안주를 肴라고 하죠. 원래 생선은 魚(うお)였는데 日本酒를 마실 때 생선 안주를 즐겨 먹어서 肴(さかな)→魚(さかな)로 되었다는 설이 있어요. 여러분은 お酒を飲む とき、おつまみは何がいいですか？(술을 마실 때 안주는 뭐가 좋아요?)

A1 ビールを飲むときの定番は**チキン**です。**チメック**です。
> 맥주 마실 땐 역시 치킨이죠. 치맥이요.

チキン つぶ貝(がい)の和(あ)え物(もの) 골뱅이무침 ｜ スルメ 오징어
ウインナーと野菜(やさい)の炒(いた)め物 소시지 야채볶음 ｜ 枝豆(えだまめ) 풋콩
豆腐(とうふ)の和え物 두부무침

↳ 私もチメックしたいです！ > 저도 치맥하고 싶어요!

A2 雨の日はドンドンジュにチヂミがぴったりです。
> 비가 오면 동동주에 부침개가 딱이죠.

A3 お酒が進む日はつまみが要りません。
> 술이 잘 들어갈 때는 안주가 따로 필요 없어요.

A4 焼酎にはチゲが合います。 > 소주에는 찌개가 어울려요.

Words おつまみ 안주 ｜ つぶ貝 골뱅이 ｜ 和え物 무침 ｜ ウインナー 소시지 ｜ 野菜 야채 ｜ 炒め物 볶음
豆腐 두부 ｜ ぴったりだ 딱 맞다 ｜ お酒が進む 술이 잘 들어가다 ｜ 要る 필요하다
要らない 필요하지 않다 ｜ 要りません 필요하지 않습니다 ｜ 合う 어울리다

Q204 行（い）きつけのお店（みせ）はあるんですか？
단골 술집 있어요?

단골 술집은 行（い）きつけの店, いつもの店, よく通（かよ）う店라고 하며, '한 채, 두 채' 하고 가게를 셀 때는 ～軒（けん）을 써요. 또 자주 오는 손님은 常連さん, 常連客（じょうれんきゃく）, 외상은 つけ라고 하죠. 외상이 통할 때는 つけが利 （き）く라고 해요. 여러분은 行（い）きつけのお店とか, あるんですか？(단골 가게 같은 곳 있어요?)

A1 はい、ラズベリー屋（や）です。おつまみがいろいろあっていい んです。
> 네. 라즈베리집이요. 안주가 다양해서 좋아요.

A2 ラズベリー屋です。ここのチヂミがたまりません。
> 라즈베리집이요. 부침개 맛이 끝내줘요.

A3 はい、うちの近くにあるビアバーです。家（いえ）の近所（きんじょ）なので よく行きます。
> 네. 집 근처에 있는 맥줏집이요. 집에서 가까워서 자주 들러요.

↳ 今度（こんど）私も連（つ）れて行（い）ってください。> 언제 저도 데려가 주세요.

A4 ラズベリー屋に時々（ときどき）行きます。お店のご主人（しゅじん）と知（し）り合（あ）いで 落（お）ち込（こ）んだときなど行ったりします。
> 라즈베리집에 가끔 가요. 가게 주인하고 알아서 울적할 때 가곤 하죠.

Words   近所 근처 ｜ 連れて行く 데려가다 ｜ 時々 가끔 ｜ ご主人 주인 ｜ 知り合い 아는 사이
落ち込む 기분이 침울해지다

Real Life conversation

Scene #16

"친구와 술"에 대한 즉문즉답
실전회화트레이닝

민우와 미키의 친구와 술 이야기

ミキ	ミヌさんは友達が多いほうですか?	민우 씨는 친구가 많은 편인가요?
ミヌ	はい。たくさんいますよ。世界中に友達を作るのが僕の夢です。	네, 많아요. 세계 각지에 친구를 만드는 게 제 꿈이에요.
ミキ	ミヌさんは友達といつもどんな話をしてるんですか?	민우 씨는 친구와 평소 어떤 이야기를 나눠요?
ミヌ	あまり堅い話はしませんね。たわいのない話。	너무 딱딱한 화제는 피하고요. 시시콜콜한 이야기죠.
ミキ	例えば?	예를 들면요?
ミヌ	例えば…そうだな、ゲームのこととか、スポーツの話とか。	예를 들자면 게임이나 스포츠 같은 거죠.
ミキ	韓国の男の人って友達とよく何をして過ごすんですか? うちのおにいちゃんなんか、ゲームばっかり。	한국 남자들은 친구와 주로 뭐 하며 지내나요? 우리 오빠는 순전히 게임이거든요.
ミヌ	韓国も同じですよ。 ただ僕はアウトドア派だから、スポーツ仲間と会って外で運動してることが多いかな。	한국도 마찬가지예요. 단지 제가 활동적인 편이라서 운동 친구들과 만나서 밖에서 운동하는 경우가 많은 것 뿐이에요.
ミキ	ああ、ミヌさんは本当に運動が好きなんですね。 ミヌさんはどんな飲み物よく飲むんですか?	어머, 민우 씨는 정말로 운동을 좋아하는군요. 민우 씨는 어떤 음료를 즐겨 마셔요?
ミヌ	運動の後、牛乳を飲むといいというので、飲むようにはしてますが。 ほんとはコーラが大好きです。	운동하고 나서 우유를 마시면 좋다고 해서 마시려고는 하는데요. 사실은 콜라를 무지 좋아해요.
ミキ	飲めないものってあるんですか?	못 마시는 건 있나요?
ミヌ	特にないですよ。	딱히 없어요.

Scene 16

ミキ	お酒は？ お酒はどうですか？	술은요? 술은 어때요?
ミヌ	お酒は社会人の基本だから。	술은 사회생활의 기본이잖아요.
ミキ	そうですね。仕事の付き合いってやつですね。 じゃ、運動の後、友達と飲みに行ったりするんですか？	그렇죠. 일과는 떼려야 뗄 수 없는 사이죠. 그럼 운동하고 나서 친구와 술을 마시러 가기도 하나요?
ミヌ	そりゃ、もちろんです。	그거야 물론이죠.
ミキ	どんなお酒をよく飲むんですか？	어떤 술을 즐겨 마셔요?
ミヌ	ビールや焼酎が多いですね。	맥주나 소주일 때가 많아요.
ミキ	結構いける口ですか？	꽤 잘 마시는 편인가요?
ミヌ	それほどでも、すぐ赤くなるから。	그다지요. 금방 빨개지거든요.
ミキ	じゃ、弱いほうなんですね、酔ったらどうなるんですか？	그럼 약한 편이네요. 취하면 어때요?
ミヌ	べろべろになるまで酔ったことないからわからないけど。 酔ったら眠くなります。	몸도 못 가눌 만큼 취하도록 마셔 본 적이 없어서 잘 모르겠지만…. 취하면 졸립던데요.
ミキ	そうなんですか。 韓国のお酒のおつまみの定番ってあるんですか？	그렇군요. 한국 술 안주에도 단골 메뉴 같은 게 있나요?
ミヌ	ありますよ。ビールにチキンですよ。	있어요. 맥주에 치킨(치맥)이죠.
ミキ	行きつけのお店はあるんですか？	단골 가게는 있나요?
ミヌ	行きつけってほどではないけど、よく行くお店が2、3軒あります。	단골이라고 하기엔 뭐하지만 자주 가는 가게가 두세 집 있어요.
ミキ	チキンもありますか？ おいしいですか？	치킨도 있나요? 맛있어요?
ミヌ	もちろん、おいしいですよ。 今度一緒に行きましょう。	물론 맛있죠. 다음에 함께 가요.
ミキ	わーい。	와~ 신난다.

Words あまり堅(かた)い話(はなし) 딱딱한 이야기 | たわいのない話(はなし) 시시콜콜한 이야기
～ばっかり ～만, 단지 ～만 | アウトドア派(は) 실외파 →インドア派 실내파 | 仲間(なかま) 친구
基本(きほん) 기본 | べろべろになるまで酔(よ)う 곤드레만드레 취하도록 마시다

전화와 약속에 대한

▶ 휴대전화 통화로 약속해서 만날 때까지

Q205
> **もしもし。お久(ひさ)しぶりです。**
> **私(わたし)、ミキです。**
>
> 여보세요. 오랜만이에요. 저 미키예요.
>
> 휴대전화로 전화를 걸었을 때는 바로 인사를 하거나 안부를 묻죠. もしもし、
> ミヌさん？(여보세요, 민우씨?), 자주 전화하던 사이라면 もしもし、私だけ
> ど…。(여보세요, 난데…)라고요.

A1 **あ、ミキさんですか。お久しぶりですね。**
> 아, 미키 씨예요? 오랜만이에요.

A2 **あ、ミキさん、お久しぶりです。お元気(げんき)でしたか。**
> 아, 미키 씨, 오랜만이에요. 잘 지냈죠?

A3 **あ、ミキさんですか。どうしたんですか。**
> 어머, 미키 씨예요? 웬일이에요?

 今(いま)、大丈夫(だいじょうぶ)ですか。 > 지금 괜찮아요?

今、大丈夫ですか 今、お電話大丈夫ですか？ 지금 전화 괜찮아요？
今、お話して大丈夫ですか？ 지금 말해도 괜찮아요？

Words もしもし 여보세요 | **大丈夫だ** 괜찮다 | **お話しする** 이야기하다

Q206 もしかしたら韓国（かんこく）に行（い）くかもしれません。

혹시 한국에 갈지도 몰라요.

일본 친구가 전화해서 한국에 오게 될지도 모른다는 말을 전합니다. もしかした
ら〜かもしれません(혹시 〜지도 몰라요)은 세트로 사용하는 표현이에요. 시험
을 본 상황이라면 もしかしたら受（う）かっているかもしれません。(혹시 붙
었을지도 몰라요.)라고 쓰면 되겠죠.

A1 そうですか。韓国（かんこく）に来（き）たら連絡（れんらく）してください。
> 정말이요? 한국에 오면 연락 주세요.

A2 予定（よてい）がはっきりしたら、かならず連絡（れんらく）してください。
> 예정이 정해지면 꼭 연락 주세요.

A3 あ、本当（ほんとう）ですか？ じゃあ、その時（とき）、会（あ）えるといいですね。
> 진짜요? 그럼 그때 만나면 좋겠네요.

A4 そうですか。こちらに来（く）るのが決（き）まったら教（おし）えてください
ね。待（ま）ってます。
> 그래요? 여기 오기로 결정되면 알려 주세요. 기다릴게요.

↳ はい。そうします。 > 네. 그렇게 할게요.

Words 受かる 합격하다 | 連絡する 연락하다 | 予定 예정 | はっきりする 확실해지다
決まる 정해지다, 결정하다 | 教える 알려 주다 | そうする 그렇게 하다

Q207 **着きましたか？**
도착했어요?

일본 친구가 한국에 오는 날이라 잘 도착했는지 연락을 했어요. 일본 친구가 한국에 올 때는 오기 전에 ポケットWi-Fi(포켓와이파이)를 신청하고 오거나, 지하철이나 커피숍 등 인터넷이 잘 되는 공간이 많기 때문에 카카오톡이나 라인이 가능해요. 하지만 우리가 일본에 갈 때는 와이파이가 잘 안 될 수도 있어서 미리 알아보고 가야 해요. 벌써 도착했어요?라고 말하고 싶을 때는 もう着きましたか？라고 해요.

A1 **はい、今着きました。** > 네, 지금 도착했어요.

A2 **はい、たった今、空港に着きました。**
> 네, 지금 막 공항에 도착했어요.

A3 **ちょうど今着いて、連絡しようと思っていたんです。**
> 지금 마침 도착해서 연락하려고 했어요.

↳ **あ、そうなんですか？** > 아, 그랬어요?

A4 **さっきホテルに着いて、今、荷物を解いているところです。**
> 아까 호텔에 도착해서 지금 짐을 풀고 있어요.

A5 **いいえ、まだです。もう少しで着くと思います。**
> 아뇨, 아직이요. 이제 조금 있으면 도착할 것 같아요.

Words 着く 도착하다 | 今 지금 | たった今 지금 막 | 空港 공항 | ちょうど今 지금 막 | 荷物 짐
解く 풀다, 뜯다

Q208 じゃ、いつ会いましょうか?
그럼, 언제 만날까요?

언제 만날지 약속 시간을 정하는 표현이에요. いつ会いますか?(언제 만날까요?), いつが空(あ)いてますか?(언제 시간 있어요?) 등으로 물어볼 수 있어요.

A1 じゃあ、明日の夕方はどうですか? > 그럼, 내일 저녁은 어때요?

夕方 お昼(ひる) 점심 | 午前(ごぜん) 오전 | 午後(ごご) 오후 | 0時(れいじ) 0시

A2 明日の5時ごろ空いてますか? > 내일 5시쯤 시간 있어요?

明日 明後日(あさって) 모레 | 今週(こんしゅう)の木曜日(もくようび) 이번 주 목요일
週末(しゅうまつ) 주말 | 今週末(こんしゅうまつ) 이번 주말
来週(らいしゅう)の火曜日(かようび) 다음 주 화요일

> 내일 5시, 시간 있으면 만날까요?라고 말하고 싶을 때는 明日の5時、空いていたら会えませんか? 라고 하면 됩니다.

A3 私は23日に帰るので、明日か明後日なら大丈夫です。
> 저는 23일에 돌아가니까, 내일이나 모레라면 괜찮아요.

A4 明日か明後日ならいつでもいいですが、ミキさんはいつがいいですか?
> 내일이나 모레라면 언제라도 괜찮은데, 미키 씨는 언제가 좋아요?

↳ 私もいつでもいいですよ。 > 저도 언제라도 좋아요.

Words 空く 비다 | 夕方 저녁 | お昼 점심 | 帰る 돌아가다

Q209

場所はどこがいいですか?
ばしょ

장소는 어디가 좋아요?

시간과 장소를 한꺼번에 정하고 싶으면 待(ま)ち合(あ)わせの時間(じかん)と場所はどうしましょうか?(만날 시간과 장소는 어떻게 할까요?)라거나 待ち合わせに 시간과 장소가 다 포함되어 있으므로, 간단하게 待ち合わせはどうしましょうか?(만남은 어떻게 할까요?)라고 할 수도 있어요.

A1 私はカンナム駅なら知ってます。
えき し

> 저는 강남역이라면 알고 있어요.

A2 カンナム駅まで来てもらえますか?
き

> 강남역까지 올 수 있으세요?

A3 地下鉄ならどこでも行けるんですが…。
ち か てつ い

> 지하철이라면 어디라도 갈 수 있는데요….

A4 道があまりよく分からないんですが…。
みち わ

> 길을 그다지 잘 모르는데요….

↳ じゃあ、僕がホテルに行きます。 > 그럼, 제가 호텔로 갈게요.
ぼく

A5 私はよくわからないから、決めてください。
き

> 저는 잘 모르니까 정해 주세요.

Words 場所 장소 │ 待ち合わせ 때와 장소를 미리 정하고 약속하여 만나기로 함 │ 時間 시간 │ 駅 역
~なら 라면 │ 知っている 알고 있다 │ ~まで ~까지 │ 来られる 올 수 있다 │ 地下鉄 지하철
どこでも 어디라도 │ 行ける 갈 수 있다 │ 道 길 │ あまり 그다지 │ 分からない 모르다
決める 결정하다

Q210 じゃあ、明日の夜7時はどうですか？

그럼, 내일 저녁 7시는 어때요?

시간과 장소를 정했다면 다시 한 번 확인하는 것이 좋아요. 그래야 서로 엇갈리지 않으니까요. 待ち合わせは〜に〜ですね？(만남은 〜에 〜이죠?)와 같이 〜ね(〜죠?)를 써서 확인해요. 문자로 남기면 더욱 확실하겠죠.

A1 はい。ソウル駅の前で7時ですね。 > 네. 서울역 앞에서 7시죠?

A2 はい。分かりました。7時ですね。 > 네. 알겠어요. 7시죠?

A3 了解です。会うの楽しみにしています。
> 알겠어요. 만나기를 기대할게요.

了解です 分かった는 了解, 分かりました는 了解です, 了解しました라고 할 수 있어요. 理解(りかい)した(이해했다)라는 뜻으로 상대의 생각이나 사정을 잘 이해했으며 그것을 인정하겠다는 의미를 담고 있어요. 了解(알겠어), 分かった！(알았어!), 了解です！(알겠어요!)는 친한 사이에서 쓸 수 있는 말로, 회사에서는 分かりました, 了解いたしました, かしこまりました, 承知(しょうち)いたしました라고 말하면 됩니다.

〜を楽しみにしています 영어로 하면 I'm looking forward to〜로 약속이 정해지면 会うの楽しみにしています. 라고 정해진 문구처럼 말합니다.

A4 はい。もし、遅くなるようだったら連絡します。
> 네. 혹시 늦게 되면 연락할게요.

↳ それでは明日。 > 그럼 내일 봐요.

Words 夜 밤 | 駅前 역 앞 | 了解 양해, 이해 | 楽しみ 즐거움, 낙 | 理解する 이해하다
かしこまりました 잘 알겠습니다, 분부대로 하겠습니다 | 承知 알아들음
承知いたしました 잘 알아들었습니다 | 遅くなる 늦어지다

Q211 今、どこですか？

지금 어디예요?

약속 시간이 되었는데 상대가 나타나지 않아서 연락을 취할 때의 표현이에요. 어
느 정도 걸릴 것 같은데요?(얼마나 걸릴 것 같아요?)와 같이 물어볼 수도 있
어요. '~것 같아요'는 ~そうなんです라고 말하면 됩니다.

A1 すみません。もうすぐ着きます。ちょっと待っててください。

> 미안해요. 지금 곧 도착해요. 조금만 기다려 주세요.

A2 ごめんなさい。道が込んでいて10分くらい遅れそうなんです。

> 미안해요. 길이 막혀서 10분 정도 늦을 것 같아요.

A3 すみません。今向かっているんですが、少し遅くなりそうなんです。

> 미안해요. 지금 가고 있는데 조금 늦을 것 같아요.

A4 すみません。約束の時間に間に合いそうにないんですが…。

> 미안해요. 약속 시간에 늦을 것 같은데요.

間に合いそうにないんです　間に合う는 시간에 맞게 도착하는 것을 의미하며, 間に合いそうです.(시간에
맞출 수 있을 것 같아요.)라고 말합니다. 시간에 맞출 수 없을 때는 間に合いそう
にないです.(시간에 맞출 수 있을 것 같지 않아요.), 間に合わなさそうです.
(시간에 맞출 수 없을 것 같아요.)로 늦을 것 같다고 말할 때 쓰면 돼요.

A5 着いたんですけど、出口が分からなくて迷ってます。5分ぐ
らいで着きます。

> 도착했는데 입구를 몰라서 헤매고 있어요. 5분 정도면 도착해요.

Words　待つ 기다리다 | 道が込む 길이 막히다 | 遅れそうだ 늦을 것 같다 | 向かっている 향하고 있다
遅くなりそうだ 늦게 될 것 같다 | 着く 도착하다 | 出口 입구 | 迷っている 헤매고 있다

Q212

すみません。
ちょっと遅くなりそうです。
미안해요. 조금 늦을 것 같아요.

상대가 늦을 것 같다고 먼저 연락해 왔다면 따뜻한 말 한마디 건네는 거 잊지 마세요. 늦는 입장에서는 얼마나 속이 타고 미안하겠어요. 気長(きなが)に待(ま)ってあげましょうよ♪(느긋하게 기다려 주게요♪)

A1 ゆっくりで大丈夫ですよ。 > 천천히 오세요.

↳ **本当にすみません。** > 정말 미안해요.

A2 急がなくてもいいですよ。 > 서두르지 않아도 괜찮아요.

～なくてもいいですよ ～なくてもいいですよ는 '～지 않아도 괜찮아요'라는 뜻이에요.
急(いそ)ぐ 서두르다　　急がなくてもいいですよ。서두르지 않아도 돼요.
行(い)く 가다　　　　行かなくてもいいですよ。가지 않아도 돼요.
飲(の)む 마시다　　　飲まなくてもいいですよ。마시지 않아도 돼요.
食(た)べる 먹다　　　食べなくてもいいですよ。먹지 않아도 돼요.
する 하다　　　　　しなくてもいいですよ。하지 않아도 돼요.
来(く)る 오다　　　　来(こ)なくてもいいですよ。오지 않아도 돼요.

A3 ゆっくり用事を済ませてからでいいですよ。
> 천천히 일 마치고 난 후에도 괜찮아요.

用事を済ます '일, 용무'를 뜻하는 用事는 用事を済ます(일을 마치다), ちょっと用事がある(좀 일이 있다),
大切(たいせつ)な用事(중요한 일) 등으로 자주 쓰는 말이에요.

A4 本読みながら待っているので、ゆっくり来てください。
> 책 읽으면서 기다리고 있으니 천천히 오세요.

Words 遅くなりそうだ 늦을 것 같다 │ 気長に待つ 느긋하게 기다리다 │ ゆっくり 천천히
本当に 정말로 │ 済ます＝済ませる 끝내다, 마치다 │ 本を読む 책을 읽다

▶ 만났을 때

Q213 ミヌさん、ここです。ここ！
민우 씨 여기요, 여기!

약속 장소에 나타난 상대를 발견했을 때는 ○○さん、ここです。(○○씨, 여기예요.)로 부르면 돼요. 늦게 도착해서 미안한 마음을 표현할 때는 ごめん、ごめんなさい、すみません 등으로 가볍게 말하면 돼요. ここ를 こっち로 바꿔서 ミヌさん、こっちです。こっち！라고도 해요.

A1 お待たせしました！ > 많이 기다렸죠.

A2 ごめん。待ちました？ 道が込んでて…。
> 미안해요. 많이 기다렸어요? 길이 막혀서요.

↳ ううん、私も今来たところです。
> 아뇨, 저도 지금 막 왔어요.

~たところです
(막 ~판 참이에요)는
~たとこです로 줄여서
말할 수 있어요.

はいはい라고 반복하면
'알겠으니 그만해요'라는
느낌이 들어요.

ううん YES はい(예), はいはい(예예) →うん(응), うんうん(응응)
NO いいえ(아니요), いいえいいえ(아니요 아니요) →ううん(아니), いえいえ(아니아니)

A3 遅くなってごめんなさい。 > 오래 기다리게 해서 죄송해요.

A4 すみません。遅くなってしまって。ずいぶん待ったでしょう？
> 미안해요. 늦었어요. 오래 기다렸죠?

나이 드신 분을
기다리게 했다면 ずいぶん
待たれたでしょう？라고
경어를 써서 말하면 됩니다.

Words 待つ 기다리다 │ 道が込む 길이 막히다 │ 来たところだ 막 온 참이다 │ 遅くなる 늦어지다
ずいぶん 대단히, 몹시

Q214 **この間はありがとうございました。**
あいだ

저번에는 고마웠어요.

만나면 언젠가 도움을 받았거나 신세를 졌던 일에 대한 고마움을 표시하면서 말을 꺼내죠. 그런 일이 없었더라도 바로 그 전에 있었던 일을 언급하면서 대화를 풀어나가 보세요.

A1 **こちらこそ、ありがとうございました。** > 저도 고마웠어요.

A2 **私のほうこそ、ミキさんのおかげで楽しかったです。**
たの
> 저야말로 미키 씨 덕분에 즐거웠어요.

> 미키 씨 만나서
> 반가웠다고 말하고 싶을 때는
> ミキさんに会(あ)えて
> 楽しかったです。
> 라고 하면 됩니다.

A3 **いいえ、こちらこそかえってお世話になってしまって…。**
せ わ
> 아뇨, 제가 오히려 신세를 져서….

↳ **とんでもないです。** > 무슨 그런 말.

とんでもない とんでもない는 '생각지도 못할 일이다'라는 뜻으로, 상대방의 말을 강하게 부정하는 말이에요. 상대방이 고마움을 표시하거나 할 때 とんでもない。あなたに謝(あやま)っていただくようなことではありません。(무슨 그런 말씀을. 당신에게 사과받을 만한 일은 없어요.)이란 뉘앙스가 담긴 표현이죠. '무슨 그런 말씀을요'와 같이 정중하게 말할 때는 とんでもありません, とんでもございません이라고 하면 돼요.

A4 **いえいえ、とんでもないです。何かあったらいつでもまた**
なに
連絡ください。
れんらく
> 아니아니, 무슨 그런 말. 무슨 일이 있으면 언제든지 연락하세요.

Words この間 저번 | こちらこそ 저도 | おかげで 덕분에 | 何かあったら 무슨 일이 있으면

Q215 じゃあ、また。

그럼, 또.

즐거운 만남을 갖고 헤어질 때나 전화를 걸어서 약속을 정하고 끊을 때도 사용할 수 있는 말이에요. 헤어질 때나 전화를 끊을 때 갑자기 무슨 말을 해야 할지 모를 때는 이 말을 꼭 기억하세요. じゃあ、また。(그럼, 또.)

A1 それじゃあ、また。 > 그럼, 또.

A2 じゃあ、また連絡します。 > 그럼 또 연락할게요.

A3 はい。じゃあ、失礼します。 > 네. 그럼 끊을게요.

失礼します 전화를 끊을 때 쓰는 말이에요. 먼저 끊으려고 하면 좀 미안하잖아요.
그때 失礼します 하고 끊으면 됩니다.

어떤 장소를 들어가거나 나올 때
失礼します。실례합니다. | これで失礼します。이것으로 실례할게요.

메일이나 게시판에서 용건을 끝마칠 때
それでは失礼します。그럼 실례할게요.
用件(ようけん)のみですが、これで失礼します。용건뿐이지만, 이것으로 실례할게요.

모르는 사람에게 말을 걸거나 실례되는 질문을 할 때
失礼ですが、鈴木(すずき)さんでいらっしゃいますか。실례지만 스즈키 씨인가요?
失礼ですが、おいくつですか。실례지만 몇 살이에요?

A4 じゃあ、また会えるのを楽しみにしてますね。
> 그럼, 또 만날 수 있기를 기대할게요.

Words 失礼する 실례하다 | これで 이것으로 | それでは 그럼 | 用件 용건 | のみ 뿐, 만
~でいらっしゃいますか ~이신가요? | おいくつ 몇 살 | 会える 만날 수 있다

Q216

無事に着きましたか？
ぶ じ つ
무사히 잘 도착했어요?

헤어진 후 무사히 도착했는지 확인할 때는 無事に着きましたか？로 말해요. 그럼 상대는 はい。おかげさまで。(네, 덕분에요.)로 감사 인사를 할 겁니다.

A1 はい。おかげさまで。 > 네, 덕분에요.

A2 **はい、おかげさまで無事に着きました。**
> 네, 덕분에 무사히 잘 도착했어요.

A3 **はい。日本ではいろいろお世話になりました。**
にほん　　　　　　　　　せ わ
> 네, 일본에서는 여러 가지로 도움을 줘서 고마웠어요.

お世話になりました お世話になる는 '신세를 지다'라는 말이고 お世話をする는 '돌봐 주다'라는 말이에요.
長(なが)い間(あいだ)お世話になりました。오랫동안 신세 많이 졌어요.
毎日(まいにち)子供(こども)の世話をしています。매일 아이를 돌보고 있어요.

A4 **今、家に着いて電話をしようと思っていたところです。**
いま　いえ　　つ　　でん わ　　　　　　　　おも
> 지금 집에 도착해서 전화하려고 생각한 참이에요.

Words 無事に 무사히 | おかげさまで 덕분에 | 思う 생각하다

▶ 바람맞았을 때

Q217 **どうしたんですか？ 約束があるって 言ってませんでしたか？**
왜 그래요? 약속이 있다고 하지 않았어요?

약속을 했는데 약속한 친구가 오지 않으면 '바람맞았다'는 표현을 쓰죠? 그때 待(ま)ちぼうけを食らう라고 해요. 혹시 약속을 해서 나갔는데 친구가 안 나와서 바람맞았던 상황을 설명할 때는 아래와 같이 말하면 돼요.

A1 **友達が急に用事ができて…。** ＞ 친구가 급한 일이 생겨서….

A2 **あ、ドタキャンされたんです。** ＞ 아, 갑자기 캔슬됐어요.

ドタキャン '마지막 순간'이란 뜻의 土壇場(どたんば)를 줄여서 ドタ, '캔슬(cancel)'의 キャンセル를 줄여 キャン, 합해서 ドタキャン이 됐어요.

A3 **待ちぼうけを食らってしまいました。** ＞ 바람맞았어요.

> 待ちぼうけを 食らう는 '기다리는 사람이 오지 않아 계속 기다림', 食らう는 '먹다, 당하다'란 뜻이에요. 待ちぼうけを食らう를 직역하면 '계속 기다림을 먹었다'로 '바람맞다'란 뜻이 돼요.

A4 **1時間待ったんですけど、結局来なかったんです。 もう、待ちくたびれました。**
> 1시간 기다렸지만 결국 오지 않았어요. 정말 기다리다 지쳤어요.

もう もう는 '이제'라는 뜻 외에도 '아주, 정말, 그야말로'라는 뜻으로 정말 짜증날 때, 정말 좋을 때 등 감정을 표현할 때 함께 쓰여요.
もう、嫌(いや)です。 정말, 싫어요.
もう、最高(さいこう)でした。 정말, 최고였어요.

↳ **それはひどいですね。** ＞ 그거 심했네요.

↳ **でしょ？でしょ？** ＞ 그죠? 그죠?

Words 約束する 약속하다 ┃ 急に 갑자기 ┃ 用事ができる 일이 생기다 ┃ ～してしまう ～하고 말다
結局 결국 ┃ 来なかった 오지 않았다 ┃ 待ちくたびれる 기다리다 지치다

▶ 가정집에 전화했을 때

Q218 もしもし。鈴木です。
여보세요. 스즈키입니다.

일본에서는 집 전화를 받을 때 もしもし 뒤에 성이나 이름을 말했지만, 요즘에는 대부분 もしもし나 はい로 받아요. 그 이유가 요즘은 세상이 하도 험해서 그렇다고 합니다.

A1 もしもし。ミキさんですか？ 僕、ミヌです。
> 여보세요. 미키 씨예요? 저 민우예요.

A2 もしもし。私はミヌといいますが、ミキさん、お願いします。
> 여보세요. 저는 민우라고 하는데, 미키 씨 부탁해요.

A3 もしもし。ミキさんのお宅ですか。韓国のミヌですが、ミキさんいらっしゃいますか。
> 여보세요. 미키 씨 댁이죠? 한국의 민우라고 하는데 미키 씨 계세요?

もしもし　もしもし는 일반적으로는 전화를 받을 때, 전화로 상대를 부를 때 쓰지만, 전화가 아니라도 상대를 부를 때 쓸 수 있어요.
もしもし、山田さんのお宅ですか。여보세요, 야마다 씨 댁인가요?
もしもし、忘(わす)れ物(もの)ですよ。저기요, 놓고 간 물건이에요. (지하철 같은 데서)

Words　もしもし 여보세요 ｜ ～といいますが ～라고 하는데 ｜ お願いします 부탁합니다 ｜ お宅 댁
　　　　　～さんいらっしゃいますか ～씨 계세요? ｜ 忘れ物 깜박 잊은 물건

Q219 ミキさん、いらっしゃいますか?
미키 씨, 계신가요?

일본 집에 전화를 걸어서 상대를 찾을 때는 いらっしゃいますか?로 있는지 물어봐요. いらっしゃる는 いる의 존경어예요.

A1 ミキですね。少々お待ちください。
> 미키 말이죠? 조금 기다려 주세요.

A2 ミキですね。今代わります。
> 미키 말이죠? 지금 바꿀게요.

代わります　かわる는 한자에 따라서 뜻이 다른데 代わる는 역할을 대신해 주는 것을, 替わる는 어떤 것이 없어지고 다른 것이 들어가는 것을, 変わる는 변화를 나타낼 때 써요.
あなたに代わって私がします。 당신을 대신해서 내가 할게요.
席(せき)を替(か)わってください。 자리를 바꿔 주세요.
時代(じだい)が変わりました。 시대가 변했어요.

학교에서 자리를 바꾸는 것, 즉, 자리 바꾸기를 席替(せきがえ)라고 해요.

A3 ちょっと時間がかかるんですけど、お待ちいただけますか?
> 조금 시간이 걸리는데, 기다려 주시겠어요?

A4 あ、ミキは今、いません。 > 아, 미키는 지금 없어요.

Words　少々お待ちください 조금만 기다려 주세요 ｜ 今代わる 지금 바꾸다 ｜ 時間がかかる 시간이 걸리다

Q220 ミキは今出かけていますが。
미키는 지금 나가고 없는데요.

今出かけています는 상대방이 지금 留守(るす), 즉 집에 없다는 말이죠. 今(いま), 留守にしているんですが…。(지금 집에 없는데요.)라고 말해도 됩니다. 상대방이 부재중이라서 다시 전화를 걸거나 메모를 남기고 싶을 때의 표현입니다.

A1 何時ごろ帰りますか。 > 몇 시쯤 들어와요?

A2 そうですか。じゃあ、また電話します。
> 그래요? 그럼 다시 전화할게요.

A3 帰ってきたら電話があったとお伝えください。
> 돌아오면 전화 왔다고 전해 주세요.

お伝えください　お〜ます形+ください 형태로 존경을 나타내요.
　　　　　　　伝(つた)える 전하다　　お伝えください。전해 주세요.
　　　　　　　書(か)く 쓰다　　　　お名前(なまえ)をお書きください。이름을 써 주세요.
　　　　　　　読(よ)む 읽다　　　　説明書(せつめいしょ)をお読みください。설명서를 읽어 주세요.

A4 そうですか。じゃあ、伝言お願いできますか?
> 그래요? 그럼 메모 부탁드려도 될까요?

Words　出かける 외출하다, 나가다 | 帰ってくる 돌아오다 | 伝言 전언

Q221 ミヌさんに代わってもらえますか？
민우 씨 좀 바꿔 주시겠어요?

> 누구를 좀 바꿔 달라는 표현은 ~に代わってもらえますか？로 해요. 상대방이 통화 중이거나 전화를 받지 못하는 상황일 때는 아래와 같은 표현을 써요.

 A1 ごめんなさい。ミヌは今手が離せないようなんです。
> 미안해요. 민우가 지금 전화받기 곤란한 것 같아요.

 A2 ミヌは今手が離せないようなんですが、何か伝えましょうか。
> 지금 민우가 전화받기 곤란한 것 같은데 뭐 전할 말 있어요?

 A3 ミヌは今、シャワー中で、後で電話すると言っていますが…。
> 지금 민우가 샤워 중이라서 나중에 전화한다고 하네요.

 A4 ミヌの母ですが、ミヌは今電話に出られないみたいなんですよ。後で電話をかけさせます。
> 민우 엄마인데, 민우는 지금 전화를 받기 힘든가 봐요. 나중에 전화 걸라고 할게요.

電話をかけさせます ~(さ)せる로 어떤 행동을 하도록 시키는 사역 표현이에요.

かける 걸다	かけさせます 걸게 하다
行く 가다	行かせる 가게 하다
会う 만나다	会わせる 만나게 하다
する 하다	させる 하게 하다
来(く)る 오다	来(こ)させる 오게 하다

↳ そうですか。分かりました。 > 그래요? 알겠어요.

Words　手が離せない 손을 뗄 수 없다, 매우 바쁘다 | 後で 나중에 | 言う 말하다
電話に出られない 전화에 나올 수 없다, 전화를 받을 수 없다 | 電話をかける 전화를 걸다
電話をかけさせる 전화를 걸게 하다

Q222 ミヌさん、＊＆＆＾％＄＃＠？
민우 씨, ＊＆＆＾％＄＃＠？

상대방의 목소리가 잘 안 들리거나 잡음이 섞여 도저히 못 알아들을 때 있죠? 그 때는 다시 한 번 말해 달라고 하거나, 다시 걸겠다는 말을 남겨야겠죠?

A1 すみません。よく聞こえなかったんですが、もう一度お願い します。

> 미안해요. 잘 안 들리는데, 다시 한 번 부탁드려요.

A2 電話が遠いようなんですが、もう一度言ってもらえますか。

> 전화 감이 좀 먼 것 같은데, 다시 한 번 말씀해 주시겠어요?

A3 声が遠くてよく聞こえません。一度切ってまたかけます。

> 소리가 멀어서 잘 안 들려요. 끊고 다시 걸게요.

A4 うるさくてよく聞こえないんです。後でこちらからかけなお します。

> 시끄러워서 잘 안 들려요. 나중에 이쪽에서 다시 걸게요.

Words よく聞こえない 잘 안 들리다 ┃ もう一度 다시 한 번 ┃ 電話が遠い 전화 감이 멀다
声が遠い 목소리가 멀다 ┃ 切る 끊다 ┃ こちらから 이쪽에서 ┃ かけなおす 다시 걸다

▶ 잘못 걸려 온 전화를 받을 때

Q223 もしもし。ミヌさん？
여보세요. 민우 씨?

잘못 걸린 전화가 있을 수 있어요. 그때는 '틀림, 잘못, 실수'라는 뜻이 있는 間違い를 써서 間違い電話のようですが…를 주로 많이 사용해요. 간단하게는 違います라고 해요.

A1 えっ、ミヌですか？ > 네? 민우 말인가요?

↳ あ、すみません。かけ間違えました。
> 아, 미안해요. 잘못 걸었어요.

A2 いいえ、違います。 > 아뇨, 아닌데요.

A3 あ、間違い電話のようですが…。 > 아, 전화 잘못 거신 것 같은데요….

A4 ミヌじゃないんですが… 電話番号合ってますか？
> 민우 아닌데요… 전화번호 맞아요?

A5 おかけ間違いのようですが… 何番におかけですか？
> 전화 잘못 거신 것 같은데요… 몇 번에 거셨어요?

間違い電話　迷惑(めいわく)電話 스팸 전화 | しつこい電話 끈질긴 전화 | 勧誘(かんゆう)の電話 권유 전화
拒否(きょひ) 거부 | 着信(ちゃくしん)拒否 착신 거부

Words　かけ間違える 잘못 걸다 | 間違い電話 잘못 걸린 전화 | 電話番号 전화번호 | 合う 맞다
おかけですか 거셨어요?

Real Life conversation

"전화와 약속"에 대한 즉문즉답
실전회화트레이닝

민우와 미키의 만남

ミキ	もしもし、ミヌさんのお宅ですか？ ミキと申しますが。	여보세요, 민우 씨 댁이죠? 미키라고 하는데요.
ミヌ	あ、ミキさん、僕です。 ミヌです。お久しぶりですね。	아, 미키 씨! 저예요, 민우예요. 오랜만이네요.
ミキ	あ、ミヌさん、お久しぶりです。 お元気ですか？	어머 민우 씨, 오랜만이에요. 건강하죠?
ミヌ	はい、元気ですよ。 今日はどうしたんですか？	네, 건강해요. 오늘 어쩐 일이세요?
ミキ	私、もしかしたら韓国に行くかもしれません。	제가요, 어쩌면 한국에 갈지도 몰라요.
ミヌ	そうですか？ いつですか？	그래요? 언제요?
ミキ	来月の16日です。	다음 달 16일이에요.
ミヌ	そうですか。韓国に着いたら連絡ください。	그렇군요. 한국에 도착하면 연락 주세요.
ミキ	はい。会えるのを楽しみにしています。 では、韓国で。	네. 만날 수 있기를 기대할게요. 그럼 한국에서 뵐게요.

ミキ	もしもし、ミキですが。	여보세요, 미키인데요.
ミヌ	あ、ミキさん。今どこですか？	아, 미키 씨. 지금 어디예요?

ミキ	今、ホテルに着いたところです。	지금 막 호텔에 도착했어요.
ミヌ	そうですか。じゃ、いつ会いましょうか？	그래요. 그럼 언제 만날까요?
ミキ	明日は忙しいですか？	내일 바빠요?
ミヌ	明日はちょっと、今晩は何か予定でもあるんですか？	내일은 좀 곤란한데요. 오늘 밤엔 무슨 예정이 있나요?
ミキ	いいえ。何もありません。	아뇨. 괜찮아요.
ミヌ	じゃ、今日の7時にホテルのロビーで会いましょう。 せっかく韓国に来たんだから、おいしいものをご馳走しますよ。	그럼 오늘 7시에 호텔 로비에서 만나요. 모처럼 한국에 왔으니까 맛있는 거 사 줄게요.
ミキ	はい。ありがとうございます。 じゃ、7時にロビーで、待っています。	네. 고마워요. 그럼 7시에 로비에서 기다릴게요.
ミヌ	はい、じゃ、7時に。	네. 그럼 7시에요.

ミヌ	もしもし、ミキさん。ミヌです。	여보세요, 미키 씨. 민우인데요.
ミキ	あ、ミヌさん。	아, 민우 씨.
ミヌ	すみません。ちょっと遅れそうなんですが。	미안해요. 좀 늦을 거 같아요.
ミキ	はい、分かりました。 あわてないでゆっくり来てください。	네, 알겠어요. 서두르지 말고 천천히 오세요.
ミヌ	10分くらい遅れそうなので、7時10分ごろ降りてきてください。	10분 정도 늦을 거 같으니까 7시 10분쯤에 내려오세요.
ミキ	はい。分かりました。	네, 알겠어요.

Words　せっかく 모처럼 ｜ ご馳走(ちそう)する 사주다, 한턱내다 ｜ あわてないで 서두르지 말고
あわてる 당황하다, 허둥대다

한국에 대한

Q224 韓国の代表的な料理は何ですか？
한국의 대표적인 요리가 뭐예요?

요리를 먹으면서 한국의 음식 문화에 대해 질문을 할 수도 있겠죠. 지금부터는 개인 사절로 활동할 시간이에요. 여러분은 代表的인 韓国料理는 何ですか？(대표적인 한국 요리가 뭐예요?)라고 물어보면 뭐라고 대답하실 거예요?

A1 一番はブルコギです。> 제일은 불고기예요.

A2 ビビムパプやサムゲタンが有名です。
> 비빔밥이랑 삼계탕이 유명해요.

A3 韓国といえば肉料理です。日本からもたくさん食べに来ますよ。
> 한국 하면 고기 요리예요. 일본에서도 많이 먹으러 와요.

A4 私的にはトッポッキです。手軽に食べられる間食として人気があります。
> 개인적으로는 떡볶이요. 간단하게 먹을 수 있는 간식으로 인기가 있어요.

Words　代表的だ 대표적이다 ｜ **有名だ** 유명하다 ｜ **肉料理** 고기 요리 ｜ **食べに来る** 먹으러 오다
手軽に 가볍게, 간단하게 ｜ **間食** 간식 ｜ **人気がある** 인기가 있다

Q225 <ruby>韓国<rt>かんこく</rt></ruby>で<ruby>有名<rt>ゆうめい</rt></ruby>なところはどこですか。
한국에서 유명한 곳이 어디예요?

외국어를 배우려면 요즘 한국에서 가장 핫한 장소 정도는 미리 알아 두는 것이 좋아요. 일본 친구에게 한국 소식을 들어서는 안 되겠죠? 여러분 생각에는 韓国で どこが一番有名ですか?(한국에서 어디가 가장 유명한가요?)

A1 Nソウルタワーが有名です。 > N서울타워(남산타워)가 유명해요.

A2 最近はホンデの<ruby>駅前<rt></rt></ruby>が人気です。学生の街として知られています。
> 요즘은 홍대역 앞이 인기예요. 학생들의 거리로 알려져 있어요.

A3 やっぱり、<ruby>一番<rt>いちばん</rt></ruby>はミョンドンでしょう。いつも<ruby>多<rt>おお</rt></ruby>くの<ruby>人<rt>ひと</rt></ruby>で<ruby>賑<rt>にぎ</rt></ruby>わっています。
> 역시 제일은 명동이죠. 항상 많은 사람들로 붐벼요.

A4 インサドンが有名ですよ。<ruby>韓屋<rt>ハノク</rt></ruby>の<ruby>茶店<rt>ちゃみせ</rt></ruby>があって韓国のお<ruby>茶<rt>ちゃ</rt></ruby>が<ruby>楽<rt>たの</rt></ruby>しめます。
> 인사동이 유명해요. 한옥 찻집이 있어서 한국의 차를 즐길 수 있어요.

> 한국어의 일본어 표기는
> 발음을 따르는 경우가 많아요.
> 한옥도 ハンオク가 아닌 ハノク라고
> 해요. 이 책에서 주인공 민우를 ミンウ가
> 아닌 ミヌ로 표기한 이유도 여기에 있어요.
> 한국어의 일본어 표기법도 눈여겨보면
> 좋을 것 같아요.

Words 学生の街 학생의 거리 | ～として知られている ～로 알려져 있다 | 人で賑わっている 사람들로 붐비다
茶店 찻집 | お茶 차 | 楽しめる 즐길 수 있다

Q226 日本人の知らない観光の穴場は どこですか？

일본인이 잘 모르는 숨은 관광지는 어디예요?

남이 모르는 좋은 장소는 穴場라고 해요. 장소는 場所(ばしょ) 또는 영어로 スポット라고 하죠. おすすめの~는 おすすめの商品(しょうひん), おすすめの食(た)べ物(もの) 등으로 사용할 수 있어요. 여러분의 おすすめの観光スポット는 どこですか？(추천할 만한 관광지는 어디예요?)

A1 トンデムンです。最近、新しいショッピングモールができたんですよ。

> 동대문이요. 최근 새로운 쇼핑몰이 생겼어요.

A2 カンナムのカロス通りには行ってみましたか？
そこもいいですよ。

> 강남 가로수길에는 가 보셨어요? 거기도 좋아요.

일본어로 가로수길은 街路樹通(がいろじゅどお)り 라고 해요.

A3 最近、インチョンが注目を浴びています。

> 요즘 인천이 주목을 받고 있어요.

A4 キョンボックンもいいですが、チャンギョングンもいいですよ。市民の憩いの場所です。

> 경복궁도 좋지만, 창경궁도 좋아요. 시민의 휴식처예요.

A5 5、6年前からプックチョンが人気です。韓国風の家が並んでいてかわいいお店もたくさんあります。

> 5, 6년 전부터 북촌이 인기가 있어요. 한국풍 집이 즐비하고 아기자기한 가게도 많이 있어요.

Words 知らない 모르다 | 穴場 남이 모르는 곳 | おすすめ 추천 | おすすめの商品 추천할 만한 상품
おすすめの食べ物 추천할 만한 음식 | 街路樹通り 가로수길 | 注目を浴びる 주목을 받다 | 市民 시민
憩いの場所 휴식처 | 並ぶ 한 줄로 서다

Q227

お土産には何がいいですか？
선물로는 뭐가 좋을까요？

お土産は特産物を意味する単語예요. 일본인이 한국에서 가장 많이 사 가는 お土産가 바로 '김'이죠. 가볍고 맛이 좋아서 많이들 선물해요. 라면이나 과자, 초콜릿, 둥글레차, 쥐포, 책, 한류를 담은 소품도 부담 없이 줄 수 있는 お土産예요.

A1 くるみ饅頭がおすすめです。 > 호두과자를 추천해요.

A2 コチュジャンも人気ですよ。 > 고추장도 인기 있어요.

A3 マッコリはどうですか？ 韓国の伝統的なお酒です。
> 막걸리는 어때요? 한국의 전통 술이에요.

A4 ミックスコーヒーもお土産として喜ばれますよ。
> 믹스커피도 선물로 좋아들 해요.

A5 「龍のひげ飴」というのをご存知ですか？ 韓国では「クルタレ」と言いますが、ちょっとめずらしいので喜ばれますよ。
> '용수염 사탕(꿀타래)'이란 걸 알고 계세요? 한국에서는 '꿀타래'라고 하는데 좀 특이해서 좋아들 해요.

ご存知ですか ご存知는 '알고 계심'이란 뜻으로 知(し)る의 존경 표현이에요. 知っていますか?를 높여 말하면 ご存知ですか?가 되는 거예요.

Words お土産 토산품, 선물 | くるみ 호두 | 饅頭 만주, 찐빵 | 伝統的だ 전통적이다 | お酒 술
喜ばれる 기뻐들 하다 | 喜ぶ 기뻐하다, 좋아하다 | めずらしい 드물다, 희귀하다

**韓国人はチマチョゴリをみんな
持っているんですか？**

한국 사람은 치마저고리(한복)를 모두 가지고 있어요?

한복은 일본에서 チョゴリ(저고리), チマチョゴリ(치마저고리)로 알려져 있어요. 북한을 北韓(ホッカン)이라고 하지 않고 北朝鮮(きたちょうせん)이라고 하는 것처럼요.

A1 だいたいみんな持っています。 > 거의 모두들 가지고 있어요.

A2 そうですね。名節の時や大切な行事などに着ます。
> 글쎄요. 명절 때나 중요한 행사 같은 때 입어요.

A3 チマチョゴリ？ ああ、韓服のことですか？
> 치마저고리? 아하, 한복 말인가요?

A4 子どもや結婚している人は持っているんですが、最近はあまり着なくなりました。
> 아이들이나 결혼한 사람이라면 가지고 있지만, 요즘에는 별로 안 입어요.

A5 韓服は日本の着物のようなもので、韓国の伝統的衣装です。
> 한복은 일본의 기모노처럼 한국의 전통 의상이에요.

*한복 자체를 모르는
일본 친구에게는 이런 식으로
설명을 해 주어야겠죠.*

Words 持っている 가지고 있다 | 北朝鮮 북한 | だいたい 대개, 대다수 | 名節 명절 | 行事 행사
着る 입다 | 結婚している人 결혼한 상태의 사람 | 着なくなる 입지 않게 되다 | 同じだ 같다

Q229 韓国固有の生活習慣は何ですか？
かんこく こ ゆう せいかつしゅうかん なん

한국 고유의 생활 습관은 뭐예요?

역시 한국 하면 김치와 온돌이죠. 설날은 お正月(しょうがつ), 추석은 お盆(ぼん)이라고 해요. 그 밖에 명절이나 제사와 같은 풍습을 따르는 동방예의지국인 한국에 대해 설명할 수 있도록 연습해 봐요. 일본에서 固有는 特有(とくゆう)로 바꿔 말해도 괜찮아요. 여러분 韓国固有の生活習慣はどんなのがありますか？
(한국 고유의 생활 습관은 어떤 것이 있어요?)

A1 冬になる前に、キムチをつけます。
ふゆ まえ

> 겨울이 되기 전에 김치를 담가요.

A2 チュソクやソルには家族みんなが集まります。
か ぞく あつ

> 추석이나 설에는 가족 모두가 모여요.

A3 亡くなった人の命日には、チェサというのをします。
な ひと めいにち

> 돌아가신 분의 기일에는 제사라는 것을 지내요.

A4 オンドルを知っていますか？ オンドルという暖房設備が
し だんぼうせつび
有名です。
ゆうめい

> 온돌을 알고 있어요? 온돌이라고 하는 난방시설이 유명해요.

A5 儒教の教えで、年上の人や先生を敬う文化があります。
じゅきょう おし としうえ ひと せんせい うやま ぶん か

> 유교의 가르침으로 윗사람이나 선생님을 공경하는 문화가 있어요.

Words 固有 고유 | 特有 특유 | 生活習慣 생활 습관 | 冬になる 겨울이 되다 | キムチをつける 김치를 담그다
集まる 모이다 | 亡くなった人 죽은 사람 | 命日 명일, 기일 | 暖房設備 난방시설
儒教の教え 유교의 가르침 | 敬う 존경하다, 공경하다 | 文化がある 문화가 있다

Q230 実際の韓国を感じたいんですが…。

리얼 한국을 느끼고 싶은데요.

진정한 한국의 모습을 느끼고 싶어하는 사람에게 소개해 주고 싶은 한국 문화는 무엇인가요? 感じたい 대신에는 見(み)たい, 楽(たの)しみたい, 体験(たいけん)したい 등을 넣어 표현할 수 있어요.

A1 チムチルバンはどうですか? ゆっくり過ごしてリラックスできます。

> 찜질방은 어떠세요? 푹 쉬면서 릴렉스할 수 있어요.

A2 山歩きが好きだったら、城郭に沿って歩いてみるのもいいですよ。

> 산행을 좋아하면 성곽을 따라 걸어 보는 것도 좋아요.

A3 ホンデには韓屋のゲストハウスがあって、ホテルとはまた違う経験ができますよ。

> 홍대에는 한옥 게스트하우스가 있어서 호텔과는 또 다른 경험을 할 수 있어요.

A4 ナンデムン市場に行けば、韓国らしい姿を見ることができますよ。

> 남대문 시장에 가면 한국다운 모습을 볼 수 있어요.

A5 トンデムンには問屋街があり、眠らない街を楽しむことができます。

> 동대문에는 도매상 거리가 있어 잠들지 않는 거리를 즐길 수 있어요.

Words　実際に 실제로 ｜ 感じたい 느끼고 싶다 ｜ 見たい 보고 싶다 ｜ 楽しみたい 즐기고 싶다
体験したい 체험하고 싶다 ｜ 過ごす 지내다 ｜ リラックス 릴렉스 ｜ 山歩き 등산, 산을 거님 ｜ 城郭 성곽
～に沿って歩く ～을 따라 걷다 ｜ 違う 다르다 ｜ 経験ができる 경험을 할 수 있다 ｜ 市場 시장
韓国らしい 한국답다 ｜ 姿 모습 ｜ 見ることができる 볼 수 있다 ｜ 問屋街 도매상 거리 ｜ 問屋 도매
眠らない街 잠들지 않는 거리 ｜ 楽しむことができる 즐길 수 있다

Real Life conversation

"한국"에 대한 즉문즉답
실전회화트레이닝

미키의 한국에 대한 질문

ミキ	ちょっと聞いてもいいですか？ 韓国の代表的な料理は何ですか？	잠깐 물어봐도 될까요？ 한국의 대표적 요리는 뭔가요？
ミヌ	国民食でいえばキムチですが、焼肉が一番人気だと思いますよ。	국민 음식 하면 김치지만 숯불구이가 가장 인기 있는 거 같아요.
ミキ	ああ、知ってます。私の友達もいつも韓国に肉食べに行くって言ってます。	아, 알겠어요. 제 친구도 늘 한국으로 고기 먹으러 간다고 했어요.
ミヌ	ハハハ、でしょ？！	하하하, 그죠?!
ミキ	どこかおいしい焼肉のお店があれば、教えてください。 日本人があまり知らないような、韓国の地元の人がよく行くところ。	어디 맛있는 숯불구이집 있으면 알려 주세요. 일본 사람들에게는 덜 알려진, 한국 사람들이 잘 가는 곳으로요.
ミヌ	今度、一緒に行きましょう。 連れて行ってあげますよ。	다음에 함께 가죠. 데려가 줄게요.
ミキ	わーい。楽しみにしてます。 ところで、明日、市内観光をしようと思ってるんですけど、韓国で有名な所はどこですか？	어머 좋아요. 기대할게요. 그건 그렇고 내일 시내 관광을 할 생각인데 한국에서 유명한 곳은 어딘가요？
ミヌ	いろいろありますけど。 景福宮、昌徳宮、南大門、東大門…。 でも、僕のおすすめは、Nソウルタワーです。冬の夜景なんてすごくきれいですよ。	여러 군데 많긴 하죠. 경복궁, 창덕궁, 남대문, 동대문…. 근데 제가 추천하는 곳은 N서울타워(남산타워)예요. 겨울 야경이 정말 근사하죠.
ミキ	わー。ロマンチックでしょうね！ 行ってみよう。	어머 로맨틱할 거 같아요. 가 봐야겠어요.
ミヌ	夜なら、僕も時間あるから付き合います。	밤엔 저도 시간이 있으니까 함께 가요.
ミキ	ヤッター。	앗싸~!

ミキ	あと、韓国のりは買ったんですけど、のり以外になにかいいお土産知ってますか？	그리고 말예요, 한국 김을 샀는데요 김 이외에 뭐 좋은 선물 없을까요?
ミヌ	うーん。じゃ、これからインサドンに一緒に行きますか？	음, 그럼 지금 인사동에 함께 갈까요?
ミキ	インサドン？	인사동이요?
ミヌ	はい。仁義の仁に寺と書いて、サンズイに同じで、仁寺洞。韓国のいろんなお土産をたくさん売ってますよ。	네, 인의(仁義)의 인(仁)에 절의 사(寺)라고 쓰고 삼수변(氵)에 같을 동(同)을 써서 인사동이에요. 한국의 다양한 기념품들을 많이 팔아요.
ミキ	わーい。おいしいものもありますか？	어머 좋아요, 맛있는 것도 있겠죠?
ミヌ	もちろん。	물론이죠.
ミキ	ラッキー。	와 신난다!

Words 国民食(こくみんしょく) 국민 음식 | 焼肉(やきにく) 숯불구이 고기
肉食(にくた)べに行(い)く 고기 먹으러 가다 | 地元(じもと) 그 지방 | 一緒(いっしょ)に行(い)く 함께 가다
連(つ)れて行(い)ってあげる 데려가 주다 | 市内観光(しないかんこう)をしようと思(おも)ってる 시내 관광을 하려고 생각하다 | 冬(ふゆ)の夜景(やけい) 겨울 야경 | 行(い)ってみよう 가 봐야지
時間(じかん)ある 시간 있다 | 付(つ)き合(あ)う 동행하다 | やった 앗싸, 신난다, 해냈다
仁義(じんぎ) 인의 | お寺(てら) 절 | 氵(さんずい)に同(おな)じ 삼수변에 같을 동
売(う)ってる 팔고 있다 | ラッキー 럭키

인사동에서

ミキ	わー。ほんとにいろいろありますね。	와, 정말 많네요.
ミヌ	でしょ?!	그죠?!
ミキ	ワッ。これチョゴリでしょ？	어머, 이건 저고리죠?
ミヌ	はい。女性が着るチマチョゴリです。チマがスカート、チョゴリが上着です。正しく言うと韓国の服で、韓服といいます。	네, 여성이 입는 치마저고리예요. 치마가 스커트고 저고리가 상의예요. 정확하게 말하면 한국의 옷 한복이죠.

ミキ	ヘェー。ミヌさん物知りですね。	어머, 민우 씨는 아는 게 많네요.
ミヌ	当たり前です。韓国人ですから。常識です。	당연하죠. 한국 사람이잖아요. 상식이라고요.
ミキ	あ。そうか。 他に韓国独特の生活習慣とかあるんですか？	아휴 그랬지. 그 밖에 한국만의 독특한 생활 습관 같은 게 있나요?
ミヌ	ええっと、色々あるけど…。 僕はオンドル文化がいいと思います。	어디 보자, 여러 가지 있긴 한데…. 저는 온돌 문화가 좋은 거 같아요.
ミキ	あ、オンドル。いいですよね。 おしりがぽかぽかして、幸せになります。	아, 온돌. 좋죠. 엉덩이가 따끈따끈하니 얼마나 기분이 좋은데요.
ミヌ	いいでしょう。	그렇죠.
ミキ	はい。 ところで、私、韓国ドラマが大好きで実際に韓国を感じたいんですけど…。	네. 그건 그렇고 제가 한국 드라마를 엄청 좋아하는데 실제로도 한국을 느껴 보고 싶네요..
ミヌ	うーん。 じゃ、家に来ますか？	음. 그럼 우리 집에 올래요?
ミキ	えっ。いいんですか？ それ以上の実際の韓国はないです。	어머 괜찮겠어요? 한국을 가까이서 느낄 수 있는 더할 나위 없는 기회네요.
ミヌ	じゃ、いつにしましょう？	그럼 언제로 할까요?
ミキ	ミヌさん、明日の昼間は仕事ですよね。 じゃ、あさってはどうですか？	민우 씨 내일 낮엔 일하죠. 그렇다면 모레는 어때요?
ミヌ	明後日なら大丈夫です。	내일모레는 괜찮아요.
ミキ	じゃ、明後日お邪魔してもいいですか？	그럼 모레 실례해도 될까요?
ミヌ	はい、喜んで。	네, 기꺼이.
ミキ	ありがとう。	고마워요.

Words　上着(うわぎ) 상의 ｜ 正(ただ)しく言(い)うと 정확하게 말하면 ｜ 物知(ものし)り 박식함, 그런 사람
当(あ)たり前(まえ)だ 당연하다 ｜ 常識(じょうしき) 상식 ｜ おしり 엉덩이 ｜ ぽかぽかする 따끈따끈하다
幸(しあわ)せになる 행복해지다 ｜ 家(うち)に来(く)る 집에 오다 ｜ それ以上(いじょう) 그 이상
実際(じっさい) 실제 ｜ お邪魔(じゃま)する 방해하다, 실례하다 ｜ 喜(よろこ)んで 기꺼이

한국 가정집 방문에 대한

Q231 **これからホテルを出ます。**

지금 호텔에서 출발해요.

직역하면 '지금부터 호텔을 나와요.'로 지금 호텔에서 출발한다고 말하고 싶을 때
이렇게 말하면 돼요. 어떻게 대답하면 될까요?

A1 **はい、分かりました。後で会いましょう。**
> 네, 알았어요. 이따 만나요.

알겠다는 대답은 了解(りょうかい)です. オッケーです 를 써도 돼요.

じゃあ、後で。 > 그럼 이따가.

A2 **はい。そこから1時間ぐらいかかると思います。**
> 네. 거기서 1시간쯤 걸릴 거예요.

A3 **分かりました。もし、途中で道が分からなくなったら連絡ください。**
> 알겠어요. 만약 도중에 길을 모르면 연락하세요.

A4 **了解です。近くまで来たら、もう一度連絡ください。**
> 알겠어요. 근처까지 오면 다시 한 번 연락 주세요.

도착하면이라고 말할 때는 着(つ)いたら 라고 하면 돼요.

A5 **じゃあ、降りるひとつ手前の駅で連絡してください。**
> 그럼 내리기 한 정거장 전에 연락 주세요.

Words 後で 나중에 | 会いましょう 만나요 | 了解 이해함 | オッケー 오케이(OK) | かかる 걸리다
もし 만약 | 途中 도중 | 道が分からなくなったら 길을 모르면 | 近く 가까이 | まで 까지
来たら 오면 | もう一度 다시 한 번 | 着いたら 도착하면 | 降りる 내리다 | 手前 자기 앞

Q232 もうすぐ着きます。
곧 있으면 도착해요.

일본 친구를 초대하면 대부분 밖에 나와서 기다려 주겠죠. 도착한다는 표현은 そ
ろそろ着きそうなんですが…。(곧 도착할 것 같아요.)라고도 해요.

A1 今、出て待っています。> 지금 나와서 기다리고 있어요.

A2 そうですか。着いたら私が見えるはずですよ。
> 그래요. 도착하면 제가 보일 거예요.

A3 オッケーです。降りたらそこで待っててください。
すぐ行きますから。
> 알겠어요. 내리면 거기서 기다리세요. 바로 나갈게요.

A4 あ、分かりました。気をつけて来てくださいね。
> 네, 알겠어요. 조심해서 오세요.

> 来てください를
> 다른 말로 いらしてください
> 라고 합니다.

A5 じゃ、駅に着いたら、3番出口を出たところで待っていてく
ださい。
> 그럼 역에 도착하면 3번 출구로 나와서 기다리세요.

Words 着く 도착하다 | そろそろ 슬슬 | 待っている 기다리고 있다 | 見えるはずだ 보일 것이다
降りたら 내리면 | 気をつける 조심하다 | 出口 출구

Q233 おそ
遅くなってすみません。
늦어서 미안해요.

5분 후에 도착한다던 일본 친구가 조금 늦게 도착했어요. 신경 쓰이지 않게 괜찮
다고, 오는 길 힘들지 않았냐고 통 크게 말해 줘야겠죠? すみません은 ごめんな
さい로 바꿔 말할 수 있어요.

A1 すぐ分かりましたか？ > 잘 찾았어요？

A2 迷わず来られましたか？ > 헤매지 않고 오셨어요？ ← 来られる는 来る의
조경 표현이에요.

A3 道、分かりにくくなかったですか？ > 길이 어렵지 않았어요？

分かりにくく 分かる 알다 → 分かりにくい 알기 어렵다 → 分かりにくくない 알기 어렵지 않다
→ 分かりにくくなかった 알기 어렵지 않았다

A4 来るの大変だったでしょう。
> 오느라 수고 많았어요. (오는 거 힘들었죠？)

↳ 途中で迷って大変だったんです。 > 도중에 헤매서 쩔쩔맸어요.

Words　迷わず 헤매지 않고 │ 道 길 │ 来る 오다 │ 大変だった 힘들었다 │ 途中で 도중에 │ 迷う 헤매다

Q234 **お邪魔します。**
실례합니다.

남의 집을 방문하면서 쓸 수 있는 말이 お邪魔します예요. 혹은 失礼(しつれい)します라고도 하죠. 이제 손님을 밖에 세워 두지 말고 안으로 들어오라고 말할 차례예요.

A1 どうぞ、上がってください。 > 어서 들어오세요.

上がる 上がる는 '오르다'는 뜻으로 예전에 일본 전통 집이 현관에서 거실로 들어갈 때 올라가야 했던 것에서 생겨난 말이에요. 더욱 정중하게 할 때는 どうぞ、お上がりください。라고 하고, 회사나 일반 건물처럼 평평한 곳으로 들어갈 때는 '들어가다(오다)'라는 뜻의 入(はい)る를 서서 どうぞ、お入(はい)りください。라고도 해요.

A2 どうぞ、遠慮しないでお上がりください。
> 어서, 부담 갖지 말고 들어오세요.

 どうも。 > 고마워요.

A3 散らかってますが、どうぞ。
> 어지럽혀져 있지만, 어서 들어오세요.

A4 どうぞ、そこにおかけください。 > 편하게 거기 앉으세요.

A5 かばんはここに置いて、ソファーでゆっくりしててください。
> 가방은 여기에 두고 소파에서 편하게 계세요.

Words お邪魔 방해 | 失礼します 실례합니다 | 入る 들어오다 | 遠慮しないで 부담 갖지 말고
散らかっている 어지럽혀져 있다 | おかけください 앉으세요 | 置く 두다

Q235

これ、つまらないものですが。
이거, 별거 아닌데요.

선물을 주면서 これ、お土産(みやげ)です. (이거, 선물이에요)라고 해도 돼요.
그 지역만의 특산품을 お土産라고 하죠. 그냥 친구 집을 방문할 때 케이크나 빵
처럼 가볍게 사 가는 선물은 手土産(てみやげ)라고 하고요. 친구 집에 갈 때는
手(て)ぶらで(빈손으로) 가지 말고 가벼운 먹을거리를 사 들고 가기예요. 선물 받
으면 기분 좋잖아요.

A1 ありがとうございます。 > 고마워요.

A2 **ありがとうございます。** わざわざすみません。
> 고마워요. 뭐 이런 걸 다.

A3 **そんな、気を使わなくてもいいのに。**
> 에구, 신경 쓰지 않으셔도 되는데요.

A4 お気遣いなさらなくてもよろしいのに。
ありがとうございます。喜んでいただきます。
> 안 사 오셔도 되는데. 고맙게 잘 받을게요.

↳ お口に合うかどうか分かりませんが、どうぞ。
> 입에 맞을지 어떨지 모르겠지만 드세요.

A5 いつも気を使っていただいて**ありがとうございます。**
> 항상 신경 써 주셔서 **고마워요.**

Words わざわざ 일부러 ｜ 気を使う 신경 쓰다 ｜ お気遣い 마음을 씀 ｜ なさる 하시다 (する의 존경어)
よろしい 좋다 (よい의 격식을 차린 말) ｜ ～のに 한데 ｜ 喜んで 즐겁게
いただく 받다 (もらう의 공손한 말씨) ｜ お口に合う 입에 맞다

Q236 これ、家族写真ですか？
이거, 가족사진인가요?

벽에 걸린 사진을 보고 묻는 표현이에요. 일본어도 어색하고 분위기가 서먹서먹할 때는 사진으로 화제를 돌려 보세요. 거기서부터 대화의 꽃이 활짝 필 거예요.

A1 はい、去年撮った写真です。
> 네. 작년에 찍은 사진이에요.

↳ とっても幸せそうですね。 > 아주 행복해 보여요.

とっても とても를 강조한 말이에요.
역시 やはり → やっぱり | 정말 うそ → うっそ
일본 にほん → にっぽん | 크다 でかい → でっかい

A2 はい、これは兄が二十歳の時、記念に撮った家族写真です。
> 네. 이것은 형이 20살 때 기념으로 찍은 가족사진이에요.

A3 はい、真ん中に写っているのが両親で、右上が姉、その隣が
私です。
> 네. 한가운데 계신 분들이 부모님이고, 오른쪽 위가 누나, 그 옆이 저예요.

↳ ホント、ステキですね。 > 진짜 멋져요.

Words 去年 작년 | 撮る 찍다 | 幸せそうだ 행복해 보이다 | 記念に 기념으로 | 真ん中 한가운데
写る 찍히다 | 右上 오른쪽 위 | 隣 옆 | すてきだ 멋지다, 근사하다

Q237

うわ～おいしそうですね。
우와, 맛있어 보이네요.

일본 친구들은 음식을 대접받으면 남기지 않는 게 예의라고 생각해요. 그래서 한국식 손님상을 마주하면 기쁨 반 괴로움 반이라네요. 우리나라 음식이 맛은 물론 양으로도 한 승부하잖아요^^ 특히 국제결혼이라도 해서 일본 부모님이 오셨는데 한 상 차렸다면, 다 드시지 않고 남기셔도 괜찮다는 표현쯤은 익히고 나서 대접해야 맛있게 드시지 않을까요.

A1 韓国の普通の家庭料理ですけど、どうぞ。
> 한국에서 보통 먹는 가정식 밥이에요. 드세요.

↳ わー、いただきます！ > 와~ 잘 먹겠습니다!

A2 お口に合うといいんですけど…。どうぞ。
> 입에 맞으면 좋을 텐데요…. 드셔 보세요.

A3 お口に合うかどうか分かりませんが、どうぞ、召し上がってください。
> 입에 맞을지 모르겠지만, 어서 드세요.

A4 たいしたものはないんですが、たくさん食べてください。
> 차린 건 없지만 많이 드세요.

A5 もし量が多かったら残しても大丈夫ですから。
> 만약 양이 많다면 남겨도 괜찮아요.

Words おいしそうだ 맛있어 보인다 | 普通 보통 | 家庭料理 가정 요리 | いただきます 잘 먹겠습니다
お口に合う 입에 맞다 | いいんですけど 좋겠는데 | 量が多い 양이 많다 | 残す 남기다

Q238 これは何という料理ですか？
이건, 뭐라고 하는 요리예요?

차린 음식이 맛있어 보이지만 안에 뭐가 들었는지 궁금할 때 하는 질문이에요. 음식의 이름만을 물어보고 싶을 때는 これは何(なん)ですか？(이건 뭐예요?), これは何(なん)というんですか？(이건 뭐라고 말하나요?), 안에 들어 있는 재료가 궁금하면 何(なに)が入(はい)っているんですか？(뭐가 들어 있어요?)로 질문할 수 있어요.

A1 サムゲタンです。 > 삼계탕이에요.

A2 スンデポックムといいます。スンデは韓国式ソーセージのことです。
> 순대볶음이라고 해요. 순대는 한국식 소시지를 말해요.

A3 テジカルビチムといいます。豚肉を醤油で味付けて、お汁がなくなるまで煮込んだものです。
> 돼지갈비찜이라고 해요. 돼지고기를 간장으로 양념해서 국물이 자작해질 때까지 조린 거예요.

A4 チムタックです。鶏肉と野菜を醤油味で煮たものです。ハルサメも入っています。
> 찜닭이에요. 닭고기와 채소를 간장으로 조린 거예요. 당면도 들어 있어요.

A5 カムジャタンです。骨付き肉にジャガイモとシレギという干した白菜を入れて辛く煮込んだものです。
> 감자탕이에요. 돼지 등뼈에 감자와 '시래기'라고 하는 말린 배추를 넣어 맵게 조린 거예요.

Words 醤油 간장 ｜ 味付ける 맛을 내다 ｜ お汁 국물 ｜ なくなるまで 없어질 때까지 ｜ 煮込んだもの 조린 것
煮込む 조리다 ｜ 煮たもの 끓인 것 ｜ 醤油味 간장맛 ｜ 煮る 익히다, 삶다, 끓이다, 조리다 ｜ ハルサメ 당면
骨付き肉 뼈가 붙어 있는 고기 ｜ 干す 말리다 ｜ 白菜 배추 ｜ 辛く 맵게

Q239 それ、辛くないですか？
그거, 맵지 않아요?

일본의 매운 맛과 한국의 매운 맛은 다르다고 하죠. 한국의 매운 맛은 とうがらしの辛さ(고추의 매운 맛), 일본의 매운 맛은 からしの辛さ(겨자의 매운 맛)라고들 해요. 고추는 舌(した)がひりひりする辛さ(혀가 쑥쑥 아리는 매운 맛). 겨자는 鼻(はな)につんとくる辛さ(코가 찡하는 매운 맛)라네요.

 ちょっと辛いですが、でもおいしいですよ。
> 좀 맵지만, 그래도 맛있어요.

 この辛さがいいんです。 > 이 매운 맛이 좋아요.

↳ **ええ〜、私にはちょっと辛いんですけど、でもおいしいです。**
> 으으, 저한테는 맵지만 맛있네요.

 いいえ、ぜんぜん。このくらいは辛いうちには入りません。辛いからおいしいんです。
> 아뇨, 전혀요. 이 정도는 매운 축에도 못 들어가요. 매우니까 맛있는 거죠.

 ぜんぜん。むしろ辛くないと物足りないです。
> 괜찮아요. 오히려 맵지 않으면 어딘지 부족한 느낌이에요.

 ううん、辛くないですよ。この辛さになれたらミキさんもきっと病み付きになりますよ。
> 아뇨, 안 매워요. 이 매운 맛에 익숙해지면 미키 씨도 아마 중독될걸요.

Words　辛くない 맵지 않다 ｜ とうがらし 고추 ｜ 辛さ 매운 맛 ｜ からし 겨자
舌がひりひりする 허가 쑥쑥 아리다 ｜ 鼻につんとくる 코가 찡해 오다 ｜ うち 안 ｜ むしろ 오히려
物足りない 어딘가 부족하다 ｜ 病み付きになる 중독되다

Q240 **とてもおいしいです。**
아주 맛있어요.

다행히도 음식이 일본 친구의 입에 맞나 보네요. 일본 친구들은 불고기, 갈비찜, 잡채, 부침개, 떡볶이 같은 거 잘 먹어요. 밑반찬은 콩나물, 시금치 같은 맵지 않은 나물 종류에 구운 김이나 오징어채 볶음을 추천합니다.

 お口に合って、よかったです。
> 입에 맞아서 다행이네요.

 足りなかったらおかわりしてくださいね。
> 모자라면 더 달라고 말씀하세요.

おかわり 먹던 것을 다시 더 달라고 할 때 쓰는 표현이에요. 그것이 밥이든 반찬이든 맥주가 됐든 먹던 것을 다시 더 달라고 할 때는 すみません、おかわりください。(여기요, 더 주세요.)라고 하세요.

 ゆっくり食べてください。
> 천천히 먹어요.

 たくさん、召し上がってください。
> 많이 드세요.

Words よかった 다행이다 | 足りない 부족하다 | 足りなかったら 모자라면 | おかわり 같은 음식을 더 먹음
召し上がる 드시다 (食べる의 존경어)

Q241

ごちそうさまでした。
잘 먹었습니다.

식전에는 いただきます, 식후에는 ごちそうさまでした로 인사해요. 친한 사이에서는 ごちそうさま라고만 해도 됩니다. 이때는 손을 합장하듯 모으고 하죠. 手(て)を合(あ)わせる, 合唱(がっしょう)는 불교에서 온 것이랍니다.

A1 たくさん、召(め)し上(あ)がりましたか？ > 많이 드셨어요?

召し上がる는 食べる의 존경어예요.

↳ **はい、おいしかったです。お腹いっぱいです。**
> 네, 맛있었어요. 배불러요.

お腹いっぱいです 배부르다고 표현할 때 お腹의 腹는 なか・はら라고 읽는데, はら는 거친 말이라 보통은 なか로 읽어요. 사용한다 해도 남자가 써요.

배 부를 때　お腹(なか)いっぱいです。배불러요.
　　　　　　お腹いっぱいで死(し)にそうです。배불러서 죽을 것 같아요.
　　　　　　満腹(まんぷく) 배빵빵

배 고플 때　お腹ぺこぺこです。배고파요.
　　　　　　お腹が減(へ)りました。배고파요.
　　　　　　お腹空(す)きました。속이 비었어요. ｜ 空腹(くうふく) 공복
　　　　　　腹(はら)の虫(むし)が鳴(な)く 배꼽시계가 울다
　　　　　　ぐうぐう鳴っている 꼬르륵꼬르륵 소리가 나다

鳴く는 벌레, 조류, 짐승 등이 우는 소리를, 泣く는 사람이 우는 소리를 말해요.

A2 お口(くち)に合(あ)いました？ > 입에 맞았어요?

A3 果物(くだもの)どうぞ。 > 과일 드세요.

A4 食後(しょくご)のコーヒーいかがですか？ > 후식으로 커피 어때요?

Words 手を合わせる 손을 모으다 ｜ 合唱 합장 ｜ 召し上がる 드시다 ｜ お腹いっぱい 배부르다 ｜ 腹の虫 회충 鳴く 울다 ｜ 腹の虫が鳴く 배꼽시계가 울다, 배가 고플 때 나는 소리를 뱃속의 벌레가 울고 있다는 말로 비유 いかがですか？ 어때요?

Q242 インスタントコーヒーで いいですか？

인스턴트 커피 괜찮아요?

차의 종류를 구체적으로 언급하면서 물을 땐 ～でいいですか로 물으면 되죠. ミックスコーヒー(믹스커피)라고 해도 괜찮아요. 일본 친구라면 녹차 종류는 거의 무난하게 마셔요. 그치만 한국의 믹스커피도 은근 인기 많으니까 체험 삼아 권해보세요. 믹스커피를 잘 모르는 눈치라면, 韓国(かんこく)のミックスコーヒーは砂糖(さとう)もミルクも入(はい)ってるんですけど、それでいいですか？(한국 믹스커피는 프림, 설탕 다 들어 있는데, 그걸로 괜찮으시겠어요?)라고 물어보고 권하면 더 좋겠죠.

A1 **はい、**それでいいです。 > 네, 그걸로 괜찮아요.

A2 **はい、それ、お願いします。** > 네, 그거 부탁드려요.

A3 **はい、ありがとうございます。** いただきます。
> 네, 고마워요. 잘 마실게요.

A4 **あ、知ってます。よく食堂にあるやつですよね？！**
それがいいです。
> 아, 알고 있어요. 음식점에 많이 있는 거잖아요? 그게 좋아요.

> 인스턴트 커피 설명을 들은
> 일본 친구의 대답이에요.
> はい 대신 あ를, それでいいです
> 대신 それがいいです라고
> 더욱 확실한 표현을 쓰고 있어요.

Words お願いする 부탁하다 | 食堂にある 식당에 있다 | やつ 것

Q243 トイレ、お借(か)りしてもいいですか？

화장실 빌려도 돼요?

집 안팎에서 사용할 일이 많은데도 불구하고 화장실이란 말을 꺼내기 멋쩍을 때가 많아요. 하물며 외국어로… 대략난감(l)이네요. 이참에 확실한 표현과 대답을 알아봐요. 이 상황에서 일본 친구라면 トイレ、お借りしてもいいですか？하고 말을 꺼낼 거예요. トイレ、使(つか)ってもいいですか？(화장실 좀 쓰고 싶은데요.), トイレに行きたいんですが。(화장실 가고 싶은데요.)라고 표현할 수도 있겠죠. 어렵게 꺼낸 말에 '네'라고만 할 게 아니라 はい、どうぞ 하고 흔쾌히 허락하시길!

A1 はい、どうぞ。 > 네. 물론이죠.

A2 はい、トイレはあそこですよ。 > 네, 화장실은 저쪽이에요.

あそこ 右(みぎ)のほう 오른쪽 ｜ 左(ひだり)のほう 왼쪽
その奥(おく)のほう 그 안쪽

> 화장실을 お手洗(てあら)い라고도 해요.

A3 あ、トイレですか？ トイレはこちらですよ。
> 아, 화장실이요? 화장실은 이쪽이에요.

> 화장실을 직접 안내할 때 쓸 수 있는 표현이에요.

↳ ありがとうございます。 > 고마워요.

A4 遠慮(えんりょ)なく使(つか)ってください。 > 편하게 쓰세요.

> 자유롭게 쓰세요는 ご自由(じゆう)に使ってください。라고 합니다.

↳ では、お借りします。 > 그럼 실례할게요.

Words トイレ 화장실 ｜ 借りる 빌리다 ｜ 使う 사용하다 ｜ 奥 안, 속 ｜ 遠慮 삼감, 조심함, 망설임
自由に 자유롭게

Q244

そろそろ失礼します。
お邪魔しました。

슬슬 일어날게요. 폐를 끼쳤네요.

남의 집을 방문하고 나올 때 쓸 수 있는 표현이에요. '작별함, 물러감'이라는 뜻의 おいとま를 써서 そろそろ、おいとまさせていただきます。(슬슬 물러가야 겠네요.)라고 말하고 일어나기도 해요.

 A1 いえいえ、何もお構いできなくて…。

> 아니, 아니에요, 별로 차려 준 것도 없어서….

いえいえ、何もお構いできなくて 조금 더 정중하게 말할 때는 いえいえ、何もお構いできませんで。라고 해요. 뒤에 すみません(죄송해요)이 생략된다고 보면 됩니다. 이런 인사말 표현은 통으로 외우는 것이 제일 좋아요.

 いえいえ、そんな。 > 아녜요, 무슨 그런 말씀을.

 A2 もう時間ですか。もっとゆっくりできたらいいのに…。

> 아, 벌써 갈 시간이에요? 더 있다 가면 좋은데….

 A3 あ、もうそんな時間ですか。あっという間でしたね。

> 아, 벌써 그런 시간이에요. 시간이 금방 갔네요.

 A4 そうですか。名残惜しいですね。 > 그래요? 아쉽네요.

Words そろそろ 슬슬 | 失礼する 실례하다 | お邪魔 폐 | ～させていただく ～하겠다
おいとまさせていただく 물러나겠다 | なにも 아무것도 | お構い 손님 접대
お構いできない 손님 접대를 못하다 | ゆっくり 천천히, 느긋하게 | できたら 할 수 있으면
あっという間 눈 깜짝할 사이에, 순식간에 | 名残惜しい 서운하다, 섭섭하다

Q245 あれ？ 外、曇って来ましたね。
어머! 밖이 흐려졌네요.

현관에서 배웅하면서 하늘을 보니 날이 흐려진 거예요. あれ？는 놀라거나 의외라고 생각할 때 써요. '어머! 어머나! 어?'라고 할 때요.

 ああ、本当ですね。傘要りますかね。
> 아아, 정말이네요. 우산 필요할까요?

 あれ？ さっきまであんなに晴れてたのに。
> 어머, 아까까지는 그렇게 맑았는데.

 そうですね。だいぶ曇ってきたけど、天気持つかなぁ。
私傘持ってないけど…。
> 그렇네요. 꽤 어두워졌는데, 갈 때까지 괜찮을지 모르겠네요. 저 우산 안 가져왔는데요.

天気持つかなぁ 持つ에 '가지다, 들다'란 뜻 외에도 '어떤 상태가 지속되다'라는 뜻이 있어요. 따라서 天気持つかなぁ는 날씨가 좋은 상태로 계속될지 모르겠다는 표현이에요.

かなぁ 작은 ぁ는 만화에서 자주 보게 되죠. 이를 捨(す)て仮名(がな), 小文字(こもじ), 小書(こが)き文字라고 하는데 원래는 촉음, 요음 등을 표현하는 っ, ゃ, ゅ, ょ, ィ 정도만 작게 표기했던 것이, 최근에는 외래어, 만화 등의 영향을 받아 표기도 소리 중심으로 변해 가고 있어요.

 本当ですね。今にも降り出しそうな感じですね。
> 정말이에요. 지금이라도 쏟아질 것 같네요.

↳ 一応、この傘を持って行ったらいいですよ。
> 일단 이 우산을 가져가면 돼요.

Words　外 밖 ｜ 曇る 흐리다 ｜ 傘 우산 ｜ 要る 필요하다 ｜ さっきまで 아까까지 ｜ 晴れる 맑다
持ってない 가지고 있지 않다 ｜ 降り出す 내리기 시작하다 ｜ 降り出しそうだ 내릴 것 같다

Q246 今日はとても楽しかったです。
ありがとうございました。
오늘은 정말 즐거웠어요. 고마워요.

이제 헤어질 시간이네요. 지금쯤 일본어로 말하느라 머리가 멍해지고 아파 오기 시작할 때죠. 그래도 언어는 말할 기회가 많아야 늘어요.

A1 こちらこそ、楽しかったです。 > 저야말로 즐거웠어요.

A2 こちらこそ。またぜひ、来てくださいね。
> 저야말로요. 다음에 또 오세요.

A3 気をつけて帰ってください。 > 조심해서 가세요.

A4 いいえ、こちらこそ。ホテルに着いたら、電話ください。
> 아녜요, 저야말로 즐거웠어요. 호텔에 도착하면 전화 주세요.

↳ はい、わかりました。お世話になりました。それじゃ。
> 네, 알겠어요. 신세 많이 졌어요. 그럼.

Words 楽しい 즐겁다 | 私こそ 저야말로 | またぜひ 다음에 꼭 | 気をつける 조심하다
帰ってください 돌아가세요 | お世話になる 신세 지다

Q247 **じゃあ、そろそろ帰(かえ)ります。**

그럼, 슬슬 갈게요.

슬슬 가 봐야겠다는 표현이에요. 슬슬 작별을 고해야겠다고 할 때는 じゃあ、そろそろお暇(いとま)します。 라고 하고, 슬슬 실례해야겠다고 할 때는 じゃあ、そろそろ失礼(しつれい)します。 라고 합니다.

A1 **じゃあ、またね。** > 그럼 또 봐.

A2 **じゃあ、お気(き)をつけて。** > 그럼, 조심해서 가요.

A3 **それじゃ、また今度(こんど)会(あ)いましょう。** > 그럼, 다음에 또 만나요.

A4 **気(き)をつけてお帰(かえ)りください。** > 조심해서 들어가세요.

↳ **みなさんによろしくお伝(つた)えください。またメールしますね。**

> 모두에게 안부 전해 주세요. 또 메일 보낼게요.

メールしますね 메일을 보낸다는 メールする(메일하다), メールを送る(메일을 보내다) 두 가지 표현
다 가능해요.

Words そろそろ 슬슬 | 帰る 가다, 돌아가다 | 暇 작별함, 물러감 | 失礼 실례 | またね 또 봐 | 今度 다음에
会う 만나다 | 気をつける 조심하다 | お帰りください 돌아가세요 | みなさん 여러분 | よろしく 잘
お伝えください 전해 주세요 | また 또 | メール 메일 | メールする 메일 보내다

Real Life conversation

"한국 가정집 방문"에 대한 즉문즉답
실전회화트레이닝

민우 집을 방문한 미키

ミキ	ミヌさん、これからホテルを出ます。	민우 씨, 지금 호텔에서 출발해요.
ミヌ	じゃ、降りるひとつ手前の駅で連絡してください。	그럼 내리기 한 정거장 전에 연락 주세요.
ミキ	はい。分かりました。	네, 알겠어요.

ミキ	もうすぐ着きます。	곧 도착해요.
ミヌ	じゃ、駅に着いたら、3番出口を出たところで待っていてください。 すぐ、行きます。	그럼 역에 도착하면 3번 출구로 나와 기다리세요. 곧 갈게요.
ミキ	はい。	네.

ミヌ	ミキさん、ここです。	미키 씨, 여기예요.
ミキ	ミヌさん、お待たせしました。	민우 씨, 오래 기다렸죠.
ミヌ	大丈夫ですよ。迷いませんでしたか？	괜찮아요. 헤매진 않았나요?
ミキ	はい。すぐ分かりました。	네, 바로 알겠던데요.

ミヌ	ここが僕の家です。どうぞ。	여기가 우리 집이에요. 어서 오세요.
ミキ	お邪魔します。	실례하겠습니다.
ミヌ	どうぞ、お入りください。	어서 들어오세요.

ミヌ の姉	いらっしゃい。お待ちしてました。	어서 와요. 기다리고 있었어요.
ミキ	ミキです。これ、お土産です。どうぞ。	미키예요. 이거, 선물이에요. 받으세요.
ミヌ の姉	まあ、わざわざ、ありがとう。	어머나! 뭐 이런 걸 다. 고맙게 잘 받을게요.
ミキ	いいえ。こちらこそ呼んでくださってありがとうございます。	아녜요. 저야말로 초대해 주셔서 고마워요.

ミキ	あ、これ、家族写真ですか？	어머, 이건 가족사진인가요?
ミヌ	はい、これが父で、こちらが母です。	네. 이 분이 아버지고 이 분이 어머니세요.
ミキ	お二人ともやさしそうですね。	두 분 다 좋아 보이세요.
ミヌ	はい、とってもやさしいですよ。	네. 정말 자상하신 분들이죠.
ミヌ の姉	さあ、こちらで食事をどうぞ。	자, 이리 와서 식사를 해요.
ミキ	はい、ありがとうございます。 うわ～、おいしそうですね。	네, 고마워요. 우와, 맛있을 거 같아요.
ミヌ の姉	お口に合うといいんですが…。	입맛에 맞아야 할 텐데요… .
ミキ	いただきます。とてもおいしいです。	잘 먹겠습니다. 정말 맛있어요.
ミヌ	どうぞ、ゆっくり、いっぱい食べてください。	어서 들어요. 천천히 많이 먹어요.
ミキ	はい。	네.

식사 후

ミキ	ごちそうさまでした。	잘 먹었습니다.
ミヌ	おいしかったですか？	맛있었나요?

ミキ	はい。	네.
ミヌの姉	果物と食後のコーヒーをどうぞ。 インスタントコーヒーですけど…。	과일과 커피 들어요. 인스턴트 커피지만요.
ミキ	あ、知ってます。それ、好きです。 ありがとうございます。	어머, 알고 있어요. 그거 좋아하거든요. 잘 마실게요.

ミキ	ちょっと聞きたいんですが、「ラーメンが伸びる」っていうのを韓国語でなんといえばいいんですか？	잠깐 물어볼 게 있는데요, '라면이 伸びる'는 한국어로 뭐라고 하면 되나요?
ミヌ	「라.면.이. 불.다」といいます。	'라면이 불다'라고 해요.
ミキ	そうですか。今韓国語の勉強をしてるんですけど、難しくって。	그렇군요. 요즘 한국어 공부를 하는데요, 어려워서요.
ミヌ	僕も日本語初めて勉強した時、難しくて大変でした。	저도 처음 일본어 공부할 때는 어려워서 혼났는걸요.
ミキ	ミヌさんもですか?! 私も頑張ります。	민우 씨도 그랬군요?! 저도 열심히 할게요.

ミキ	あれ？ 外、曇ってきましたね。	어머, 밖에 날이 흐려졌네요.
ミヌ	ああ、本当ですね。傘持って来ましたか？ なければ、家にある傘持って行ってください。	어 정말이네요. 우산 갖고 왔어요? 아니면 우리 집에 있는 우산 갖고 가요.
ミキ	今日は、とても楽しかったです。 ありがとうございました。	오늘 정말 즐거웠어요. 고마워요.
ミヌ	こちらこそ、楽しかったです。	저야말로 즐거웠어요.
ミヌの姉	またぜひ、来てくださいね。	다음에 또 와요.
ミキ	ありがとうございます。 では、お邪魔しました。さようなら。	고마워요. 그럼 실례가 많았어요. 안녕히 계세요.
ミヌ	はい、気をつけて！ ホテルに着いたら連絡してください。	네, 조심해서 가요. 호텔 도착하면 연락 주세요.
ミキ	はい、ありがとうございました。さようなら。	네, 고마웠어요. 안녕히 계세요.

Scene #20

일본 여행에 대한

즉문즉답

Q248 **すみません、
ちょっと聞いてもいいですか？**
실례지만, 잠깐 물어봐도 될까요?

낯선 여행지에서 모르는 사람에게 말을 걸 때 쓸 수 있는 표현이에요. 상대방은 왜 그러시냐고 묻겠죠? 드디어 용건을 말할 기회가 왔네요.

A1 **はい。何ですか。** > 네. 무슨 일이에요?

A2 **はい。どうしましたか？** > 네. 왜 그러세요?

A3 **はい。何か、お困りですか？** > 네. 뭐 곤란한 일인가요?

A4 **はい。何でしょう？** > 네. 무슨 일이에요?

何(なん・なに) 일반적으로 何 뒤에 n, t, d음이 올 때는 なん으로 읽어요.

何 뒤에 n, t, d음이 올 때 → なん
なんにん(何人) 몇 명 | なんてん(何点) 몇 점 | なんで(何で) 왜

何 뒤에 '어떤 종류의'라는 의미일 때 → なに
なにいろ(何色) 무슨 색 | なにりょうり(何料理) 무슨 요리 | なににく(何肉) 무슨 고기

何이 '몇 개'라는 의미를 가질 때 → なん
なんじ(何時) 몇 시 | なんかい(何回) 몇 회 | なんまい(何枚) 몇 장

↳ **あのう…。** > 저….

Words 聞く 묻다 | 何 무슨 | 困る 곤란하다 | 何か 무슨

Q249 この店にはどうやって行ったら いいですか？
이 가게에는 어떻게 가면 될까요?

길을 물을 때는 ～に行きたいんですが… (～에 가고 싶은데요…)라고만 해도 다 통해요.

A1 ああ、この店なら、このつきあたりにありますよ。
> 아하, 이 가게라면 저기 막다른 길에 있어요.

A2 この店ですか？ この道を右に行けば、ありますよ。
> 이 가게 말인가요? 이 길에서 오른쪽으로 가면 있어요.

A3 この角を曲がったら、ビルが見えます。そこの2階です。
> 이 모퉁이를 돌면 건물이 보여요. 거기 2층이에요.

A4 まっすぐ行くと、銀行があります。その隣にありますよ。
> 곧장 가면 은행이 있어요. 그 옆에 있어요.

A5 僕もそっちの方に行くので、一緒に行きましょう。
> 저도 그쪽으로 가는 길이니까, 같이 가요.

↳ あっ、本当にありがとうございます。 > 아, 정말 감사합니다.

Words つきあたり 막다른 곳 | 店 가게 | この道 이 길 | 右に行く 오른쪽으로 가다 | 角 모퉁이
曲がる 돌다 | ビル 건물 | 見える 보이다 | まっすぐ 똑바로, 곧장 | まっすぐ行くと 똑바로 가면
銀行 은행 | 隣 옆 | そっちの方 그쪽

Q250

日本は初めてですか？
に　ほん　　はじ

일본에는 처음인가요?

일본에서 지내는 동안 일본에 얼마나 와 봤냐는 질문을 심심찮게 듣게 될 거예요. 처음이냐고 묻는 표현은 初めてですか？(처음이세요?), 몇 번째인지를 묻는 표현은 何度目(なんどめ)ですか？(몇 번째세요?) 입니다.

A1 **はい、初めてです。** > 네. 처음이에요.

A2 **いいえ、二度目です。去年も来ました。**
　　　　　に　ど　め　　　　　きょねん　き

> 아뇨, 두 번째예요. 작년에도 왔었죠.

去年 今年(ことし)の3月(さんがつ) 올 3월 | 2年前(にねんまえ) 2년 전

A3 **だいぶ昔に、一度来たことがあります。**
　　　　　　むかし　　いち ど　き

> 예전에 한 번 온 적이 있어요.

⤷ **あ、そうなんですか。** > 아, 그래요?

A4 **私は仕事で日本によく来ています。**
　　　　　し ごと　　　　　　　　き

> 저는 일 때문에 일본에 자주 와요.

来ています 来ています 앞에 今가 오면 지금 현재 '와 있다', よく가 오면 '자주 온다'는 표현이 돼요.
　　　　　　　今、日本に来ています。지금 일본에 와 있어요.
　　　　　　　日本によく来ています。일본에 자주 와요.

Words 初めて 처음 | 何度目 몇 번째 | 去年 작년 | だいぶ 상당히, 어지간히, 꽤 | 昔 옛날 | 仕事 일

Q251 どこに泊まっているんですか？
어디에 머물고 있어요?

숙박 장소를 묻는 표현이에요. どちらにお泊りですか？(어디에서 묵고 계세요?)라고 표현해도 괜찮아요. 조금 딱딱하지만 宿泊先(しゅくはくさき)를 써서 宿泊先はどこですか？(숙박지는 어디예요?)로 묻고 宿泊先はホテル新宿です。(숙박지는 호텔 신주쿠예요.)와 같이 답할 수도 있어요.

A1 駅前のホテルです。 > 역 앞의 호텔이요.

A2 新宿のプラザホテルに泊まっています。
> 신주쿠 플라자 호텔에 묵고 있어요.

↳ あ、私の家の近くですね。 > 아, 저희 집과 가깝네요.

A3 今は、友達の家にお世話になっています。
> 지금은 친구 집에서 신세를 지고 있어요.

A4 木苺屋という旅館に泊まっています。
> 산딸기집이라는 여관에 묵고 있어요.

～屋 屋(집 옥)는 한자로는 '집'을 의미하지만, 집 외에도 '직업, 가게, 그런 성질을 가진 사람'을 나타낼 때 주로 써요.

직업, 가게	本屋(ほんや) 책방	菓子屋(かしや) 과자 가게
	魚屋(さかなや) 생선 가게	八百屋(やおや) 채소 가게
	酒屋(さかや) 주류점	何(なん)でも屋 만물상
그런 성질을 가진 사람	頑張(がんば)り屋 노력하는 사람	恥(は)ずかしがり屋 부끄러워하는 사람
	寂(さび)しがり屋 쓸쓸해하는 사람	照(て)れ屋 수줍음이 많은 사람

Words 泊まる 묵다 | 宿泊先 숙박처 | お世話になる 신세를 지다 | 木苺 산딸기

Q252 **日本の料理はお口に合いますか？**
にほん りょうり くち あ
일본 요리는 입에 맞아요?

일본 요리가 입맛에 맞는지 물어보면 어느 정도는 긍정적인 대답을 하는 편이 좋
겠죠. 甘(あま)すぎます. (너무 달아요.), 脂(あぶら)っこいです. (느끼해요.)
이런 극단적인 표현은 피하시길^^

A1 **はい、とてもおいしいです。** > 네, 아주 맛있어요.

A2 **はい、日本料理は前から好きでした。**
にほんりょうり まえ す
> 네, 일본 요리는 원래부터 좋아했어요.

A3 **おいしいんですが、甘いものが多いですね。**
あま おお
> 맛있긴 한데, 단 음식이 많네요.

A4 **嫌いじゃないんですが、やっぱり辛いものが欲しくなり**
きら から ほ
ますね。
> 싫어하는 건 아닌데 역시 매운 음식이 당기네요.

Words お口に合う 입에 맞다 | 甘すぎる 너무 달다 | 脂っこい 느끼하다 | 甘い 달다 | 辛い 맵다
欲しくなる 갖고 싶어지다, 원하게 되다

Q253 **もう、お土産は買いましたか？**
선물은 미리 샀어요?

もう〜ましたか？(이미 〜했어요?)로 질문하면 はい、〜ました。(네, 〜했어요.), まだ〜ていません。(아직 〜안 했어요.)으로 답해요. 선물은 이미 준비했어요?라고 묻고 싶을 때는 もう、お土産は準備(じゅんび)しましたか？라고 합니다.

A1 はい、買いました。 > 네, 샀어요.

A2 まだです。 > 아직이에요.

A3 まだ、買っていません。これから、買おうと思っています。
> 아직 안 샀어요. 이제 살 생각이에요.

A4 昨日買おうか迷ったのですが、結局買いませんでした。
> 어제 살까 고민했는데 결국 못 샀어요.

↳ よかったら明日一緒に行きましょうか。
> 괜찮다면 내일 같이 갈까요?

정중하게 말할 때는 よろしかったら明日ご一緒(いっしょ)しましょうか。 (괜찮으시면 내일 같이 갈까요?) 라고 합니다.

A5 まだです。何を買おうか迷っています。
> 아직이요. 뭘 사야 할지 고민하고 있어요.

Words お土産 토산품, 선물 | 買う 사다 | まだ 아직 | 買おうと思っている 사려고 생각하고 있다
迷う 헤매다, 망설이다 | 結局 결국 | よろしかったら 괜찮으시면 | ご一緒する 동행하다, 같이 가다

Q254 **日本はいつまでですか？**
여행은 언제까지인가요?

~はいつまでですか？(~은 언제까지인가요?)는 休暇(きゅうか)はいつまで
ですか？(휴가는 언제까지인가요?), 賞味期限(しょうみきげん)はいつまでで
すか？(유효기간은 언제까지인가요?) 등 앞에 다양한 단어를 넣어 활용할 수 있
는 표현이에요. 위 질문은 いつまで日本にご滞在(たいざい)ですか？(언제까지
일본에 체류하세요?)라고 해도 됩니다.

A1 **明日帰ります。** > 내일 돌아가요.

A2 **水曜日に韓国に帰る予定です。**
> 수요일에 한국에 돌아갈 예정이에요.

A3 **せっかく来たのでもう少しいたいのですが、明後日の便で
帰らなければなりません。**
> 모처럼 왔으니까 좀 더 있고 싶지만, 모레 비행기로 돌아가야만 해요.

⤷ また、来てください。 > 또 오세요.

A4 **しばらく滞在するつもりです。** > 당분간 체류할 예정이에요.

Words 休暇 휴가 | 賞味期限 유통기한, 유통기간 | 滞在 체재 | 帰る 돌아가다 | 予定 예정
せっかく 모처럼 | しばらく 잠깐, 당분간

Q255 食事はしましたか？
しょくじ
식사는 하셨어요?

식사라는 말 대신 구체적으로 아침, 점심, 저녁을 넣어서 질문할 때는 朝(あさ)ご
はんは食べましたか？, 昼(ひる)ごはんは食べましたか？, 夕(ゆう)ごはんは
食べましたか？라고 말하면 됩니다.

A1 さっき、食べました。 > 아까 먹었어요.
た

A2 はい、もう食べました。 > 네, 벌써 먹었어요.

A3 いいえ、まだです。 > 아뇨, 아직이에요.

A4 まだ食べていません。これから食べに行きます。
い
> 아직 안 먹었어요. 지금 먹으러 갈 거예요.

A5 今、食事に行こうと思っていたところです。
いま　　　　　　い　　おも
> 지금 밥 먹으러 가려고 생각했던 참이에요.

↳ 私も今、食べに行くところなんですよ。一緒にどうですか？
　　いま　　　　　　　　　　　　　　　いっしょ
> 저도 지금 먹으러 갈 참이에요. 같이 어떠세요?

Words 食事 식사 | 朝ごはん 아침밥 | 昼ごはん 점심밥 | 夕ごはん 저녁밥 | さっき 아까, 조금 전
食べに行く 먹으러 가다 | 思っていたところ 생각했던 참

Q256 どこに行きましたか？
어디에 가 봤어요?

過去에 어디 갔었는지를 물을 땐 どこに行きましたか？(어디에 가 봤어요?),
どこに行ってきましたか？(어디에 다녀왔어요?), 앞으로 어디 갈 건지를 물을
때는 どこに行きますか？(어디에 갈 거예요?), どこに行く予定(よてい)です
か？(어디에 갈 예정이에요?)라고 질문합니다.

A1 東京と横浜に行きました。 > 도쿄랑 요코하마에 갔어요.

A2 今、浅草を見てきたところです。
> 지금, 아사쿠사를 보고 온 참이에요.

A3 今ホテルに着いたばかりで、まだどこにも行ってません。
> 지금 막 호텔에 도착한 상태로, 아직 아무데도 안 갔어요.

A4 昨日日本に来て、今日ディズニーランドに行ってきました。
> 어제 일본에 와서 오늘 디즈니랜드에 갔다 왔어요.

↳ どうでしたか？ > 어땠어요?

Words　見てきたところ 보고 온 참 | 着いたばかりで 도착한 상태로 | 着く 도착하다 | 行ってくる 다녀오다

Q257 浅草(あさくさ)はどうでしたか？
아사쿠사는 어땠어요?

~はどうでしたか？를 フライトはどうでしたか？(비행은 어땠어요?), スピーチはどうでしたか？(스피치는 어땠어요?), 学校(がっこう)はどうでしたか？(학교는 어땠어요?)와 같이 응용하여 질문할 수 있어요. 반말로 할 때는 ~はどうだった？라고 합니다.

A1 ええ、よかったです。 > 네, 좋았어요.

A2 ええ、とても楽(たの)しかったです。 > 네, 아주 즐거웠어요.

A3 すごく込(こ)んでて大変(たいへん)でした。 > 굉장히 사람이 많아서 힘들었어요.

A4 思(おも)っていたより見所(みどころ)が多くて、ぜひまた来(き)たいと思いました。
> 생각했던 것보다 볼거리가 많아서 다시 꼭 오고 싶다고 생각했어요.

A5 日本(にほん)らしい雰囲気(ふんいき)が感(かん)じられて、とてもよかったです。
> 일본다운 분위기를 느낄 수 있어서 아주 좋았어요.

Words すごく 굉장히 | 込む 붐비다 | 思っていたより 생각했던 것보다 | 見所 볼거리 | ぜひ 제발, 꼭 | ~らしい ~답다 | 雰囲気 분위기 | 感じられる 느낄 수 있다

Q258 明日はどこに行く予定ですか？
내일은 어디에 갈 예정이에요？

明日、どこに行くつもりですか？라고 つもり를 써서 질문할 수도 있어요. 오늘의 일정을 물을 때는 今からどこに行くんですか？(지금부터 어디 갈 예정이에요?)로 질문합니다.

A1 明日は鎌倉に行きます。 > 내일은 가마쿠라에 갈 거예요.

A2 明日は渋谷に行こうかと思っています。
> 내일은 시부야에 가려고 해요.

A3 明日は新幹線に乗って大阪に行く予定です。
> 내일은 신간선으로 오사카에 갈 예정이에요.

↳ そうですか。大阪に行くんだったらぜひ道頓堀に行ってみてください。
> 그래요? 오사카에 가면 꼭 도톤보리에 가 보세요.

A4 特に予定はないんですが、どこかおすすめのところがありますか？
> 특별히 예정은 없는데 어디 추천할 만한 곳 있어요?

Words 予定 예정 | ぜひ 꼭 | 特に 특별히 | おすすめ 추천

Q259 旅行は楽しかったですか？
여행은 즐거웠어요?

여행에 대한 소감을 물을 때는 旅行はどうでしたか？를 쓰고, 더 정중하게 묻고 싶을 때는 いかが(어때요)를 써서 旅行はいかがでしたか？(여행은 어땠어요?)라고 질문합니다.

A1 はい、いい旅行ができました。 > 네. 즐거운 여행이었어요.

↳ それはよかったですね。 > 그거 다행이네요.

A2 おかげさまで、楽しい旅になりました。
> 덕분에 즐거운 여행이 되었어요.

A3 見るものすべてが新鮮で楽しかったし、いい経験になりました。
> 볼거리 모두 신선하고 즐거웠고, 좋은 경험이 되었어요.

A4 いろいろ食べたり見たりできて、楽しかったです。
> 여러 가지 먹을 수도 볼 수도 있어 즐거웠어요.

A5 ぜひ、また来たいと思います。 > 꼭 다시 오고 싶어요.

A6 はい。次はぜひ韓国に来てください。 > 네. 다음에는 꼭 한국에 오세요.

↳ ありがとうございます。 > 고마워요.

Words おかげさまで 덕분에 | 旅になる 여행이 되다 | すべて 모두, 전부 | 新鮮だ 신선하다
いい経験になる 좋은 경험이 되다 | ～たり～たりできる ～하고 ～하는 것이 가능하다 | 次 다음

実は私も韓国に行ってみたいんですが…。

사실 저도 한국에 가 보고 싶은데요….

일본 친구를 한국에 초대하면 어떨까요? 여행 컨셉은 한국의 다양한(!) 먹을거리 쯤으로 정해 볼까요. 그럴 듯한 요리보다 치킨, 자장면, 탕수육 같은 배달 음식이 별미일 수도 있고, 동네 단골 고깃집도 좋겠네요. 참, 간식이 빠지면 서운하겠죠. 한국 과자, 쥐포, 만두, 떡볶이, 순대 등 평소 즐겨 먹던 음식만 소개해도 일본 친구에게는 특별한 여행이 될 거예요.

A1 はい。ぜひ。お待ちしています。 > 네. 꼭 오세요. 기다릴게요.

A2 はい。ぜひぜひ。韓国に来るときは、連絡してください。
> 네. 무슨 일이 있어도 오세요. 한국에 올 때 연락하고요.

A3 ぜひ来てください。韓国に来たら、私の家に遊びに来てください。
> 꼭 오세요. 한국에 오면 우리 집에 놀러 오세요.

A4 ぜひいらしてください。韓国に来られたら、いつでも構いませんから、連絡ください。
> 꼭 오세요. 한국에 오시면 언제라도 상관없으니까 연락하세요.

↳ 韓国でお会いできるのを楽しみにしています。
> 한국에서 만나 뵙게 되기를 기대할게요.

Words　家に遊びに来る 집에 놀러 오다 ┃ 構う 꺼리다 ┃ 構わない 상관없다 ┃ お会いできる 만나 뵙게 되다

Real Life conversation

"일본 여행"에 대한 즉문즉답
실전회화트레이닝

몇 년 전, 민우와 쇼타의 만남

ミヌ	すみません。ちょっといいですか？	실례합니다. 잠깐 물어봐도 될까요?
しょうた	はい、何ですか？	네, 무슨 일이에요?
ミヌ	この店に行きたいんですが、どこか分かりますか？	이 가게를 가고 싶은데 어딘지 아시겠어요?
しょうた	ああ、この店ならこの角を曲がってまっすぐ行ったら右にありますよ。 僕もそっちの方にいくので、一緒に行きましょう。	아, 이 가게라면 요 모퉁이를 돌아 곧장 가면 오른쪽에 있어요. 저도 그쪽 방향이니까 함께 가요.
ミヌ	ありがとうございます。	고마워요.
しょうた	日本は初めてですか？	일본에는 처음 오셨나요?
ミヌ	いいえ、二度目です。	아뇨, 두 번째예요.
しょうた	どこに泊まってるんですか？	어디에 묵고 있어요?
ミヌ	新宿のプラザホテルに泊まっています。	신주쿠 플라자 호텔에 묵고 있어요.
しょうた	日本の料理は口に合いますか？	일본 요리는 입에 맞아요?
ミヌ	はい、とてもおいしいです。 でも、ちょっと辛いのが食べたいです。	네. 정말 맛있어요. 그치만 좀 매운 음식이 먹고 싶네요.
しょうた	そうでしょうね。 韓国は辛い食べ物が有名ですよね。	그럴 거예요. 한국은 매운 음식이 유명하잖아요.
ミヌ	そうなんですよ。	맞아요.
しょうた	もう、お土産は買いましたか？	벌써 선물도 샀나요?
ミヌ	まだです。帰る前日に買おうと思っています。	아직이요. 돌아가기 전 날 사려고요.

しょうた	日本はいつまでですか？	일본에는 언제까지 있을 건가요?
ミヌ	水曜日に帰る予定です。	수요일에 돌아갈 예정이에요.
しょうた	もう、食事はしたんですか？	벌써 식사를 했나요?
ミヌ	さっき食べました。	아까 먹었어요.
しょうた	どこに行きましたか？	어디에 가 봤어요?
ミヌ	午前中、浅草を見てきました。 とてもよかったです。	오전에 아사쿠사를 둘러보고 왔어요. 정말 좋던데요.
しょうた	明日はどこに行く予定ですか？	내일은 어디 갈 예정이에요?
ミヌ	鎌倉に行こうかと思っています。	가마쿠라에 가 볼까 하는데요.
しょうた	もしよければ、明日僕が案内しましょうか？	괜찮다면 내일 제가 안내할까요?
ミヌ	えっ？！ いいんですか？ そうしてもらえるとうれしいです。	네? 괜찮으시겠어요? 그렇게 해 주신다면 좋죠.
しょうた	じゃ、明日の朝9時までに僕がホテルに行きますね。	그럼 내일 아침 9시까지 제가 호텔로 갈게요.
ミヌ	ありがとうございます。 よろしくお願いします。	고마워요. 잘 부탁해요.

민우와 쇼타의 정식 자기소개

しょうた	ところで、お互い自己紹介もまだでしたね。 僕の名前は鈴木翔太です。	그런데 서로 자기소개도 아직이네요. 제 이름은 스즈키 쇼타예요.
ミヌ	僕はイ・ミヌといいます。	저는 이민우라고 해요.
しょうた	ミヌさん？ 韓国文字で書いてみてください。	민우 씨? 한국어로 써 주세요.
ミヌ	こうやって書きます。	이렇게 써요.

しょうた	ミン...ウ...でミヌさんなんですね。	민, 우라고 써서 민우 씨군요.
ミヌ	少し韓国語ができますか？	한국어를 좀 할 줄 아나요?
しょうた	全然、まだ始めたばかりです。	전혀요. 이제 막 시작했어요.
ミヌ	翔太さんは、どんな仕事をしているんですか？	쇼타 씨는 어떤 일을 하시나요?
しょうた	僕は教師をしています。	저는 교사예요.
ミヌ	ヘェ。僕は会社員です。	그렇군요. 저는 회사원이에요.
しょうた	あ、そうなんですか。 今回は仕事で日本に来たんですか？	아, 그래요? 이번엔 일 때문에 일본에 왔나요?
ミヌ	いいえ、遊びです。 ちょっとは仕事も兼ねてますけど…。	아뇨. 놀러 왔어요. 조금은 일도 겸해서 왔지만요.
しょうた	何かあったときのために、電話番号を教えてもらっていいですか？	만약을 위해서 전화번호를 알려 줄 수 있나요?
ミヌ	010-1111-1111です。	010-1111-1111이에요.
しょうた	これは、韓国の電話ですよね。	이건 한국 전화네요.
ミヌ	はい。翔太さんのも教えてください。 よければメールも。	네, 쇼타 씨 번호도 알려 주세요. 괜찮다면 메일도요.
しょうた	080-2222-2222です。メールは shouta@hotmail.comです。 ところで、ミヌさんはおいくつですか？	080-2222-2222예요. 메일은 shouta@hotmail.com예요. 그런데 민우 씨는 몇 살이에요?
ミヌ	26歳です。	26살이에요.
しょうた	僕は25です。僕よりひとつ上ですね。	저는 25살이에요. 저보다 한 살 위네요.
ミヌ	いいえ、26は数えの年で、満だと翔太さんと同い年です。	아녜요. 26살은 한국에서 세는 나이니까 만으로 치면 쇼타 씨와 동갑이에요.
しょうた	えー。そうなんだ。 じゃ、僕たち友達になりましょう。	아, 그렇군요. 그럼 우리 친구해요.
ミヌ	いいですね。僕もうれしいです。 誕生日はいつなんですか？	좋아요. 저도 기쁘네요. 생일은 언제인가요?
しょうた	誕生日は12月3日です。ミヌさんは？	생일은 12월 3일이에요.
ミヌ	僕は3月7日です。	저는 3월 7일이에요.

しょうた	早生まれですね。ミヌさんは、韓国のどこに住んでるんですか？	생일이 빠르시네요. 민우 씨는 한국 어디에 살아요?
ミヌ	ソウルですよ。	서울이에요.
しょうた	いいですね。実は僕、韓国が大好きで、今度、韓国に行ってみたいと思ってるんですよ。	좋겠네요. 사실 제가 한국을 정말 좋아해서 이 다음에 한국에 가 볼까 생각해요.
ミヌ	そうなんですか。それは、ぜひ来てください。お礼に僕が韓国を案内します。	그래요? 그렇다면 꼭 오세요. 보답으로 제가 한국을 안내할게요.
しょうた	やったー。ずーっと行きたかったけど、なかなか機会がなくて。じゃ、今度必ず行きますね。	야호! 줄곧 가 보고 싶었는데 좀처럼 기회가 없어서요. 그럼 다음에 꼭 갈게요.
ミヌ	僕の方こそ、日本に友達ができてうれしいです。	저야말로 일본에 친구가 생겨서 기뻐요.

민우, 일본에서 한국에 돌아올 때

しょうた	旅行は楽しかったですか？	여행은 즐거웠나요?
ミヌ	はい、おかげさまで、いい旅行ができました。	네, 덕분에 즐거운 여행이었어요.
しょうた	名残惜しいですね。また、必ず会いましょう。	헤어지기 정말 섭섭해요. 다시 꼭 만나요.
ミヌ	今度は韓国で会いましょう。ぜひ、来てください。	다음엔 한국에서 만나요. 꼭 오세요.
しょうた	ありがとうございます。韓国で会うの楽しみにしてます。では、気をつけて帰ってください。	고마워요. 한국에서 만나기를 기대할게요. 그럼 조심해서 가세요.
ミヌ	はい、翔太さんも元気で。韓国で待ってます。さようなら。	네, 쇼타 씨도 잘 있어요. 한국에서 기다릴게요. 안녕히 계세요.
しょうた	さようなら。	잘 가요.

덤

ミヌ	ところで、翔太さん。 僕たち友達になったんだから、そろそろ丁寧語はやめませんか？	그런데 말이죠, 쇼타 씨! 우리 친구 사이니까 슬슬 정중한 말투는 그만둘까요?
しょうた	ハハ、そうですね。じゃ、次からはため口で!!	하하하, 그래요. 그럼 다음부터는 반말로!
ミヌ	ほら、また！	이봐요, 또!
しょうた	やべ、つい、じゃ、またな!! 元気で！	아차, 그만… 그럼 또 만나재!!

Words 前日(ぜんじつ) 전날 ｜ お互(たが)い 서로 ｜ 機会(きかい) 기회 ｜ 必(かなら)ず 꼭
丁寧語(ていねいご) 정중어 ｜ やめる 그만두다 ｜ 次(つぎ) 다음